MÉXICO EN LLAMAS: EL LEGADO DE CALDERÓN

ANABEL HERNÁNDEZ

México en llamas:
el legado de Calderón

Grijalbo

México en llamas: el legado de Calderón

Primera edición: noviembre, 2012
Primera reimpresión: diciembre, 2012
Segunda reimpresión: abril, 2013
Tercera reimpresión: mayo, 2013

D. R. © 2012, Anabel Hernández

D. R. © 2013, derechos de edición mundiales en lengua castellana:
    Random House Mondadori, S. A. de C. V.
    Av. Homero núm. 544, colonia Chapultepec Morales,
    Delegación Miguel Hidalgo, C.P. 11570, México, D.F.

www.megustaleer.com.mx

Comentarios sobre la edición y el contenido de este libro a:
megustaleer@rhmx.com.mx

ISBN 978-607-311-289-5

Impreso en México / *Printed in Mexico*

Índice

*Este libro lo dedico a todas las víctimas
de la violencia, la persecución y la injusticia
del sexenio del terror.*

Presentación

Tras su paso por nuestra vida
no volverá a crecer la hierba.

Felipe de Jesús Calderón Hinojosa será recordado por los cinco principales legados de su gobierno: el infinito poder del narcotraficante Joaquín *El Chapo* Guzmán, intocable en su sexenio; el asesinato impune de 60 mil personas, víctimas de la llamada guerra contra el narcotráfico, más de 20 mil desaparecidos;[1] 56 periodistas ejecutados y 13 desaparecidos;[2] la destrucción de su partido político; un México controlado por cárteles, grupos criminales y brigadas de mercenarios; y el regreso del PRI a Los Pinos.

Hace seis años Felipe Calderón inició su mandato bajo la sombra de la ilegitimidad. Hoy termina dejando un México incendiado y apocalíptico. El periódico *Le Monde* considera su sexenio de muerte como una "hecatombe", "el conflicto más mortífero del planeta en los últimos años".[3]

Felipe Calderón incendió México, convirtió el territorio nacional en un llano en llamas, donde hay más pobreza, menos cali-

[1] Luis García, primer visitador de la CNDH, 29 de noviembre de 2011, en declaraciones para Univisión. La cifra suma personas reportadas como desaparecidas y fallecidos cuyos cuerpos jamás fueron identificados.

[2] Información de la organización internacional Reporteros sin fronteras hasta el 15 de octubre de 2012..

[3] "México, la espiral de barbarie", editorial de *Le Monde*, 23 de agosto de 2012.

dad educativa, menos empleo y menos vida. También incendió al PAN. El partido de derecha que siempre se mostró orgulloso de su apego a los principios que le dieron origen y que desde hace décadas le han valido la simpatía de un amplio sector de la sociedad: fue controlado, manipulado, dividido y casi destruido por Felipe Calderón, cuyo progenitor, Luis Calderón Vega, dedicó la mitad de su vida a colocar los ladrillos de lo que hoy son ruinas. Ahora Calderón pretende apoderarse de esos restos con el enfermizo sueño de volver al poder a través de su esposa Margarita Zavala.

Difama a sus compañeros de partido, los engaña, inventa historias para justificar la derrota del PAN que, según él, no se debió a su figura de presidente incapaz sino a que el partido no le rindió suficiente tributo a sus "grandes logros" de gobierno.

Un mes antes de la elección presidencial del 1° de julio de 2012 Calderón intentó sustituir en la contienda a la candidata de su partido, Josefina Vázquez Mota, no porque la panista fuera un peligro para sus intereses, sino por el simple hecho de que no era la candidata que él hubiera querido. Se trataba de defender del fuego amigo más intensamente que del enemigo. Ningún candidato presidencial la atacó más que el propio Felipe Calderón, quien le exigió en tono de amenaza que el día de su cierre de campaña anunciara que lo iba a nombrar procurador general de la República si ganaba la presidencia. Las consecuencias del sabotaje de Calderón a los suyos, a los de su propio partido, están a la vista. Sus correligionarios, como el senador Javier Corral, lo llaman "cobarde" y "colérico".[4] De ese modo se refieren sus compañeros del PAN al hombre que aún es presidente de México. Lo conocen mejor que nadie.

[4] Carta enviada el 1° de septiembre por Javier Corral, senador del PAN, a Felipe Calderón, *Reforma*, 12 de septiembre de 2012.

Debilitado por la sombra del fraude electoral, Calderón solapó la corrupción de Vicente Fox, Marta Sahagún y Manuel Bribiesca. Soportó sus tropelías, permitió que continuaran realizando sus jugosos negocios en Petróleos Mexicanos durante su sexenio. A cambio los cuervos, le sacaron los ojos y pactaron con el PRI, exhibiendo la debilidad del presidente. Ahora, gracias a Calderón, los Fox se frotan las manos esperando que el sexenio de Peña Nieto sea para ellos otro largo *sexenio de Hidalgo*.

Calderón también incendió al Ejército Mexicano, lo debilitó considerablemente al sacarlo de sus cuarteles para librar una guerra en la que los dados estaban cargados desde Los Pinos. Traicionó a quienes le fueron leales y solapó a quienes fueron partícipes de la corrupción. Toleró la violación masiva de derechos humanos por parte de unas fuerzas castrenses que, agotadas y poco entrenadas, terminaron siendo saqueadoras de la sociedad al igual que los cárteles que combatían.

Al lanzar al ejército a las calles en su llamada "guerra contra el narcotráfico", la institución quedó desmembrada como esos cuerpos que los grupos criminales arrojan en las calles. Las órdenes de saqueo y exterminio generaron el ambiente propicio para la corrupción pero también para el descrédito del ejército ante la sociedad.

De igual manera Calderón incendió la seguridad pública cuando puso en manos de policías corruptos como Genaro García Luna la seguridad de los mexicanos. Convirtió a la endeble Policía Federal en un ejército negro y multiplicó la tropa dirigida por mandos corruptos de 5 mil a 35 mil efectivos. La corrupción terminó extendiéndose en las filas negras como una epidemia.

Adonde quiera que llegó la Policía Federal, llevó consigo el abuso de poder, los secuestros, las extorsiones, el tráfico de drogas en los principales aeropuertos del país y el cobro de sobornos al cártel de Sinaloa y a los Beltrán Leyva, principalmente, a cambio de dejarlos operar a su antojo. La corrupción, la mentira y el montaje para cubrir la putrefacción interna fueron el sello distintivo de la Secretaría de Seguridad Pública federal encabezada por García Luna y su deplorable equipo, protegidos por Calderón hasta el final.

Igualmente, Felipe Calderón incendió los hogares de cada familia mexicana a los que arrebató su seguridad física y patrimonial. Aun los que no tuvieron como saldo un deceso, un secuestro o un hecho de violencia en sus hogares, son víctimas porque ya no pueden andar en las calles con tranquilidad. Pobres, clase media y ricos fueron damnificados del caos propiciado por Calderón en su falsa guerra contra el narcotráfico.

Lugares otrora paraísos turísticos, empresariales o para vivir en paz, hoy son el infierno: he ahí el caso de Acapulco, Guerrero; Monterrey, Nuevo León, o Ciudad Valles, San Luis Potosí. Esta última, una hermosa población ubicada en la huasteca potosina, es en la actualidad el bastión de los sanguinarios Zetas, a quienes Calderón les declaró la guerra. Pero ni siquiera tuvo la capacidad ni la inteligencia para derrotarlos. La población de Ciudad Valles comienza a vivir en carne propia el abismo que ya han vivido otros.

Indolente, Calderón contempla el dolor de los mexicanos con una frivolidad infame. A través de su campaña final de propaganda mediática se ufana de que deja el país más seguro y con más paz, pero la sociedad sabe que los grupos delincuenciales descuellan prácticamente por todo el territorio sin restricción alguna, protegidos en múltiples casos por la Policía Federal y por el ejército.

Calderón no será recordado como el presidente del "empleo", como prometió serlo durante su campaña presidencial. Tampoco como el presidente de la seguridad y la justicia. Mucho menos como el hombre valiente por el que pretende hacerse pasar dentro y fuera de México. Será recordado como el presidente del exterminio. El Atila mexicano que todo lo que tocó lo corrompió, lo destruyó o lo aniquiló, y quien lo único que fue capaz de dejar a su paso fue tierra quemada, dolor, muerte, y ahora, el poder en las manos del PRI.

El gobierno de Calderón deja más violencia: 95 mil homicidios (INEGI), de los cuales 60 mil son consecuencia de la guerra que emprendió al inicio de su mandato. Durante el sexenio aumentó el consumo de drogas, pues se duplicó el de la cocaína e incrementó 50% el de la mariguana;[5] creció la producción de mariguana y amapola y se redujo la destrucción de esos plantíos;[6] disminuyó la incautación de cocaína, no obstante que México sigue siendo el principal punto del continente en producción y tránsito de drogas ilícitas;[7] la producción de drogas sintéticas creció 1 200% en cinco años porque representa un negocio más jugoso para los cárteles,[8] y surgieron más grupos criminales que, bajo el amparo de la corrupción y la impunidad, pueden convertirse en el cáncer que conlleve el exterminio de la nación.

Además de la guerra a muerte entre los grandes cárteles de la droga, en México existen otras dos guerras paralelas que hacen igual o más daño que aquélla: la guerra de las pequeñas células sin cabeza que con exceso de violencia se disputan el control del país calle por calle para poder extorsionar y secuestrar a la población y regir el narcomenudeo, y la guerra desatada por los grupos de mercenarios, despojos de las células criminales, que torturan y matan al servicio del mejor postor.

[5] José Ángel Córdova, secretario de Salud, *El Universal*, 13 de marzo de 2011.

[6] Felipe Calderón, Sexto Informe de Gobierno, 1° de septiembre de 2012.

[7] Informe 2011 de la Junta Internacional de Fiscalización de Estupefacientes (JIFE).

[8] Marisela Morales, titular de la PGR, *La Jornada*, 21 de febrero de 2012, y CNN, 23 de agosto de 2012.

Desde 2007, mediante diversas investigaciones comencé a denunciar la red de complicidades de Felipe Calderón con sus hombres más cercanos: Juan Camilo Mouriño, jefe de la Oficina de la Presidencia, quien murió en noviembre de 2008 en un avionazo que, según su propia familia, fue provocado por un atentado del narcotráfico, y el oscuro Genaro García Luna, secretario de Seguridad Pública federal, quien debía viajar en ese avión pero no lo hizo porque presuntamente sabía lo que iba a ocurrir.[9] Esas investigaciones tuvieron como consecuencia diversas amenazas y persecución en mi contra, que están documentadas en la Comisión Nacional de los Derechos Humanos (CNDH) y en la propia Procuraduría General de la República (PGR).

En 2008 escribí el libro *Los cómplices del presidente*, donde revelé mis primeros hallazgos de la complicidad, las corruptelas y los excesos de Calderón, Mouriño, García Luna y su equipo. La historia me ha dado la razón. Por ese motivo he sido acosada e intimidada por el secretario de Seguridad Pública federal y su equipo. Asimismo, mis fuentes de información constantemente son amenazadas de una manera brutal y otras han sido encarceladas injustamente.

El policía más poderoso de México, apoyado incondicionalmente por el presidente, reacciona furibundo y emprende una persecución contra una periodista que sólo divulga los resultados de sus investigaciones. A finales de 2008 García Luna declaró al director de una prestigiada revista nacional que yo, Anabel Hernández, era su peor enemigo: una mujer y su pluma, ¿pueden ser los peores enemigos del secretario de Seguridad Pública federal?

---

[9] Testimonios de personas muy allegadas a Juan Camilo Mouriño.

En noviembre de 2010 publiqué *Los señores del narco*. En ese libro documenté la protección de los gobiernos de Vicente Fox y Felipe Calderón a La Federación —el grupo de cárteles encabezado por *El Chapo* Guzmán— y al cártel de Sinaloa; protección que en la práctica sistemáticamente brindaron la AFI y la SSP, durante el tiempo en que García Luna fue su titular. Demostré que "héroes" cuyos féretros fueron envueltos con la bandera de México, como Édgar Millán, comisionado de la Policía Federal asesinado en mayo de 2008, tenían acusaciones directas de testigos protegidos de la PGR por su colusión con el cártel de Sinaloa y con los Beltrán Leyva —cuando éstos eran socios del *Chapo*—, una constante en el sexenio calderonista.

A raíz de la publicación de ese libro fui advertida de que se había organizado un complot para asesinarme. Gracias a que descubrí a tiempo esa maniobra y solicité medidas cautelares a la CNDH, sigo con vida, aunque durante todo este tiempo mi familia ha sufrido persecución y un intento de atentado.

Jamás acepté el silencio como precio a pagar por mi vida. Hacer caso omiso de la corrupción que acaba con México es otra forma de morir.

Seguí denunciando la corrupción de la Secretaría de Seguridad Pública y del gobierno de Felipe Calderón porque en México, al igual que el poder, la corrupción es vertical y viene de arriba hacia abajo. El deber elemental de todo periodista es ejercer un periodismo de rendición de cuentas para que la sociedad esté informada. Sin la verdad, la sociedad no puede tomar decisiones. Sin la verdad, no puede juzgar su pasado ni su presente, ni planear su futuro. Sin la verdad, no puede exigir cuentas a los responsables de vulnerar el Estado de derecho.

Éste es mi testimonio del saldo de los seis años de gobierno de Felipe Calderón y su infame legado. Que nuestra memoria individual y colectiva jamás lo olvide. Que no haya en el país un mexicano que no lo conozca.

La única forma de mantener nuestra esperanza en un futuro mejor, de que podamos desterrar este México de muerte, injusticia e impunidad, es asegurarnos de que lo que ocurrió durante estos últimos seis años no se repita.

Que nadie inicie una guerra para defender los intereses del grupo criminal que cooptó a su gobierno aun antes de comenzar. Que ningún megalómano nos comprometa a nosotros y a nuestros hijos para defender sus intereses. Que ningún enajenado nos engañe asegurando que deja un país con más seguridad y paz. Que ningún policía corrupto vuelva a tener tanto poder.

Para Calderón y sus cómplices, ni perdón ni olvido.

CAPÍTULO 1

Caldenerón

El 25 de julio de 2012 Margarita Esther Zavala Gómez del Campo, esposa de Felipe Calderón, cumplió 45 años. Calderón estaba festivo apenas unas semanas después de la debacle electoral del PAN en la elección presidencial, en la que la sociedad mexicana le pasó la factura de su terrible gobierno. Para celebrar el cumpleaños de Margarita organizó una comida el 23 de julio en la residencia oficial, a la que invitó a un nutrido grupo de amigos. En total, más de 120 comensales que se dieron cita a las dos y media de la tarde.

Estuvieron presentes Patricia Guevara, secretaria de Turismo, Georgina Kessel, ex secretaria de Energía y luego directora de Banobras, las panistas Cecilia Romero, Elenita Álvarez de Vicencio y Blanca Magrassi de Álvarez.

También fueron convidadas las compañeras de la primera dama en la LIX Legislatura: Lupita Suárez, Maricarmen Mendoza, Patricia Garduño, Beatriz Zavala, Adriana González, Gabriela Cuevas (ex delegada de Miguel Hidalgo), Mariel Paredes (comadre de Zavala y Calderón) y Rocío García Gaytán (presidenta del Instituto Nacional de la Mujer), entre otras.

Josefina Vázquez Mota, la candidata perdedora del PAN a la presidencia, pese a que Margarita Zavala se convirtió en su calcomanía durante las últimas semanas de campaña, no acudió a la comida. Fue la gran ausente.

En la mesa principal se sentaron doña Mercedes Gómez del Campo, madre de la primera dama, una de sus hermanas, la festejada y Calderón. Quien hubiera visto ese día a la pareja conformada por Felipe y Margarita no hubiera imaginado la crisis matrimonial que sufrió a lo largo de todo el sexenio.

Desde lo que se narra en el libro *Los cómplices del presidente* (Grijalbo, 2008) respecto de la afición de Calderón por el alcohol, la situación del presidente empeoró conforme avanzó su gobierno. El bar construido en el sótano de la residencia Miguel Alemán se convirtió en sitio recurrente. El Estado Mayor Presidencial colecciona en su memoria postales de las escenas del presidente cuando se le pasaban las copas, y de las absurdas órdenes que giraba.

Cuentan que una de esas largas noches, Felipe Calderón, ya con dificultad para hablar, por el exceso de alcohol, llamó a uno de los tres procuradores que tuvo durante su gobierno para exigirle su renuncia por "traidor y pendejo". Al otro día, el funcionario fue a verlo y le presentó su renuncia. Felipe Calderón lo miró con extrañeza y le devolvió la renuncia, indicándole que no entendía, o no lo recordaba o se avergonzaba de lo que había hecho.

A lo largo del sexenio, amistades y familiares de Margarita Zavala hablaban con preocupación del distanciamiento que había entre la pareja. Se asegura que en más de una ocasión la primera dama abandonó Los Pinos y junto con sus hijos se fue a dormir a su casa en el fraccionamiento Las Águilas, al sur de la Ciudad de México. Después de unos días el Estado Mayor Presidencial iba por ella y la llevaba de regreso a la residencia presidencial, seguramente previa reconciliación con su esposo, quien increpaba, mentaba madres y hasta llegaba a empujar a sus subalternos. Uno de ellos renunció al día siguiente y Calderón no le aceptó la renuncia.

Podían pasar largos periodos en que Felipe y Margarita no eran vistos juntos en actos públicos, e incluso durante las vacaciones familiares cada quien se iba por su lado, de acuerdo con confesiones de Zavala a sus allegados.

Otros comentarios de personas cercanas hablaban de que hubo una época, a mediados del sexenio, en que Calderón vivió separado de Margarita en una de las cabañas de Los Pinos remodeladas durante el sexenio de Fox, hasta que Margarita Zavala logró sacar de ahí a Patricia Flores, la persona que tenía más influencia sobre su esposo.

Pero aquel 23 de julio de 2012 todos los problemas parecían superados. Quizá la llegada del fin del sexenio hizo reflexionar a la pareja acerca de que había otras cosas que los unían: la debilidad contagiosa por la silla del águila y por la banda presidencial.

Durante la comida, Margarita tomó la palabra y agradeció el festejo. Aprovechó la oportunidad para promocionar un recetario realizado por su mamá, con un prólogo de Felipe Calderón. El costo del ejemplar era de 300 pesos, pero si una persona compraba más de cinco, lo dejaban en 200. El comentario sobre las recetas de la madre de la primera dama fue el pretexto para un "espontáneo" e inusitado suceso.

—Es lo que comía Margarita —dijo doña Mercedes Gómez del Campo en voz alta—. Ojalá el recetario te sirva para dentro de seis años.

—¡Margarita 2018!, ¡Margarita 2018! —comenzaron a gritar algunos comensales.

—Bueno, ¡no dijeron para qué! —bromeó la primera dama, sonriendo.

—Para la campaña presidencial —secundó Felipe Calderón, haciendo evidente que las intenciones de que su esposa fuera candidata del PAN a la presidencia en 2018 no eran sólo una excentricidad de fin de sexenio, sino una amenaza.

—Que quede en broma —respondió Margarita muy sonriente, mientras las porras subían de tono.

Fue un momento difícil de creer después de los resultados electorales, excepto si se toma en cuenta que detrás de la acción se hallaba un hombre incapaz de reconocer su propia derrota.

"¡Margarita 2018!, ¡Margarita presidenta!"; fue el coro que retumbó en la residencia oficial de Los Pinos. La caricaturesca escena rayaba en lo grotesco.

No hubo un solo ámbito del país que no quedara deteriorado tras el paso de Felipe Calderón. Y uno de esos ámbitos es el de su partido político, el PAN, que quedó en llamas, de las que pronto sólo quedarán cenizas.

Tras las porras se dio paso a la música de trova de la que tanto gusta Calderón. Hasta pasadas las seis de la tarde los invitados seguían ahí. El festejo duró, dicen quienes asistieron, hasta las tres de la mañana.

Zavala y Calderón tienen un plan político: regresar a Los Pinos en seis años. Afectados por el síndrome Fox-Sahagún, Felipe y Margarita se emborracharon con las mieles del poder, y mientras lo recuperan, quieren su propio reino. Vicente Fox, el primer presidente emanado del PAN, construyó el suyo en el Centro Fox, desde donde sigue soñando junto a su esposa que ella sea presidenta de México.

Calderón y Zavala quieren construir su reino en el PAN y que los panistas sean sus súbditos perpetuos, como los pobladores de San Francisco del Rincón lo son de la pareja Fox-Sahagún.

Para ello, con los jirones de poder que le quedan, Calderón busca que Acción Nacional asuma todo el peso de la derrota mientras él queda como víctima del fracaso del partido, con lo cual conseguiría autoridad para imponer a uno de los coordinadores de las bancadas del PAN en el Senado y en la Cámara de Diputados de la nueva legislatura, lo mismo que a la nueva dirigencia del instituto político que él arruinó con su autoritarismo y con la imposición de dirigentes y candidatos impresentables.

El PAN no sólo fue derrotado el 1° de julio de 2012 por el PRI ni por la alianza de las izquierdas, sino también por su militante número uno: el presidente de la República, enajenado ya de su realidad, atormentado por los más de 60 mil fantasmas que lo acosan y por los familiares que claman justicia.

A LA QUE NO QUERÍAN

Sólo Josefina Vázquez Mota creyó que Calderón pondría por encima de sus intereses y sus fobias los del PAN y los de México. La panista se sabía ignorada y menospreciada por el primer mandatario desde la LVII Legislatura, cuando fue coordinador de la bancada azul en la Cámara de Diputados, y repudiada por él y sus muchachos durante la campaña presidencial de 2006, en la que fungió como coordinadora junto con Juan Camilo Mouriño.

Calderón ganó la contienda interna del PAN al candidato de Vicente Fox, que era Santiago Creel, apoyado por recursos públicos del DIF, cuando Ana Teresa Aranda fungía como su directora —y a quien ni siquiera le dio las gracias—, utilizó padrones sociales, compró votos recurriendo a las viejas prácticas del PRI, que en público siempre ha criticado pero cuando hubo que aplicarlas para favorecerse lo hizo sin dudar.

Una vez como candidato del PAN a la presidencia en 2006, le pidió a Fox que, como apoyo a su campaña, integrara a su equipo a Vázquez Mota, que entonces era secretaria de Desarrollo Social.

Días después del 1° de julio de 2012, en un correo electrónico que comenzó a circular entre los consejeros nacionales del

PAN, uno de los colaboradores cercanos a Josefina señaló lo siguiente:

> Y no es que haya forjado una sólida amistad con ella cuando fueron pares en el gabinete, sino que, fiel a su estilo de usar a las personas más que respetarlas y promoverlas, la quería por los votos que podía significar un programa muy exitoso como Oportunidades, además de las relaciones con empresarios y líderes sociales poderosos que Josefina construyó en años con sus finas maneras de relacionarse.[1]

Al principio la coordinación de la campaña de Calderón era bicéfala: la dirigían Josefina Vázquez Mota y Juan Camilo Mouriño, el hombre preferido de Calderón y a quien éste extrañará hasta el último día de su vida. César Nava y Max Cortázar —los otros muchachos consentidos del presidente— eran muy indiscretos con sus comentarios ofensivos y descalificadores hacia Josefina. Mouriño se hizo a un lado y dejó el membrete de "coordinador" de la campaña, cediéndoselo a Josefina, aunque él siguió moviendo todos los hilos.

Josefina es consciente de que siempre fue vista con desconfianza. Primero Juan Camilo y luego García Luna intervinieron sus llamadas telefónicas y la espiaban,[2] como lo volvieron a hacer en el transcurso de la campaña presidencial de 2012. En ambas ocasiones la orden vino de Felipe Calderón, su principal opositor en la contienda electoral, más que Enrique Peña Nieto o que Andrés Manuel López Obrador, porque el primer mandatario tuvo la capacidad de minar su campaña desde adentro.

---

[1] Este correo electrónico comenzó a circular el 28 de julio, antes de que se llevara a cabo el Consejo Nacional del PAN, el 11 de agosto de 2012.

[2] *Cf.* Anabel Hernández, *Los cómplices del presidente*, México, Grijalbo, 2008.

Durante la contienda interna del PAN para elegir al candidato presidencial, Vázquez Mota sostuvo una conversación telefónica con Agustín Torres, responsable de las plataformas sociales dentro de su equipo de campaña, en la que hablaron del desarrollo del último debate que sostuvo con sus contrincantes Ernesto Cordero —el candidato de Calderón— y Santiago Creel, quien sólo podría haber ganado la candidatura por encima del cadáver de Calderón. La conversación fue grabada de manera ilegal y luego difundida. Josefina se quejó del espionaje del que era objeto por parte de Alejandra Sota, la última jefa de la Oficina de la Presidencia de Felipe Calderón, y de Genaro García Luna, el secretario de Seguridad Pública federal.

"Como nos están grabando, mándale un saludo a Alejandra Sota […] Los dos les mandamos saludos a Alejandra Sota y a Genaro García Luna", dijo Josefina durante la conversación, de manera sarcástica.

"Un saludo cariñoso para Genaro García Luna, que nos graba en lugar de grabar al *Chapo*. Y un saludo muy amoroso a Alejandra Sota, que filtra todas nuestras llamadas telefónicas… Pinche Sota", añadió entre molesta y burlona.

Nunca hubo una aclaración sobre el asunto. Josefina no negó la autenticidad de la conversación, y Alejandra y Genaro hicieron mutis… El sello de la casa cuando se trataba de evadir responsabilidades.

"El equipo calderonista siempre le tuvo desconfianza y antipatía, que le mostraron en cuantas ocasiones pudieron, y operaron muchas cosas al margen y en contra de ella", señaló el colaborador de Josefina en el citado correo electrónico.

Después del complejo proceso electoral de 2006, plagado de intervenciones de Vicente Fox y del gobierno federal para atacar la campaña del candidato de la izquierda, Andrés Manuel López Obrador, y marcado por la duda del fraude electoral, Calderón fue designado presidente de la República por el Tribunal Federal Electoral, "haiga sido como haiga sido" —una de sus frases más célebres que quizá lo dibuja mejor—, y arribando por la puerta trasera del Congreso de la Unión, tomó posesión del cargo el 1° de diciembre de 2006. Gobernó, siempre a espaldas de la población, siempre escondiendo sus verdaderos intereses, siempre traicionando a los que descubría traicionables y protegiendo a los que fueron sus cómplices.

Por supuesto, traicionó a Josefina, *Pina*, como la llamaba, más con un sentido despectivo que afectivo. Ella quería ser secretaria de Gobernación, puesto que Felipe Calderón le había prometido numerosas veces. Era bien sabido que la panista deseaba esa posición para impulsar sus aspiraciones a la candidatura presidencial de 2012. Pero Calderón no estaba dispuesto a permitirle ese paso. Él tenía un candidato desde el primer día de su gobierno: Juan Camilo Mouriño. Y cuando éste murió en el avionazo del 4 de noviembre de 2008, la sucesión en la presidencia quedó trunca. A los ojos del primer mandatario ningún otro de sus colaboradores, ni siquiera Ernesto Cordero, tenía la valía profesional y afectiva de Mouriño.

"Calderón, evidentemente, luego de haberse valido de Josefina y de sus buenas relaciones, no estaba dispuesto a colocarla en una posición relevante como ésta. Y para evitarlo, de manera burda se dedicó a filtrar a medios una serie de ataques. Y es así que la nombra secretaria de Educación Pública", narra el colaborador de campaña de Josefina en su recuento de la traición:

Éste es un puesto importante, sin duda, porque el tema educativo es crucial para el desarrollo sostenido de México, pero la puso ahí sólo para que lidiara con una alianza pragmática de Calderón con la maestra Elba Esther Gordillo, a quien le había aceptado apoyo para ganar la elección y a quien ahora debía retribuir, pero más por necesidad que por ganas, y decidió encargar esa papa caliente a Josefina.

Vázquez Mota aceptó el cargo de titular de la SEP y por instrucciones de Felipe Calderón tuvo que nombrar como subsecretario de Educación Básica al yerno de la maestra, Fernando González Sánchez, quien vigilaría sus intereses desde la dependencia. Aun así, Josefina intentó sacar adelante iniciativas como la evaluación a los profesores, lo cual le ganó el boicot de Gordillo al que Calderón se sumó gustoso. No importaba que las cabezas rodaran durante su mandato, siempre y cuando no fuera la suya.

Cuando Elba Esther le exigió [al presidente] la dimisión de la titular del área —señala el correo electrónico del colaborador de Josefina—, éste aceptó quizá hasta con gusto, pues además le daba la ventaja de sacar de la jugada a una potencial competidora en la carrera presidencial de 2012, y ése era un proceso que él tenía que controlar, como hace siempre.

Vázquez Mota operó políticamente, y en lugar de irse a la banca, fue nombrada coordinadora de la fracción parlamentaria del PAN en la Cámara de Diputados en la LXI Legislatura. Esa posición le permitió mantenerse en la carrera presidencial, pero seguía sujeta al control de Calderón a través de las periódicas reuniones —una o dos a la semana— del llamado sistema PAN, instauradas desde el sexenio calderonista, en que la dirigencia del partido y los coordinadores parlamentarios se reunían con el presidente y los secretarios de Estado para eludir de ese modo cualquier sana distancia entre el partido y el gobierno.

Sin embargo —revela el colaborador de Josefina—, Calderón también aquí [en la Cámara de Diputados] encontró la manera de blo-

25

quearla cuanto pudo, pues la obligaba a negociaciones con márgenes sumamente estrechos, cosas complicadas o imposibles, sin nada que ofrecer a cambio, y una y otra vez le reprochó en las reuniones del sistema PAN su ineficacia, hasta que ella decidió espaciar su asistencia a estas sesiones de tortura.

LA IMPOSICIÓN

Calderón tenía planeado imponer a su sucesor desde que asumió la presidencia, el 1° de diciembre de 2006. Ese mismo día decidió que sería el presidente virtual y vitalicio del PAN. Prepotente, con aires de grandeza, con fe ciega en su infalibilidad y autoritario, *Caldenerón* desde ese instante se asumió como "semidiós político dueño de vidas y carreras partidarias", dicen algunos panistas con justa razón.

El primer obstáculo para lograr sus planes fue Manuel Espino Barrientos, a la sazón dirigente nacional del PAN —y promotor de Peña Nieto en 2012—, con quien había cultivado una rivalidad que rayaba en el odio. El mandatario lo sacó del partido hasta expulsarlo. Sin su fuerte carácter y sin su figura, pues fue el único capaz de enfrentarse de manera abierta al presidente, Felipe Calderón, utilizando el presupuesto federal como chequera personal, comenzó a ofrecer puestos públicos como carnada a los incautos consejeros y logró controlar la elección interna e imponer al insumiso Germán Martínez, quien tomó posesión como presidente nacional de Acción Nacional el 8 de diciembre de 2007.

Con él en el PAN, Calderón pudo definir la estrategia electoral del partido para el 2009, poner y quitar a candidatos, nombrar a los operadores políticos, con muy malos resultados. Se instauraron las designaciones por *dedazo*, casi como regla. Emilio Gamboa bautizó a Germán Martínez como "el chico pendenciero", quizá

26

a sabiendas de que el "pendenciero" no era Martínez sino quien lo manejaba a su antojo.

En 2009 a Germán le tocó enfrentar las elecciones federales intermedias para renovar la Cámara de Diputados, las cuales funcionan como una especie de plebiscito para calificar a la administración federal en turno, además de las elecciones para gobernador en Campeche, Colima, Nuevo León, Querétaro, San Luis Potosí y Sonora ese mismo día. El resultado fue un completo desastre.

Perdió los estados de Querétaro y San Luis Potosí, que eran gobernados por el PAN, y solamente pudo ganar Sonora. En el Estado de México perdió el denominado "corredor azul", compuesto por municipios como Naucalpan, Atizapán, Tlalnepantla y Cuautitlán, que gobernaba el partido de derecha desde hacía muchos años.

En la Cámara de Diputados, Acción Nacional sólo consiguió 143 curules contra 237 que logró el PRI. En los comicios de 2006 el PAN había obtenido 206 diputados y el PRI 104. Ya es tristemente célebre la anécdota de que Felipe Calderón le lanzó una bofetada a Germán Martínez en Los Pinos como reacción por los pésimos resultados de su gestión, luego de una retahíla de improperios.

Humillado, el 8 de agosto de 2009, Martínez renunció a la dirigencia nacional del PAN, "más aliviado por huir de los continuos regaños del irascible presidente", afirma el citado correo, y fue sustituido por César Nava, otro de los chicos de Calderón. Se trataba de una burla a la militancia del partido y de una nueva imposición.

Nava había fungido como secretario particular de Calderón hasta el 25 de noviembre de 2008. Ese día renunció a su cargo por desavenencias con Margarita Zavala. Germán Martínez lo rescató y lo nombró coordinador de la Comisión de Planeación Estratégica del partido rumbo a las elecciones de 2009, por lo cual se le considera coautor de la debacle electoral del partido en esos comicios. Aun así Calderón lo quiso en el cargo.

Durante la gestión de Nava, siempre con Felipe Calderón detrás de él, los panistas afirman que empezó el desdibujamiento ideológico del partido a partir de una campaña de afiliación masiva que permitió inflar de manera descontrolada el padrón panista. La decisión de aceptar la afiliación al PAN a través de internet permitió que decenas de miles de ciudadanos se convirtieran en adherentes, sin pasar por las pruebas de afinidad ideológica y honorabilidad que antes se realizaban y que daban alguna certeza de que había una convergencia con los principios de derecha del partido.

Muchos de estos neopanistas fueron utilizados por líderes regionales del PAN para definir candidaturas a cargos de elección popular, desvirtuando de esa manera la elección de candidatos. Los elegidos lo eran no porque fueran los mejores, sino los que tenían más seguidores comprados. En el seno del partido se afirma que el clímax del desdibujamiento ideológico llegó cuando el propio Nava negoció alianzas electorales a nivel estatal con el PRD, el partido que había declarado "ilegítimo" a Felipe Calderón. El único propósito de esa alianza era evitar que el PRI siguiera acumulando triunfos electorales, acercándose muy fortalecido a las elecciones presidenciales de 2012. Estas alianzas ganaron en Oaxaca, Puebla y Sinaloa, pero con tres ex priístas como candidatos del PAN.

Nava vivió dos elecciones clave en la definición de fortalezas y debilidades del PAN. Una, el 16 de mayo, y la otra, el 4 de julio de 2010. En la primera se eligieron diputados locales y alcaldes en Yucatán; mientras que en la segunda, gobernadores en Aguascalientes, Chihuahua, Durango, Hidalgo, Oaxaca, Puebla, Quintana Roo, Sinaloa, Tamaulipas, Tlaxcala, Veracruz y Zacatecas. El PAN perdió Aguascalientes y Tlaxcala, donde era el partido en el gobierno, y no ganó en ningún otro estado.

La huella que dejó Nava en su paso por la presidencia del PAN fue su divorcio con Covadonga Baños, miembro de una prestigiada y conservadora familia de Querétaro. Amigos cercanos han dicho a los medios de comunicación que las razones de ese divorcio tuvieron que ver con adicciones de Nava que ella no podía tolerar. Su boda con la cantante Patricia Sirvent, mejor conocida como *Patylú*, el 2 de octubre de 2010, fue utilizada por César para agregarle puntos de popularidad a su desgastada figura política. Nava será recordado por el vergonzoso compromiso que firmó con el PRI el 30 de octubre de 2009 en el que se comprometió como dirigente nacional del PAN, con previa autorización de Felipe Calderón, a no conformar una coalición opositora en la elección para gobernador del Estado de México, que se llevaría a cabo en julio de 2011, cuando Enrique Peña Nieto aún era mandatario de la entidad. En el convenio aparece la firma de la dirigente nacional del PRI, Beatriz Paredes, de César Nava, del secretario de Gobernación, Fernando Gómez-Mont, y del secretario de Gobierno de la administración de Peña Nieto, Luis Enrique Miranda.

El convenio era clave para la carrera política de Peña Nieto, pues si el PAN establecía una alianza con el PRD y el PRI perdía la gubernatura del estado, se alejaban sus posibilidades de convertirse en el candidato del PRI a la presidencia de la República; pero sin esa alianza tenía la certeza de que el tricolor ganaría la elección de gobernador y le daría *de facto* su registro como candidato presidencial. El PAN de Calderón le iba a dar a Enrique Peña Nieto la candidatura presidencial si la bancada del PRI en el Senado de la República aprobaba la Ley de Ingresos del gobierno federal, que se proponía aumentar el IVA de 15 a 16 por ciento, para que el gobierno federal pudiera despilfarrar más dinero.

En marzo de 2010 Peña Nieto hizo público ese acuerdo, lo que obligó a Nava primero a negar su existencia y luego, ante la advertencia del PRI de exhibir el documento, a reconocerlo, siempre cuidándole las espaldas a Felipe Calderón, de quien aseguraba no tenía conocimiento del convenio, aunque en realidad éste fue su autor intelectual.

Al final, el PAN no quiso hacer alianza con el PRD en la elección del 3 julio de 2011 para gobernador. Ganó el candidato del PRI, Eruviel Ávila, con 63% de los votos y con una abstención de 58 por ciento. De ese modo Peña Nieto le arrebató a cualquier priísta la posibilidad de competir con él por la candidatura presidencial. Si Calderón, quien "usaba al partido como agencia de asuntos electorales de la presidencia de la República", según el correo electrónico del colaborador de Josefina difundido en estas páginas, hubiera querido que el PAN se aliara con el PRD en el Estado de México, así hubiera sido. Y si no ocurrió de ese modo no fue porque le causara escozor que el PRD no lo hubiera reconocido como presidente.

A finales de 2010, el PAN entró en un nuevo proceso de elección de su dirigencia, con el respectivo desgaste. Calderón, sin aprender ni una sola lección de las derrotas electorales que sufrió en los primeros cuatro años de gobierno, se empeñó en imponer de nueva cuenta al último de sus peones: Roberto Gil, quien entonces ocupaba el puesto de secretario particular en Los Pinos y a quien le une un profundo afecto con Germán Martínez. Los candidatos de oposición, por llamarlos de alguna forma, fueron Cecilia Romero y Gustavo Madero. También contendió Francisco Ramírez Acuña, gobernador de Jalisco, pero él siempre estuvo dispuesto a obtener el mayor beneficio posible y sabía que iba a perder.

La operación de Calderón para quedarse por tercera vez consecutiva con el control del partido fue conducida por las dos mujeres más cercanas al mandatario: Margarita Zavala, su esposa, y Patricia Flores Elizondo, jefa de la Oficina de la Presidencia, quien entonces era la mujer más poderosa del gabinete. La oposición interna del PAN hizo que el senador Gustavo Madero fuera electo presidente nacional del PAN para el periodo 2010-2013, con una diferencia de apenas seis votos sobre Roberto Gil. Nadie de los presentes olvidará que cuando ocurrió la derrota, Gil comenzó a llorar, Germán Martínez se acercó a abrazarlo y Paty Flores, parada en medio del auditorio, comenzó a mentarle la madre: "¡Puto! ¡Para eso me gustabas!" Y profiriendo toda clase de insultos salió del lugar donde Calderón había sido derrotado.

Con una dirigencia en manos de un personaje neutral hubo una elección interna para seleccionar al candidato presidencial del PAN. El presidente de la República quería imponer al secretario de Hacienda, Ernesto Cordero, un apocado súbdito de Calderón. Aun así Felipe pudo influir en el proceso. En el correo ya citado se afirma:

> Primero impuso una baraja de diez nombres, seis de los cuales estaban bajo su órbita, y a quienes poco a poco fue bajando, también del feo modo que lo caracteriza. A uno le ordenó salir a rueda de prensa y decir que declinaba. A otro "le avisó" a bordo del avión presidencial, en una gira de trabajo, que no iba a competir. A otro más lo ridiculizó, hasta quedarse sólo con su favorito, Ernesto Cordero. Al principio lo dejó hacer, correr su estrategia con su gente, hasta que vio que no prendía y decidió poner toda la carne al asador, y operó con todo el gabinete y con todos los mandos medios del gobierno, y con muchísimo dinero.

Josefina fue víctima de críticas e insultos por parte de Ernesto Cordero, quien prestaba su voz al inquilino de Los Pinos.

Contra toda la operación del gobierno, Josefina Vázquez Mota ganó la candidatura presidencial gracias a la eficaz labor de un equipo leal y sólido conformado desde la Sedesol: Octavio Aguilar, Herminio Rebollo, Miguel Székely y Rogelio Gómez Hermosillo, y al cobro de facturas del panismo al presidente. Dicen los hombres cercanos a Josefina que ella quiso dejar atrás todo lo que hicieron en su contra y decidió no pelearse con Calderón, pensando que de esa manera podía ganar la elección presidencial.

31

Aceptó que el mandatario le impusiera como coordinador general de su campaña al derrotado Gil, pese a que éste no tenía experiencia en procesos electorales. También incluyó a Maximiliano Cortázar, vocero de Calderón, ex guitarrista del grupo musical Timbiriche, y después incluyó al hermano de la primera dama, Juan Ignacio Zavala, quien orquestara en 2006 la guerra sucia del PAN contra López Obrador. Aquello pronto se volvió un infierno.

Una de las cosas que perjudicó de manera determinante la campaña de Josefina fue la falta de operación de Felipe Calderón con los medios masivos de comunicación, e incluso se insinúa que el matrimonio Enrique Peña Nieto-Televisa fue avalado por el presidente, quien tenía diferentes instrumentos para boicotearlo pero no lo hizo, no porque no fuera un presidente que interviniera en todo —porque sí lo hacía—, sino para dejar morir a *Pina* de inanición mediática. El colaborador de Josefina en el multicitado correo electrónico, afirma:

> Sus relaciones con los medios estaban perfectamente aceitadas con Alejandra Sota, con cantidades importantes de dinero, además del favor de no haber impulsado reformas que permitieran la competencia en la televisión. Y siempre, sin rubor, ese apoyo fue al candidato priísta, lo que mueve a pensar que esto no fue casual.

El 23 de julio de 2012 el senador panista Javier Corral declaró al periódico *Reforma*:

> Si alguien empoderó a la empresa que fabricó a Peña Nieto fue el presidente de la República. ¿Por qué lo hizo? No hay una explicación. Para mí la única explicación es que hasta este nivel llegara el compromiso de Calderón o que él sintiera un compromiso por la elección de 2006 de pagar los favores.

Después de la inanición mediática vino el boicot para aniquilar la campaña de Vázquez Mota. No fluían los recursos económicos y la clase empresarial no hacía las aportaciones esperadas, principalmente porque el gobierno federal la desalentaba. Josefina no fue la única víctima. Integrantes del equipo de campaña de Fernando Guzmán, otro de los malqueridos de Calderón, a quien a toda costa trató de arruinarle la campaña por la gubernatura de Jalisco, se quejan de que personalmente el presidente llamaba a los empresarios de Jalisco para que no aportaran dinero a la campaña de Guzmán. Lo mismo ocurrió con la de Vázquez Mota:

En el PAN nunca se pudieron explicar cómo nunca hubo dinero en la campaña ni siquiera para volantes, para ningún tipo de publicidad en la cantidad mínima necesaria para este tipo de procesos. No se diga para operaciones más complejas como detectar simpatizantes, pagar menciones en noticieros, apoyar gestiones y alianzas. Unos meses antes, por ejemplo, la campaña en Michoacán de *Cocoa* Calderón [Luisa María Calderón], hermana del presidente, contó con una enorme cantidad de dinero y operadores de todos lados y de todo tipo.

Nada de eso se vio en la campaña presidencial ni de lejos. Se sabe que las relaciones del gobierno son las que más fácilmente pueden captar y canalizar donativos a las campañas. Nadie quiere quedar mal con el partido en el gobierno, que tantos favores puede dispensar o tantas puertas puede cerrar cuando quiere. Y nada. Además de eso, el muy sospechoso inmovilismo de casi todo el gabinete y de los primeros niveles. Ni una declaración, ni un acto de campaña, ni dinero aportado, ni operación. Los únicos que tímidamente quisieron hacerlo, tarde y mal, fueron los de Sedesol, con Heriberto Félix. Sólo muy al final, cuando ya no había nada qué hacer, Margarita Zavala se apareció de tiempo completo en la campaña; pero esto más pareció una coartada para justificar el apoyo de su esposo.

33

Cuando Josefina Vázquez Mota se estancó en el tercer lugar de las preferencias electorales, por debajo del candidato del PRI, Peña Nieto, y del de las izquierdas, López Obrador, Calderón intentó removerla de la contienda, impulsando en los medios de comunicación el rumor de que estaba enferma y abriendo la puerta para un "explicable" relevo en la persona de Ernesto Cordero.

La encuestadora GEA, con vínculos en el PAN —su fundador y ex presidente, Guillermo Valdés, fue nombrado por Felipe Calderón como director del Cisen—, que para la elección presidencial fue contratada por el periódico *Milenio*, publicó el 20 de abril de 2012 la encuesta en la que Josefina caía a un tercer lugar. La publicación sirvió de pretexto para nuevas presiones sobre ella con el objetivo de que dimitiera.

Ese día, durante su gira proselitista por San Luis Potosí, Vázquez Mota arremetió contra sus rivales: "¡Me quieren bajar pero no lo van a lograr!" "¡Nadie va a desanimarme ni a destruirme!", gritó de manera frontal. Quienes conocían la pugna interna supieron reconocer que sus palabras no se referían a la intención del voto del electorado, sino a la de Felipe Calderón de suplirla como candidata del PAN.

Las reuniones en Los Pinos para la evaluación de su campaña se convirtieron en un campo de batalla donde quien comandaba la guerra, el presidente de la República, se mostraba cada vez más fuera de sí. Hasta los integrantes de su equipo, acostumbrados a los arranques de Calderón, se sorprendían por sus exabruptos. Entonces Felipe Calderón se mostraba de cuerpo entero. El tamaño de sus insultos sólo podía compararse con su estatura política como mandatario.

Un personaje cercano a Josefina señala:

Felipe Calderón sabía, démosle el privilegio de la duda de que además quería, que Josefina iba a perder. En las célebres reuniones del sistema PAN, los lunes o los miércoles, lo dijo una y otra vez durante las últimas semanas, todo junio: vamos a quedar en tercer lugar... esto está perdido... cuando aún faltaba un mes de campaña.

Con su estilo, Calderón intentó imponer líneas de comunicación en los siguientes anuncios televisivos, incluso contra la opinión de expertos como Rafael Giménez, encuestador del PAN, y de la presidencia.

En las reuniones se burlaba de lo mala candidata que era *La Pina*. El presidente de la República poco a poco perdía la compostura que le quedaba. Antes de las elecciones, convocó a una reunión en Los Pinos. Asistieron cerca de 15 personas. Josefina llevaba semanas estancada en el tercer lugar y no se movía de ese sitio. En aquel encuentro estuvieron Roberto Gil, Alejandra Sota, Rafael Giménez y Gustavo Madero.

Calderón, fuera de sí, comenzó la reunión insultando a Gil; después se fue sobre Rafael Giménez, y por último ofendió a Madero, a quien le gritó: "¡Pendejo!" El dirigente nacional del PAN, ante la desventaja de liarse en un duelo de insultos con el presidente de la República, se retiró dignamente de Los Pinos a media reunión. Calderón comenzó a manotear y gritó amenazante una vez más: "¡Dicen que soy un hijo de la chingada! ¡Me van a conocer!", y se retiró del encuentro.

YO QUIERO SER PROCURADOR

Después de haber tenido un buen desempeño en el segundo debate presidencial, la mañana del 27 de junio, Josefina Vázquez Mota, candidata del PAN a la presidencia de la República en los comicios de 2012, se alistaba para su gran día. El único que le quedaba a su campaña. Esa noche usaría un vestido azul en el majestuoso estadio Omnilife de Guadalajara. Era su última oportunidad para enviar un mensaje preciso y contundente a la población para obtener el mayor número de votos posible. Era su día, pero una llamada telefónica en la mañana se lo robó.

Con el teléfono en la mano se quedó congelada, estupefacta por las órdenes que giró quien le hablaba del otro lado del auricular. No había manera de creer que se trataba de una chanza: el tono era contundente, y la forma, casi una amenaza.

"Toda la campaña has desaprovechado mi popularidad. ¡Úsala!", le decía Felipe Calderón al otro lado del teléfono. "Hoy, en el cierre de campaña, ¡proponme como procurador general de la República! Utiliza mi popularidad, aprovecha lo que hemos hecho en mi gobierno", le ordenó. Con esa acción, el presidente de la República mostró que no quería ni podía limitarse a gobernar el país y el partido durante seis años, sino que quería una prolongación de su poder en el tiempo.

El primer mandatario no entendía que si Josefina Vázquez Mota ocupaba la tercera posición en las preferencias electorales y que si se había estancado en los 22 puntos porcentuales de intención del voto desde hacía más de un mes, era precisamente por culpa de él y de su gobierno.

La gente lo que menos quería era que Calderón y sus políticas públicas continuaran vigentes. Sin embargo, Vázquez Mota no tuvo opción, pues el presidente la amenazó con que si no lo proponía como titular de la Procuraduría General de la República, no la apoyaría el día de la elección. No habría la movilización requerida para sacar a la gente a votar ni habría todo lo demás que como gobierno podía hacer y hubiera hecho de haber sido otro el candidato en su lugar.

Josefina estaba convencida de que, de todos modos, Calderón no la había apoyado; más bien al contrario. Pero había aprendido a tenerle miedo, porque sabía de lo que era capaz. Había proferido muchas amenazas en su contra durante la campaña como para quedarse a esperar a que las cumpliera. Vázquez Mota le dijo que haría lo que le solicitaba.

Aquella noche, con el estadio de futbol abarrotado como nunca en su campaña, Josefina Vázquez Mota, acompañada por Margarita Zavala, quien estuvo a su lado para aprovechar los reflectores y subirse al tren (lo cual hacía cuando le convenía), cumplió la orden presidencial, bajo la mirada vigilante de la esposa del primer mandatario.

Con gran oportunismo, Margarita Zavala se plantó ante más de 40 mil panistas y presentó a la candidata. Ésa era la señal para que Josefina saliera a escena. La abanderada panista reconoció públicamente la "lucha" de Calderón contra la delincuencia: "Porque no ha tenido temor ni titubeos, es un hombre valiente, es un hombre decidido, es un hombre que ha arriesgado hasta su propia vida y a su propia familia".

Como se lo habían ordenado, anunció que si llegaba a la presidencia quería un buen procurador de justicia,

> un abogado de la nación que no sea cómplice del crimen; quiero tener a alguien que defienda a sus hijos, que los defienda a ustedes, que defienda a las familias, que no tenga miedo, que esté apegado a la ley; y por eso esta noche quiero decir aquí, en Jalisco, con total convicción, que al ganar la presidencia de México invitaré al presidente Calderón para que encabece la Procuraduría General de la República para tener así un abogado que esté al frente de la mejor impartición de la justicia.

Fue Felipe Calderón y no el cierre de campaña de Vázquez Mota la nota que ocupó las ocho columnas de los principales diarios del país por la disparatada propuesta. Incluso hubo quienes pensaron que el primer mandatario se enojaría por aquella propuesta o que

Josefina la había hecho en venganza por la falta de apoyo que había tenido de su parte, y para desacreditarlo. "¿Calderón, procurador? ¿Chiste de mal gusto?", tituló la periodista Carmen Aristegui su columna en el periódico *Reforma* al día siguiente.

Por su parte, alineada al capricho de su hermano, Luisa María Calderón afirmó el 1° de julio, día de las elecciones, que su hermano "sería un excelente procurador". "¡Sí, señor! Él es abogado, tiene seis años estudiando esta problemática tan grave. Seguramente sería un excelente procurador." Si durante su sexenio acumuló 60 mil ejecutados por sus decisiones equivocadas, ¿cuántos más pensaba que se podían acumular en otro sexenio?

El 9 de julio, en entrevista con Leonardo Curzio, Calderón afirmó que si Josefina hubiera ganado la contienda, él sí hubiera aceptado la titularidad de la Procuraduría. De este modo ratificaba su evasión absoluta de la realidad del país, su eterna falta de autocrítica, así como su enfermiza tendencia a mentir, todo lo cual le hizo creer que él era el héroe que hubiera salvado la campaña del PAN y no el autor de su derrota.

El día de las elecciones todo el mundo dejó sola a Josefina. Margarita Zavala, que se había comprometido a acompañarla a la casilla a votar, no lo hizo a sabiendas de que el tercer lugar era irremontable. Los oportunistas sólo se hacen presentes los días de la victoria, y el 1° de julio no era uno de ésos para el panismo.

Cuando concluyó la jornada electoral, el equipo de Vázquez Mota había registrado todas las irregularidades y planeaba ser cauto respecto del reconocimiento de las victorias y las derrotas.

Sin embargo, a las 8:30 de la noche, Josefina Vázquez Mota salió a reconocer su derrota en cadena nacional.

La conclusión del correo de su colaborador es muy elocuente:

Dos días después de la elección presidencial, en la soledad de su casa, habiendo comenzado a asimilar lo que habían sido estos intensos meses de su vida, y lo que vendría después, Josefina recordaba cada uno de los momentos que marcaron el duro proceso electoral que recientemente había culminado y en el que fue una protagonista de primer orden. En esa cuenta de sucesos, una y otra vez, la constante era una ausencia, a la que le daba más y más vueltas [...], en efecto, el presidente Calderón no la apoyó para ganar las elecciones.

Y es que el panismo ha sido poco crítico para decir qué pasó en este proceso electoral y cuáles son las causas verdaderas que explican ese penoso tercer lugar. Es cierto que el partido fue un lastre, al mostrarse dividido, con problemas en la elección de candidatos, con candidatos de bajo perfil, con gobiernos estatales desgastados y negligentes, que incluso cayeron al tercer lugar casi todos, como Jalisco, Baja California, Morelos. Pero esto ha impedido ver que también, con un peso mayor, uno de los principales responsables es el presidente Felipe Calderón Hinojosa, aunque hábilmente ha cuidado diluir la responsabilidad entre todos para evitar que se hable sólo de él.

ADUEÑARSE DEL PAN

Una vez concluida la elección presidencial, Calderón intenta reapropiarse del PAN y conseguir que no cambie de manos hasta 2018 para que Margarita Zavala sea candidata por ese partido a la presidencia de la República. Con ese propósito en mente, implementó una estrategia para hacer creer a los panistas que él no fue el artífice de las derrotas que sufrió el PAN a lo largo de los seis años de su gobierno; pero se trataba de una cruzada casi imposible porque en el interior del PAN siempre se conocieron las pretensiones del primer mandatario y la forma en que manipuló al partido y obstaculizó a Josefina Vázquez Mota.

Utilizando el poder que le quedaba después del 1° de julio, Calderón realizó una gira intensiva para reunirse con los consejeros nacionales del PAN, rumbo al Consejo Nacional que se llevaría a cabo el 11 de agosto.

El 25 de julio, después de partir un pastel por el festejo del cumpleaños de Margarita, Calderón viajó a Guadalajara. Ese día estuvo en Casa Jalisco, residencia oficial del gobernador panista Emilio González Márquez, a quien le pidió que organizara una reunión con jaliscienses integrantes del Consejo Nacional del PAN. En el proceso para elegir al nuevo gobernador de Jalisco, el PAN perdió todo lo que podía perder, incluido Guadalajara. El PRI se llevó el carro completo y aquella reunión entre Felipe Calderón y Emilio González podía convertirse en una cena entre caníbales.

En el colmo de su paranoia, Calderón ordenó al Estado Mayor Presidencial que confiscara los teléfonos celulares a los integrantes del Consejo Nacional para evitar grabaciones o fotografías incómodas. El presidente se sabía despreciado y utilizó su poder para evitar que su autoritarismo fuera exhibido públicamente. La reunión comenzó alrededor de las dos de la tarde. Entre los personajes convocados estuvieron presentes el derrotado candidato a la gubernatura de ese estado, Fernando Guzmán; Gildardo Gómez Verónica, Gildardo Guerrero, Miguel Ángel Monraz, José María Martínez, Rocío Morgan, Maricarmen Mendoza, Cecilia Piñón, Manuel Romo, Lucía Pérez, Ricardo Rodríguez, José Rafael Ríos Martínez, Álvaro de la Torre, Herbert Taylor y Pilar Pérez Chavira.

El ambiente era denso. Cada uno de los presentes tomó la palabra y dijo lo que pensaba sobre las razones de la derrota del PAN: "distancia con la ciudadanía", "las dirigencias no pusieron orden", "no condujeron el proceso", "errores de la campaña" y "desgastes internos". Conociendo el temperamento de Calderón, nadie quiso que aquello terminara en un *show* como los que frecuentemente termina haciendo Felipe cuando alguien lo contradice.

No obstante, Fernando Guzmán puso el dedo en la llaga: "no se involucraron todos en la campaña", "hubo quienes no nos apoyaron", fueron algunas de sus frases. En realidad, Felipe Calderón asfixió la campaña de Guzmán. Desde Los Pinos envió mensajes a los empresarios del estado para que no lo apoyaran económicamente. Guzmán supo de buena fuente que Calderón intentó sacarlo de la contienda por la gubernatura, e incluso un mes antes de las elecciones envió al secretario de Gobernación, Alejandro Poiré, para pedirle que renunciara a la candidatura. Guzmán ni siquiera lo recibió.

En un estilo muy relajado, como si estuviera hablando con amigos de cantina y no con políticos, Felipe Calderón utilizó con ellos un estilo íntimo, mentando madres y empleando groserías para aparentar cercanía; un estilo que ya no impresionaba a nadie. A su derecha estaba Emilio González, el gobernador de Jalisco, quien permaneció callado.

Calderón hizo algunas propuestas. La primera consistía en reformar los estatutos del partido: "Vamos a regresar en seis, 12 o máximo 18 años. Yo ya no voy a aguantar, porque voy a ser un viejito demente". Dijo que quería definiciones puntuales: "qué militantes necesitamos para ganar; qué dirigentes necesitamos para ganar; qué candidatos y qué recursos necesitamos para ganar".

Sugirió "sacar tarjeta roja", parafraseando las reglas del futbol, a quienes mostraron conductas contrarias a los intereses del PAN. No mencionó el nombre de Vicente Fox, pero sin duda era el primero de su lista.

Obsesionado por perpetuar su imagen, el presidente de la República insistió en que, aun durante el próximo gobierno del PRI, "debemos seguir presumiendo los logros de este gobierno, acuñarlos como propios". El intercambio de miradas entre los asistentes demostraba azoro. Habló incluso de que los miembros del Consejo Nacional promovieran que la bancada panista obligara al Poder

Legislativo a blindar varios programas que tuvieron auge durante su administración.

Dijo que el PAN tiene que pensar "qué hacer con los viejos panistas y con esta nueva generación que no conoce y no sabe nada". Manifestó su deseo de que Gustavo Madero lo escuchara y tomara en cuenta su opinión, incluso para decidir quiénes serían los próximos coordinadores parlamentarios.

Cuando en el encuentro se le dijo que muchos funcionarios federales habían apoyado al PRI, admitió que efectivamente eso había ocurrido, pero que no obstante todos eran responsables de la derrota. "Todos cometimos errores", aseveró.

Un día antes, el 24 de julio, Calderón sostuvo una reunión con consejeros del PAN por el Estado de México donde afirmó que sentía la obligación de sacar al PRI de Los Pinos, por lo que el grupo político al que pertenecía debía asumir el control del blanquiazul, no obstante que fue ese mismo grupo el que propició que el PRI recuperara la presidencia.

DERRIBAR LO QUE HAYA QUE DERRIBAR

La semana anterior a la realización del Consejo Nacional del PAN, Luis Felipe Bravo Mena, quien fue secretario particular de Felipe Calderón y también dirigente nacional del PAN, difundió entre los consejeros un documento firmado por él mismo, así como por el presidente de la República, Luis H. Álvarez, el propio Bravo Mena, Nava y Martínez, titulado "Por la reconstrucción del PAN". El mayor problema de este documento es la ausencia de autocrítica. En síntesis, en dicho documento el PAN asume toda la responsabilidad de la derrota y exime de cualquier tropiezo al gobierno de Calderón.

La primera parte se titula "¿Por qué es necesario reconstruir al PAN?" e invita a que el partido asuma la derrota:

Los resultados electorales del pasado 1° de julio nos obligan a reflexionar no sólo sobre los errores cometidos en este proceso electoral sino también sobre el rumbo que, en general, ha tomado el PAN en los últimos años.

Para hacerlo, debemos evitar dos extremos perniciosos: el que nos lleve a convertir la derrota en un desastre en medio de recriminaciones estériles que sólo abonarían a la división del partido, y el que nos conduzca a negar los problemas, esconderlos bajo la alfombra y evitar las medidas necesarias para darles una solución de fondo. Eso sólo nos llevaría a seguir el camino descendente que hemos iniciado.

Es necesario que el partido asuma claramente la derrota del primero de julio como una oportunidad para refundarse desde los cimientos.

Para evitar rendir cuentas y aceptar su amplia responsabilidad en la debacle del 1° de julio, Felipe Calderón propuso centrar la discusión en los errores internos del partido y no en los yerros de su gobierno, porque "los gobiernos concluirán pero el partido es el que queda". Así se señala:

En este breve documento nos concentraremos en las causas endógenas del resultado electoral, es decir, las propias de la vida interna del PAN, como son las relativas a la militancia, la apertura a la ciudadanía, la selección de candidatos, el financiamiento, la estructura y los mecanismos de rendición de cuentas. Estamos convencidos de que éstos son los ámbitos de la vida interna del partido que requieren nuestra atención más urgente.

A nivel interno todos tenemos parte de responsabilidad en los resultados: el partido, la campaña, los gobiernos panistas. Sin embargo, por una razón eminentemente práctica, es en el partido donde finalmente debemos concentrar nuestra reflexión. Ésa es la principal tarea que debemos resolver, porque los gobiernos concluirán, la campaña se ha acabado ya, pero el partido es el que queda y es apremiante atender en forma inmediata los problemas que atañen a su vida interna.

Aunque en el documento Felipe Calderón reconoce que hubo irregularidades en la elección presidencial, hace ver que no hará nada para combatirlas y aceptará *de facto* el triunfo de Enrique Peña Nieto:

No minimizamos la importancia de las causas exógenas del resultado. Es claro que se trató de un proceso marcado por la inequidad, en el que se dieron abusos en los gastos y en los presupuestos por parte de gobiernos de otros partidos. Fuimos testigos una vez más de las prácticas autoritarias y clientelares del PRI y del PRD, así como de la injerencia de los medios de comunicación.

Para la refundación del PAN el presidente de la República propuso "derribar lo que haya que derribar" de los principios que dieron origen al partido, para imponer los de Felipe Calderón y su séquito con el objetivo de abrir paso a la candidatura de Margarita Zavala para 2018.

En la segunda parte, "Un nuevo modelo para el PAN", el primer mandatario propone

la realización de una iniciativa de una envergadura cercana a la emprendida por nuestros fundadores. Pretender enfrentar la situación actual a través de reformas meramente superficiales, lejos de resolver los problemas sólo serviría para seguirlos ocultando. Debemos cambiar de fondo lo que ha dejado de funcionar; derribar lo que haya que derribar para forjar desde ahí el renacimiento del PAN.

La refundación debería abarcar, según esa propuesta, cuatro puntos específicos:

Una nueva manera de abrirnos a la ciudadanía, que nos permita renovar nuestra membresía y captar a los mejores mexicanos, especialmente a los jóvenes; una nueva forma de elegir a nuestros candidatos, que nos permita postular a los mejores, a quienes la ciudadanía espera que presentemos; un nuevo modelo de organización, que nos permita un auténtico implante territorial en todo el país y la sincronía de los periodos de las dirigencias con los ciclos electorales; una nueva manera de administrar el financiamiento público y privado, que nos permita destinar mucho mayores recursos a los procesos electorales.

Con el disfraz de servir para eliminar a los traidores, como Vicente Fox Quesada, pero con el verdadero propósito de expulsar del partido a todos sus adversarios, Felipe Calderón propuso a los consejeros nacionales del PAN "una nueva vía para la aplicación de sanciones, que nos permita excluir con rapidez y eficacia a quienes con su conducta trastocan la identidad del PAN". En manos de Calderón, según algunos panistas, el establecimiento de un modelo así dentro del PAN significaría la instauración de la guillotina política para los que disientan de sus ideas, tengan razón o no.

Ejerciendo presión sobre Gustavo Madero, el presidente de la República proponía la realización de una Asamblea Nacional extraordinaria y la conformación de una comisión que se encargara de elaborar el proyecto de reformas al partido:

Fundemos una nueva tradición con la mirada puesta en el futuro, como nos invitaba a hacerlo Carlos Castillo Peraza, quien nos recordaba que "la tradición no es nada más la conservación de algo que se hereda, sino la capacidad de traducirlo para que pueda ser tradición otra vez en el futuro. Sólo fundan tradiciones los que, desde su propio ayer, son capaces de ver hacia delante".

45

No deja de ser sintomático de su estado emocional que el presidente de la República cita a su mentor para justificar el desbaratamiento de los principios del partido, no obstante que él mismo terminó traicionando a Castillo Peraza y peleado con él.

LAS HUESTES DE CALDERÓN

Dejó sola a Josefina Vázquez Mota, pero se encargó de dejar bien protegidos, con fuero y recursos, a sus incondicionales y a sus propios familiares. Ernesto Cordero fue designado coordinador de la fracción parlamentaria del PAN en el Senado, que será la guarida de los calderonistas durante los próximos seis años.

Además del ex secretario de Hacienda, Calderón consiguió un escaño para su hermana, Luisa María Calderón, candidata perdedora del PAN en la elección del 2012 para gobernador en Michoacán; para Mariana Gómez del Campo, sobrina de Margarita Zavala, y quien fuera comparsa de la debacle electoral del PAN en el Distrito Federal; para Roberto Gil Zuarth, coordinador de la campaña presidencial de Josefina Vázquez Mota, y para el recién fallecido Alonso Lujambio.

También consiguió fuero y curul para el ex secretario del Trabajo Javier Lozano, quien fue acusado directamente por el empresario chino-mexicano Zhenli Ye Gon de haberlo obligado a guardar más de 200 millones de dólares que eran parte del financiamiento de la campaña de Felipe Calderón en 2006 y cuyo origen se desconoce.

En un operativo realizado por la Agencia Federal de Investigación en 2007, entonces controlada por Genaro García Luna desde la Secretaría de Seguridad Pública, gracias a un convenio firmado con la PGR, el gobierno calderonista "rescató" los más de 200 millones de pesos, según cifras oficiales, aunque integrantes del operativo consultados afirman que el decomiso ascendía casi al doble. Después del operativo Ye Gon fue acusado de haber conformado una organización de delincuencia organizada dedicada al tráfico de seudoefedrina, acusación que ni en Estados Unidos ni en México han podido probar.

El 31 de mayo de 2012 salieron de prisión Marx Yu y Zhu Wei Yi, familiares de Ye Gon encarcelados por la PGR en 2007, gracias a que se ratificó el amparo contra el auto de formal prisión otorgado por el magistrado Humberto Venancio Pineda, del segundo tribunal unitario del segundo distrito, quien en 2009 determinó que no había elementos que demostraran la existencia de una organización de delincuencia organizada en torno a Ye Gon y sus familiares. Por su parte, la PGR nunca pudo probar que los 200 millones de dólares fueran producto de ganancias del tráfico de drogas o de otros ilícitos. Si el dinero no era del narcotráfico, como acusó el gobierno de Calderón, ¿entonces Ye Gon decía la verdad?, ¿de quién era el dinero recuperado por el gobierno federal a través del operativo policiaco?

Al final del sexenio, Javier Lozano se vio involucrado en otro conflicto por sus operaciones a favor de Calderón. Joaquín Vargas, presidente de MVS Comunicaciones, denunció el 15 de agosto de 2012 que Lozano le había advertido que si recontrataba a la prestigiada periodista Carmen Aristegui —quien públicamente se refirió al presunto alcoholismo de Felipe Calderón—, a su proyecto de mantener la concesión de la banda 2.5 Ghz "se lo lleva la chingada". Lozano lo desmintió.

Otro polémico personaje que gracias a Felipe Calderón tendrá fuero es el ex secretario de la Función Pública, Salvador Vega Casillas, cuya esposa Gladis López Blanco, ex coordinadora de la campaña presidencial de Calderón en Michoacán y luego funcionaria de la Procuraduría Federal del Consumidor, fue acusada de conformar una red de extorsionadores contra gasolineros que operaba desde 2008.

López Blanco y un grupo de funcionarios a sus órdenes ofrecían a los empresarios hacerse de la vista gorda para no verificar si sus bombas de gasolina entregaban litros completos del combustible a cambio de una cuota mensual, que supuestamente serviría para financiar las campañas políticas del PAN. Este hecho fue denunciado a Los Pinos en octubre de 2009 por los propios gasolineros:[3]

> A los gasolineros se nos comentó que el recurso que se recolectaba de los convenios económicos era para apoyar la campaña del PAN... También se nos comentó que no sólo no se nos molestaría, sino que para cumplir con la ley nos avisarían uno o dos días antes de que se fuera a llevar a cabo una verificación para así salir bien librados...[4]
>
> Toda vez que los señalamientos hechos son delicados e involucran a personas con un cargo en la estructura de gobierno, es que se optó por hacerlo anónimo. Sin embargo, de cada uno de ellos se cuenta con pruebas documentales, testimoniales, gráficas, videos y grabaciones que se presentarán en el momento oportuno, siendo un requisito indispensable contar con la garantía de que se respetará la integridad de nuestras personas y de nuestro patrimonio.[5]

La única consecuencia que se derivó de este hecho fue que en 2011 la PGR detuvo a ocho funcionarios de la Procuraduría Federal del Consumidor. En 2012 la PGR "exoneró" a la esposa de Vega Casillas a pesar de que se le imputó ser la cabeza de la red, porque no se encontraron "pruebas suficientes" contra ella.

Fuentes vinculadas a la denuncia de los gasolineros afirman que el dinero era para Felipe Calderón y Juan Camilo Mouriño. En ese mismo sentido, información recabada en la PGR señala que la

[3] reportemedia.com, abril de 2011.
[4] reportemedia.com, mayo de 2011.
[5] Ídem.

esposa de Vega Casillas no fue a prisión porque, pese a que los investigadores de la PGR pudieron comprobar que había elementos de prueba para solicitar su auto de formal prisión, ella amenazó con presentar pruebas de que el dinero era enviado a cuentas de Calderón. Los informantes consultados señalan que la orden para no detenerla provino de Los Pinos y que en el interior del grupo que realizó la indagatoria quedó una sensación de molestia e impotencia por ese abuso de poder.

Luego de su intensa gira por el país, que aprovechó para visitar a los consejeros nacionales del PAN, Felipe Calderón se anotó algunos triunfos y algunos fracasos en el Consejo Nacional del PAN realizado el 11 de agosto de 2012.

Logró imponer a Cordero como coordinador de la bancada del PAN en el Senado; pero no pudo hacer lo mismo con José González Morfín como coordinador de la fracción parlamentaria de la Cámara de Diputados, en cuyo lugar fue designado un hombre cercano a Gustavo Madero, Luis Alberto Villarreal, quien fuera alcalde de San Miguel de Allende, Guanajuato, senador y diputado. Aunque es muy joven y no tiene mucha experiencia en las grandes ligas de la política mexicana jugó bien sus cartas. Y si los políticos "galanes" están de moda, él pudo haber llegado en buen momento. Villarreal realizó un intenso cabildeo. A mediados de julio de 2012 tenía el apoyo de 97 diputados para ocupar la coordinación de la bancada panista.

Felipe Calderón también logró crear una comisión de "evaluación y mejora" del PAN. Aunque quedó en manos de Cecilia Romero, afín al grupo de Gustavo Madero, logró meter a Luis Felipe Bravo Mena, César Nava, Germán Martínez, y a su hermana Luisa María Calderón, cuya presencia servirá para garantizar que se cumplan los caprichos de Calderón.

Si Felipe Calderón logra apoderarse del PAN y lo convierte en su reino, poco o nada quedará de ese partido político. De las cenizas sólo surgirán más cenizas, no un ave fénix. El PAN, bajo el mando de Calderón Hijososa y su desprestigio personal, no podrá cumplir su sueño de sacar al PRI que dejó entrar a Los Pinos y Calderón no podrá imponer a Margarita Zavala como presidenta en 2018. Entonces, el recetario de su suegra doña Mercedes Gómez del Campo sólo servirá para preparar comidas caseras.

Tanto se burló Calderón de la locura de Vicente Fox por querer que Marta Sahagún fuera presidenta de México, que terminó pareciéndose a él mucho más de lo que jamás estará dispuesto a reconocer. ¿También terminará traicionando al PAN?

CAPÍTULO 2

Impunidad y traición

A finales de 2011 transcurría el proceso interno del Partido Acción Nacional para seleccionar a su candidato a la presidencia en las elecciones de julio de 2012. Josefina Vázquez Mota no fue la única mujer en manifestar sus aspiraciones de ser la primera presidenta de México. Al igual que ella hubo otra aspirante que tocó las puertas del PAN y que se atribuía mayores méritos y posibilidades de obtener el triunfo para el partido de derecha.

Su nombre nunca fue revelado hasta ahora y su ambición por la candidatura provocó un enfrentamiento irreconciliable entre el PAN, el gobierno de Felipe Calderón y el ex presidente Vicente Fox, el primer panista en ganar la presidencia de la República.

La otra aspirante a ser *jefa* de México fue la controvertida ex primera dama, Marta Sahagún de Fox. En efecto, ni los años de reclusión en el rancho San Cristóbal en San Francisco del Rincón, Guanajuato, ni la pésima reputación que la acompaña a ella y a sus hijos pudieron desalentar su ambición de ser presidenta de México, que acarició desde que fue primera dama.

Cuando Vicente Fox estaba al frente del gobierno federal, desde Los Pinos se impulsaba a Sahagún para que fuera candidata a la presidencia. Su esposo la promovía públicamente y funcionarios que trabajaban entonces en Los Pinos ahora revelan cómo se usaban recursos públicos para realizar encuestas que midieran la "popularidad" de la primera dama entre el electorado mexicano; se difundía en los medios de comunicación la absurda posibilidad de que ésta llegara a la presidencia de la República y se pagaba para generar una imagen positiva de la controvertida esposa del presidente con base en su supuesta labor altruista en la fundación Vamos México, que terminó siendo un túnel de opacidad y desvío de dinero.[1]

Nada le resultó. El desprestigio acumulado y la grotesca pretensión de imponerla desde Los Pinos hicieron imposible que Martita, la implacable *Madame Bvlgari*, acusada de convertir la casa presidencial en una oficina de coyotaje, cumpliera su sueño.[2] El papel del que fuera dirigente nacional del PAN entre 2005 y 2007, Manuel Espino, fue determinante para acabar con esas pretensiones: le dijo a la pareja que simplemente no podía ser, pues el partido no se prestaría para ese espectáculo.

La falta de candidatos fuertes en el PAN y la pugna que comenzaba a resultar desgastante entre el candidato de Felipe Calderón, Ernesto Cordero, Santiago Creel y Josefina Vázquez Mota durante el proceso interno que se llevó a cabo a finales de 2011 y a principios de 2012 para seleccionar al candidato presidencial, hizo creer a la ex pareja presidencial que había una oportunidad.

Vicente Fox y Marta Sahagún se acercaron al partido e hicieron la insólita propuesta de que la ex primera dama fuera la candidata a la presidencia en 2012. La reacción fue unánime: una rotunda negativa entre el asombro, la burla y el enojo en el seno del partido de derecha. Desde luego, ni la esposa de Fox ni él mismo perdonaron ese desaire.

La versión fue esparcida por algunos miembros del Consejo Nacional del PAN, quienes indignados comentaron: "¿Cómo íbamos a permitir tal cosa? ¡Mejor que fuera Josefina!"[3]

---

[1] *Financial Times*, 31 de enero de 2004.

[2] *Reporte Índigo*, 19 de octubre de 2007.

[3] La autora tuvo información de primera mano de testigos de esas negociaciones.

Por eso el 5 de febrero de 2012, cuando Fox acudió a votar en el proceso interno del PAN para elegir a su candidato, llegó solo a la casilla. Públicamente afirmó que su esposa no había ido a votar porque en el PAN "no la quieren" y ella ya no quiso renovar su militancia en el partido.

Martita no volvió al PAN pero consiguió una útil candidatura plurinominal del Partido Nueva Alianza para su supuesto "hijo bueno", Fernando Bribiesca, otro mantenido del Centro Fox. La curul, la protección política y la oportunidad de negocios fue negociada de la mano de su amiga, la líder del sindicato magisterial mexicano, Elba Esther Gordillo, con quien no sólo comparte el gusto por los bolsos, la ropa cara y las cirugías plásticas, sino también el desprestigio.

El inédito episodio fue la causa final de la ruptura entre el presidente Felipe Calderón y el ex presidente Vicente Fox, quien podría ser expulsado del PAN por haber apoyado de manera abierta la campaña del candidato del Partido Revolucionario Institucional (PRI), Enrique Peña Nieto.

Es claro que el apoyo de Fox al candidato priísta representó un costo moral para el PAN. Y no es que alguien haya votado por el candidato priísta porque Fox lo respaldaba, pero en el interior del partido su abierto apoyo al PRI exhibía la debilidad del PAN y de Felipe Calderón, cuya obsesión por controlar todo lo llevó al precipicio.

Que Fox llegara hasta ese grado fue responsabilidad de Felipe Calderón. Por complicidad, por pretender pagarle el favor de haberlo hecho llegar a la presidencia en las polémicas elecciones de 2006, solapó su corrupción y le permitió a los Fox-Sahagún continuar traficando influencias en el gobierno federal durante su administración. De haberlo querido, Calderón hubiera puesto fin a la perversa tradición política de perdonar todo al presidente antecesor. De haberlo querido hubiera podido encarcelar por lo menos a uno de los miembros de la familia presidencial. Pruebas sobraban para proceder.[4] Ahora Calderón paga las consecuencias de su error: no obtuvo la fidelidad de Fox ni su prudencia. Dejó libre a una familia que al final terminó haciéndole daño a él mismo.

Las historias de corrupción de la familia Fox-Sahagún son muchas, pero hay una en particular que la pinta de cuerpo entero. La manera en que Marta Sahagún operaba desde Los Pinos sería un buen tema para una sátira del sistema político mexicano, si no fuera tan dramáticamente burda.

MADAME BVLGARI

En octubre de 2007 conocí a Miguel Moreno Vélez, un empresario honesto y franco, dueño y director de la empresa Pialpa, dedicada a organizar rifas y sorteos para el autofinanciamiento de empresas. En 2006, buscando un buen negocio, llegó a la residencia oficial de Los Pinos a través de un hombre llamado Gonzalo Bustamante, personero de Marta Sahagún para sus negocios particulares.

El 1° de septiembre de 2002, para celebrar el segundo informe de gobierno de Fox, Moreno Vélez, mejor conocido como *el hombre del jeep rojo*, por exigencia de Marta Sahagún le tuvo que regalar al presidente un jeep rojo similar al que el presidente George Bush tenía en su rancho de Crawford, Texas, a quien el presidente mexicano quería emular. El *jeep* lo tuvo que llevar ese día el propio empresario a las siete de la mañana a Los Pinos. Lo

---

[4] Anabel Hernández y Areli Quintero, *La familia presidencial: el gobierno del cambio bajo sospecha de corrupción*, México, Grijalbo, 2005, y Anabel Hernández, *Fin de fiesta en Los Pinos,* México, Grijalbo, 2006.

estacionó al lado de la residencia donde habitaba Fox, adornado con un enorme moño, como lo ordenó la primera dama. A la fecha el ex presidente se pasea por sus ranchos de Guanajuato a bordo de ese *jeep*, que para muchos representa las extorsiones de aquella época en que Martita exprimía a empresarios desde Los Pinos.

Bustamante y Sahagún buscaron a Vélez porque ella quería conseguir fondos de empresarios para la fundación Vamos México a través de un sorteo llamado "Ráscale". Quería mandar a hacer millones de boletos con premios en dinero. Estos boletos serían entregados a empresarios que, por quedar bien con Los Pinos, se encargarían de venderlos, o comprarlos, y de entregar el dinero correspondiente a la primera dama. Así Vamos México —la plataforma que impulsaría la candidatura presidencial de Martita— obtendría millones de pesos sin mayor esfuerzo para la fundación y para los "pequeños lujos" de la señora Sahagún.

Parecía una estrategia inocente. El truco estaba en lo que la primera dama ofrecía a cambio a los empresarios para obligarlos a comprar los boletos: Bustamante los llevaba con Marta Sahagún, quien les pedía que hicieran donativos sustanciosos a Vamos México a cambio de la intercesión de la primera dama para obtener favores del gobierno federal.

Así, Moreno Vélez conoció en persona a una mujer muy diferente a la imagen que difundían las revistas del corazón, como *Quién* o *Caras*. Marta Sahagún, siempre enfundada en elegantes vestidos Chanel, Valentino o Escada, en realidad era "una máquina de extorsión", según las palabras de Moreno Vélez, pronunciadas durante una entrevista que le hice para *Reporte Índigo* en octubre de 2007, a menos de un año de la salida de Vicente Fox de la presidencia.[5]

---

[5] *Reporte Índigo*, octubre de 2007.

Bustamante "era la persona encargada de conseguir citas, de vender, de hacer y deshacer; en fin, la mayoría de los asuntos personales de la señora Fox", afirma Miguel Moreno Vélez. El empresario afirma:

A mí me desilusionó mucho; yo pensé sinceramente que todo lo que ella hacía lo hacía de buena fe. Yo entiendo que para sufragar algún gasto era lógico que sacara el dinero necesario de algún lado. Eso no me pareció mal. Pero después sí fue un tráfico de influencias terrible. Cómo apretaban a los empresarios, cómo les pedían dinero, cómo no cumplían lo que les ofrecían a cambio de los dineros que recibían, cómo dejaron colgado a medio mundo, cómo dejaron lastimada a mucha gente por eso, porque a nadie le cumplieron y a todo el mundo le pidieron dinero.

De acuerdo con el testimonio de Moreno Vélez, la señora Martha Sahagún cobraba el tráfico de influencias en dinero o en especie. Todo lo que caía era bueno. "A nada decía que no, todo lo aceptaba", señala el empresario. Así recibió millones para la fundación, que luego no se supo con claridad en qué los gastó. Por principio, aceptó un departamento en Acapulco, en el desarrollo Coral Diamante, y hasta el pago de la luna de miel de su hijo Jorge Alberto, quien se casó con Ana Cecilia García en noviembre de 2002.[6]

Durante año y medio Moreno Vélez estuvo tratando el tema del sorteo con Bustamante y con Marta Sahagún. El negocio no se concretaba; le decían que sí, pero no se definía y lo traían de vuelta en vuelta a Los Pinos mientras lo exprimían.

[6] Información proporcionada por el empresario Moreno Vélez a la autora en la entrevista publicada por *Reporte Índigo*, núm. 55, que nunca fue desmentida por Marta Sahagún.

Todo ese tiempo Moreno Vélez pudo constatar cómo la residencia oficial del presidente Vicente Fox terminó siendo una oficina de coyotaje encabezada por la primera dama, pero siempre con la anuencia de su esposo.

Los favores que pedían los empresarios a cambio de sus contribuciones a la Fundación Vamos México eran diversos: "algún problema, alguna cosa atorada, algún adeudo con el Seguro Social, algún contrato en alguna dependencia, etcétera". El lugar donde se cerraban los tratos de tráfico de influencias era la propia residencia oficial, Los Pinos, donde vivía Fox con su familia:

> Ella [Marta Sahagún] no le tenía confianza a su gente. Para que no quedaran huellas y nadie los viera, lo que hacía era avisar que iba a entrar Gonzalo Bustamante con un señor —de quien no decía el nombre— por la puerta lateral, la cuatro, la cinco, no sé cómo se llama. Llegaba Gonzalo con el empresario a la cabaña, y ahí los atendía. Ahí ella tenía una extensión de la red privada en la sala…

Se trataba del teléfono rojo del presidente, desde donde llamaba a los secretarios de Estado que correspondiera, según fuera el favor que debiera atenderse, para interceder a favor del empresario. Como llamaba por la línea presidencial, forzosamente los secretarios de Estado tenían que contestar la llamada y escuchar las peticiones de la primera dama.

Una cita con Marta Sahagún para resolver un problema a un empresario, afirma Moreno Vélez, llegó a costar hasta 20 millones de pesos. Sólo por recibirlo. La solución a su problema, habitualmente, nunca llegaba.

Moreno Vélez asegura que Sahagún y su personero Bustamante

pedían todos los días a todo el mundo. Incluso hubo un empresario al que ya le habían pedido dinero y a quien no le estaban resolviendo su problema. Yo estaba fuera de México y me llamó Gonzalo y me dijo: "Oye, háblale a este señor y que nos dé más dinero". "No, de ninguna manera, si no le han resuelto nada." "No importa, es que lo que está pidiendo es muy difícil; eso no se lo va a arreglar nadie." "Bueno, pues entonces no le pidas más dinero." Pero no, no había la menor ética ni la menor seriedad. Yo realmente terminé desilusionado, asqueado de ver cómo se manejaron las cosas. Una señora Fox amable, sencilla, humana, se convirtió en una máquina de extorsión que le pedía dinero a todo el mundo. Terrible.

Todos estábamos entusiasmados pensando que íbamos a hacer algo bueno, algo correcto. A ganar dinero, obviamente, pero no robando a los empresarios. Una cosa es que se haga un sorteo para recolectar fondos. Lo hace todo el mundo, lo hace la Cruz Roja, y está bien. Y está bien que se lleve una utilidad la persona que lo organiza. Pero no está bien el saqueo y la extorsión a los empresarios. Eso no.

A mí llegó a llamarme directamente a mi celular, fuera de sí: "Oye, Miguel, el dinero, hazme cuentas". No puede ser, es la primera dama, ¿cómo me va a llamar como si fuera una socia, o como si fuera una verdulera? "Por qué no me diste o por qué sí me diste." "Oiga, señora, yo con mucho gusto voy a ver al director de la fundación mañana y le vuelvo a hacer las cuentas. Están muy claras y creo que no viene al caso que lo hablemos por teléfono" —recuerda el empresario cuando Marta le exigía su parte de lo obtenido de los empresarios.

El sorteo que iba a organizar Pialpa nunca se llevó a cabo de la manera como lo habían contratado. Apenas se organizó con siete u ocho millones de boletos y la mayoría de los empresarios importantes, hartos de las presiones de la primera dama, declinó comprar grandes cantidades de esos boletos, como ella esperaba que lo hicieran. El sorteo fue un fracaso y Vamos México le quedó a deber dinero a Moreno Vélez.

Pero la primera dama aprovechó para darle una última exprimida a este empresario. Cuando se acercaba la Navidad de 2002 Marta Sahagún quería hacer costosos regalos a sus tres vástagos: Manuel, Jorge Alberto y Fernando. Con gran cinismo la esposa de Fox le pidió a Moreno Vélez dos relojes de la marca Bvlgari para sus dos hijos mayores y una computadora para su hijo menor. Y no es que la primera dama fuera una limosnera, pero al vivir en Los Pinos ella y su familia querían todo sin gastar el dinero que amasaron a manos llenas. "Eso pasó poco antes de la Navidad. No me acuerdo exactamente de las circunstancias —señala el empresario—. Para variar, estaba presente Gonzalo."

—Necesito unos regalos para mis hijos —dijo directamente la primera dama—. Quiero regalarles un reloj.

—Pues sí, está bien, compraremos los dos relojes —pensó para sí, molesto, Moreno Vélez, harto de las exigencias económicas de la esposa del presidente de la República.

—Que sean Bvlgari —acotó Sahagún antes de darle siquiera la oportunidad de responder.

El empresario adquirió dos relojes con un costo de más de 15 mil pesos cada uno para los hijastros del presidente.

En tal contexto, Moreno Vélez fue testigo de la doble personalidad de la esposa de Fox. Ante los grandes empresarios se arrodillaba, y a los medianos empresarios, que poseían importantes fortunas, los apantallaba con su poder, los exprimía:

El empresario verdaderamente grande y rico no le daba mayor cosa y la mandaba a la… la tachaba de loca y no le hacía caso. Los empresarios de segunda división, que sí pueden tener mucho dinero pero no un perfil alto, esos sí caían con mucho más facilidad. Se impresionaban de que Marta les hablara y les pidiera dinero, y no sabían cómo decirle que no. La fundación se convirtió en un roba-dero. No había forma de cuadrar las cuentas. Llegó un momento en que corrieron a más de la mitad de los empleados porque todos estaban haciendo negocios para su propio beneficio.

Si Marta era incapaz de manejar y administrar una pequeña fun-dación con quince o veinte empleados, no se entiende cómo podía cruzar por su mente la posibilidad de administrar a un país. No po-día manejar ni siquiera esa pequeña empresa.

Ella siempre dijo que de todo lo que hacía estaba enterado el pre-sidente, y que nunca hacía nada sin su autorización.

Después de asegurar que Vicente Fox fue, sin duda, cómplice de las corruptelas de su esposa, Moreno Vélez señala:

La peor época —recuerda el empresario— fue cuando Marta Saha-gún comenzó a externar sus "méritos" y a sopesar sus posibilidades de ser la candidata del PAN a la presidencia de la República para su-ceder a su marido en el poder.

Cuando empezó a expresar con toda la seriedad que quería ser candidata a la presidencia de la República, el mismo Gonzalo dijo: "Ésta ya perdió totalmente la cordura. ¿En qué cabeza cabe que va a ser candidata?" Era un proyecto absolutamente serio; no era ninguna broma ni ninguna distracción. Y de eso, bueno, hasta el propio Gon-zalo se quedó sorprendido.

Las aspiraciones de Marta Sahagún nunca permanecieron quie-tas en su interior. Su frustración por quedarse en el rancho San Cristóbal con Vicente Fox, ridiculizada y mal vista por los grupos políticos y empresariales, alentó más esa ambición.

Por lo demás, el PAN no sólo no aceptó su propuesta de ser candidata, por la animadversión generalizada que se ganó a pul-so cuando estuvo en Los Pinos, sino porque aunque ella y sus hijos no fueron sujetos a procesos penales o administrativos, como correspondía, en su partido saben que los Fox-Sahagún aún tienen cuentas pendientes con la justicia, incluso con la justicia de Estados Unidos, cuyo gobierno no estuvo dispuesto, como sí lo hizo el de Felipe Calderón, a tolerar los fraudes y las corruptelas de la ex familia presidencial.

El *modus operandi* de Marta Sahagún en Los Pinos fue aprendido por sus hijos, sobre todo por el predilecto, Manuel Bribiesca Sahagún, quien, al igual que su madre, ha dejado una larga estela de corrupción en el país del norte, por la cual el gobierno estadounidense giró una orden de aprehensión por un proceso penal que se sigue en su contra en California.

El hijo prófugo

En 2005 y 2006, a través de comisiones especiales, la Cámara de Diputados investigó los presuntos actos de corrupción cometidos durante el sexenio de Fox por Manuel Bribiesca Sahagún y por su hermano Jorge Alberto.

Gracias a investigaciones de diversos periodistas y del Congreso fueron descubiertos sus negocios en Petróleos Mexicanos (Pemex), en el Servicio de Administración y Enajenación de Bienes (SAE), en el Infonavit y en la Sociedad Hipotecaria de Federal.

Entre otras cosas se descubrió que el hijo mayor de la primera dama actuó como intermediario en importantes contratos otorgados por Pemex Exploración y Producción a las empresas Oceanografía y Arrendadora Ocean; obtuvo jugosas ganancias cuando compró, a un precio por abajo del real, bienes inmuebles subastados por el SAE, y solicitó créditos hipotecarios con garantías inválidas. Lo anterior, aunado a la riqueza súbita e inexplicable denunciada por la propia ex esposa de Manuel Bribiesca Sahagún, en 2006, en el marco de su conflictivo divorcio.

Pese a las irregularidades detectadas por la Cámara de Diputados y a las correspondientes denuncias penales presentadas en contra de Manuel Bribiesca Sahagún ante la Procuraduría General de la República, el hijo de Marta Sahagún gozó de impunidad durante los gobiernos de Fox y Felipe Calderón y sigue haciendo negocios con Pemex.

Pero el gobierno de Estados Unidos no ha estado dispuesto a darle el mismo trato. Y gracias a una investigación realizada por el FBI descubrió el fraude cometido por el hijastro de Fox dentro de territorio estadounidense.

El 9 de diciembre de 2008 la Corte del Distrito Sur de California abrió el caso criminal 08CR4274-JAH, en el que se acusa a Manuel Bribiesca Sahagún de cuatro cargos penales: fraude electrónico, conspiración, complicidad y encubrimiento.[7]

Mientras en México Manuel Bribiesca Sahagún se da la gran vida gracias al privilegio de ser el hijastro del ex presidente Vicente Fox, en Estados Unidos es un fugitivo de la justicia.

En el caso criminal abierto en California aparece como coacusado Sergio Federico Ruiz Ríos, un alto ex funcionario de Pemex, cómplice de Manuel Bribiesca Sahagún en esta estafa y en otras.

Actualmente Ruiz Ríos tiene 53 años de edad, de los cuales trabajó 24 en Pemex. De acuerdo con su currículum oficial, de 1981 a 2003 ocupó el puesto de superintendente general en Pemex Gas y Petroquímica Básica. Estaba adscrito a la Terminal de Distribución de Gas Licuado de Ciudad Juárez, Chihuahua.

En el Reporte de Servidores Públicos Sancionados de la Secretaría de la Función Pública se señala que el 6 de agosto de 1998 fue suspendido por primera vez de su cargo por negligencia administrativa, por lo que se le impuso una sanción económica de 22 mil pesos.

[7] Reportaje publicado por la autora en *Proceso* núm. 1854, 12 de mayo de 20012.

El 30 de junio de 2003, cuando Vicente Fox era presidente de la República, Ruiz Ríos otra vez fue suspendido de su cargo durante nueve meses por "violación de leyes y normatividad presupuestal". Y en 2005 el órgano interno de control lo inhabilitó 12 años para ocupar un cargo en el servicio público federal por "negligencia administrativa".

Antes de ser inhabilitado, Ruiz Ríos fue contratado por la empresa Grupo D'Amiano para ser presidente de la empresa Star Gas, subsidiaria del grupo en Tijuana, y de North Star Gas, subsidiaria del grupo en Chula Vista, California.

El Grupo D'Amiano, cuyo fundador es Antonio D'Amiano, desde hace 58 años se dedica a la compra, almacenamiento y distribución de gas LP. Distribuye gas doméstico en Chiapas, Oaxaca, Veracruz, Tabasco y Baja California.

De acuerdo con el expediente del caso criminal, North Star Gas fue creada para "buscar proveedores de gas en Estados Unidos y enviar el gas a Star Gas [en Tijuana] a través de Pemex".

Ruiz Ríos consiguió que una empresa de Chula Vista, California, llamada Mexico Gas, vendiera el gas a North Star Gas. Bueno, cuando menos eso parecía.

Todo comenzó a descubrirse cuando en 2007 Grupo D'Amiano mandó hacer una auditoría a North Star Gas por las grandes pérdidas económicas que estaba teniendo. No era un buen negocio.

En la auditoría se descubrió que Ruiz Ríos, abusando de la confianza del grupo, puso a su nombre certificados de acciones de North Star Gas y falsificó documentos en los que el grupo autorizaba el traspaso de esas acciones a su nombre.

La compañía decidió despedir a Ruiz Ríos, quien exigió un pago de 120 mil dólares como indemnización. Más bien esa exigencia parecía una especie de extorsión. A cambio de ese pago, Ruiz Ríos se comprometió con Grupo D'Amiano a pasarle los contactos de la empresa que proveía de gas a North Star Gas desde 2006.

A Grupo D'Amiano no le quedó otra opción, señala la demanda, porque si perdía el abasto de gas enfrentaría graves consecuencias financieras. Grupo D'Amiano tardó en darse cuenta de que había un fraude mucho mayor tras de las operaciones del ex funcionario de Pemex.

De acuerdo con la exposición de hechos presentada por la fiscal del caso el 23 de enero de 2009, Ruiz Ríos organizó una reunión de negocios en Houston, Texas, para presentar a la gente de Grupo D'Amiano con el dueño de Mexico Gas: Manuel Bribiesca Sahagún, hijastro del ex presidente de México, Vicente Fox.

Cuando terminó el sexenio de Fox, el hijo mayor de Marta Sahagún se mudó a Houston a un costoso departamento en Four Leaf Towers, donde creó su propia madriguera copiando el estilo que le enseñó su madre. Quienes lo trataron durante aquellos años se refieren a Manuel como parásito, pedante y déspota, quien lastimosamente vivía explotando al máximo su calidad de hijastro del ex presidente de México.

Quienes iban a hacer negocios con él debían pagarle abultadas cuentas de comidas y cenas, vinos caros, y los caprichos de su esposa Ivonne Vázquez Mellado, a quien tenían que costearle desde el *shopping* hasta las uñas postizas. El sainete de Ivonne era repetido y chocante: "¡Ay, Manuel, dame para mis uñas! —decía con voz chillona interrumpiendo las comilonas de su marido en las juntas de negocios—. ¡Dijiste que me ibas a dar dinero!"

Como el hijo de Marta Sahagún no hacía la menor señal de sacar la cartera alguno de los empresarios sacaba la suya y le daba dinero a Vázquez Mellado con tal de no seguirla escuchando.

Según el expediente judicial, Manuel Bribiesca Sahagún se ostentó como dueño de la compañía Mexico Gas, lo que le dio a Grupo D'Amiano confianza en el negocio. Durante el encuentro el hijo de Marta Sahagún confirmó que era presidente de Mexico Gas y que un hombre llamado Jorge Rocha trabajaba para él en la compañía, por lo que el contrato de venta de gas entre Mexico Gas y North Star Gas fue firmado por Rocha.

El fiscal del caso señaló que durante varios meses el hijo de la primera dama actuó como dueño de Mexico Gas en reuniones, correos electrónicos y llamadas telefónicas. Incluso exigía los pagos para la compañía.

En febrero de 2006, después de ser contratado por Grupo D'Amiano, Ruiz Ríos creó en Chula Vista, California, la compañía Mexico Gas LTD, de la cual oficialmente era dueño, jefe ejecutivo y director de ventas —aunque Manuel Bribiesca dijo ser el propietario—. Y el 10 de julio de ese mismo año abrió una cuenta bancaria en Wells Fargo a nombre de dicha empresa.

En septiembre, el superintendente de Pemex Gas y Petroquímica Básica contactó a un funcionario de la compañía estadounidense Centennial Energy LLC y se presentó como presidente y jefe ejecutivo de la empresa North Star Gas, propiedad de Grupo D'Amiano, para quienes trabajaba.

Ruiz Ríos dijo a Centennial Energy que North Star Gas estaba a punto de dejar el negocio y que iba a ser absorbida por Mexico Gas.

Centennial Energy comenzó a vender el combustible a Mexico Gas, la cual lo revendía a Grupo D'Amiano, haciéndole creer que Mexico Gas era el proveedor directo y no un revendedor. Según el expediente judicial que analizamos, la reventa de gas a un sobreprecio ocurrió de noviembre de 2006 a octubre de 2007. Mediante ese fraude Ruiz Ríos obtuvo una ganancia de 600 mil a 655 mil dólares.

Finalmente, Grupo D'Amiano descubrió la verdad e hizo la denuncia correspondiente, lo cual pasó de ser un asunto entre particulares a un caso atraído por el gobierno de Estados Unidos. El responsable de la larga investigación del fraude fue el agente especial del FBI Marc Pennebaker, adscrito a la fuerza de tarea de delitos económicos.

Vázquez Mellado, mejor conocida por sus amigos como *La Zorrita*, quizá por sus grandes ojos almendrados, contrajo nupcias con Manuel Bribiesca Sahagún el 23 de junio de 2007, días antes de que el hijastro de Fox se presentara como dueño de Mexico Gas.

Era el segundo matrimonio del hijo de Marta Sahagún. Su primera esposa, Mónica Jurado Maycote, se divorció de él luego de que éste se negara a explicarle el origen de su súbita riqueza, de involucrarla en actas constitutivas de sus empresas dudosas y de serle infiel con Vázquez Mellado.

En su declaración jurada, el agente del FBI afirma que en septiembre y noviembre de 2007 Mexico Gas realizó depósitos bancarios a cuentas que Ivonne Vázquez Mellado tenía abiertas en bancos de Houston por un total de 45 mil dólares.

"Vázquez es la esposa de Manuel Bribiesca, el hombre que falsamente se hizo pasar como dueño de Mexico Gas", se afirma en la acusación penal en su contra. Se presume que las transferencias fueron parte del acuerdo económico para orquestar el fraude. Finalmente, el despido de Ruiz Ríos de North Star Gas se concretó en agosto de 2007.

Como parte de la truculenta historia, el 25 de enero de 2008 se llevó a cabo una reunión de trabajo en Laredo, Texas, entre Manuel Bribiesca Sahagún y empleados de Grupo D'Amiano. Ahí el hijo de Marta Sahagún, huidizo como su progenitora, dijo que en realidad no tenía nada que ver con la empresa gasera "y que él falsamente se presentó como dueño de Mexico Gas a petición de su amigo Ruiz Ríos", señala el documento judicial.

El agente especial del FBI pudo hablar directamente con Jorge Rocha, el otro presunto cómplice del fraude. Rocha aseguró que él no estaba involucrado y que su firma en el contrato entre Mexico Gas y North Star Gas había sido falsificada, lo cual pudo comprobar.

El 9 de diciembre de 2008 la fiscal federal del Distrito Sur de California, Karen P. Hewitt, en representación del gobierno de Estados Unidos, inició una demanda penal contra Sergio Federico Ruiz Ríos y Manuel Bribiesca Sahagún y giró una orden de aprehensión en contra de ambos.

Ruiz Ríos fue detenido por el FBI el 11 de diciembre de 2008, en San Diego, California. En 2009 llegó a un acuerdo con la fiscalía, por medio del cual confesó lo que hicieron él y Bribiesca Sahagún. En el acuerdo, que permanece sellado en la Corte del Distrito Sur de California, Ruiz Ríos debió aportar datos de utilidad para la fiscalía. Actualmente se encuentra bajo la custodia del gobierno de Estados Unidos. Y Bribiesca Sahagún sigue prófugo.

Desde que se giró la orden de aprehensión en su contra, Manuel regresó súbitamente a vivir a León, Guanajuato, donde actúa como si no pasara nada. Ahí disgusta a la sociedad con sus excesos. Por ejemplo, en diciembre de 2011, su esposa Ivonne acudió al zoológico de la ciudad acompañada de su pequeño hijo Manuel. Tomó un vehículo colectivo que realiza el recorrido por todo el zoológico. Vestida de blanco, la esposa de Manuel Bribiesca Sahagún sobresalió por su inmenso sombrero, poco propio para la provincia y para un paseo de zoológico, lo mismo que el séquito de escoltas y la prepotencia con la que se condujo.

Cada vez que lo pedía, el vehículo se detenía y ella y sus acompañantes se acercaban para tener contacto directo con los animales, pese al enojo del resto de los pasajeros, que no podían abandonar el transporte colectivo.

En 2010, Manuel Bribiesca Sahagún exhibió en su cuenta de Facebook, que entonces era de acceso libre, una galería de fotos que hacía la apología del derroche en el que vivía: una fotografía en la cabina de un avión, que se presume es de su propiedad; imágenes de viajes a Egipto, Canadá, Argentina y numerosos lugares de Estados Unidos, realizados antes de que fuera declarado prófugo de la justicia, por supuesto.

Cuando su madre se enteró de la orden de aprehensión en contra de su hijo, creyó que podía resolver ese "problemita", como lo hizo en México tantas veces. Fuentes cercanas al caso afirman que Grupo D'Amiano fue presionado por la primera dama —incluso se habla de amenazas— para que se desistiera de interponer una demanda civil en su contra.

El representante legal de Grupo D'Amiano, Víctor Figueroa, en una entrevista que le hice en mayo de 2012, aseguró que ellos no exoneraron a Manuel Bribiesca Sahagún por su probable responsabilidad en el fraude cometido contra su empresa, North Star Gas.

Explicó que en 2007, durante el juicio civil contra Ruiz Ríos, un abogado del hijastro de Vicente Fox lo llamó para decirle que había ordenado hacer un peritaje que aseverara que la firma de Manuel fue falsificada en el acta constitutiva de la empresa Mexico Gas. Así se hizo.

El abogado de Bribiesca Sahagún les pidió una carta en la que señalaran que no tenían nada contra él. Según diversos informantes, esta carta fue producto de las presiones ejercidas por Marta Sahagún. "Mientras la ley y la autoridad no determine eso, yo qué te puedo decir", le respondió Figueroa.

El abogado del hijastro de Fox insistió y le dijo que esa carta le iba a servir mucho "porque en Estados Unidos se creó la idea de que mi cliente era igual que su empleado [Ruiz Ríos]".

"Envió la carta y la firmamos", señala el representante legal de Grupo D'Amiano. Afirma que cuando lo hicieron aún no conocían los descubrimientos del FBI sobre los actos ilícitos de Manuel Bribiesca Sahagún.

El caso de California es la punta del *iceberg* de un escándalo mayor: una nueva demanda contra Manuel Bribiesca Sahagún en Texas revela la red de empresas y prestanombres que creó el hijastro de Fox dentro y fuera de México, junto con otros cómplices, con el fin de obtener y ocultar contratos con Pemex Internacional para el transporte de gas LP en México y llevarlo a Estados Unidos.

LOS MUY LUCRATIVOS NEGOCIOS
DE LA FAMILIA FOX-SAHAGÚN CON PEMEX

Al mismo tiempo que Manuel era investigado por el FBI en California, se abrió otro frente judicial en contra suya en una corte de Laredo, Texas.

El 21 de abril de 2008, en el 111 distrito judicial de Webb County, el empresario de origen mexicano Jorge Rocha interpuso la demanda civil 2008 CVF 000627 contra Manuel Bribiesca Sahagún y el superintendente de Pemex, Sergio Federico Ruiz Ríos. Los acusó de fraude, incumplimiento de contrato y conspiración.

Como hemos señalado, el nombre de Rocha aparece en el caso criminal de California como el del empresario cuya firma fue falsificada para estafar a Grupo D'Amiano. Cuando eso ocurrió Rocha ya había sido víctima de un fraude por parte del hijo mayor de Marta Sahagún.

A principios de enero de 2007, recién terminado el gobierno de Vicente Fox, Manuel Bribiesca Sahagún se acercó a Jorge X. Rocha, un viejo conocido de Celaya, Guanajuato, para ofrecerle un negocio relacionado con Pemex.

Rocha, un mexicano con residencia en Estados Unidos, es un empresario del transporte que opera desde hace más de una década en Laredo, Texas; se ha especializado en el servicio de transporte de verduras congeladas provenientes de grandes productores, sobre todo del área de Guanajuato, para distribuirlas en territorio estadounidense.

Debido a las restricciones legales que existen en Estados Unidos en materia de vehículos y licencias para choferes, si empresas mexicanas quieren vender y entregar sus mercancías en ese país deben contratar los servicios de transporte y distribución de sus productos dentro de territorio estadounidense o, en su caso, crear sus propias empresas o tener compañías filiales que lo hagan.

Pero Bribiesca Sahagún y Ruiz Ríos no querían transportar verduras, sino algo más valioso: gas. Para hacerlo necesitaban una empresa de transporte capaz de tramitar los permisos cuyos requisitos son muy estrictos en Estados Unidos.

"Él [Manuel Bribiesca Sahagún] dijo que porque su madre está casada con el presidente de México no podía aparecer su nombre asociado con ningún contrato con Pemex. Dijo [también] que se compartirán los ingresos por facturación de otra compañía que establecería", señala la demanda, que evidencia el plan del hijastro de Fox de crear nuevas empresas utilizando prestanombres.

Para realizar ese negocio, Bribiesca Sahagún le presentó a Sergio F. Ruiz Ríos, cómplice del hijo de Marta Sahagún en el fraude cometido en California. El hijastro de Fox le aseguró a Rocha que "ellos tres podían colaborar y participar en este negocio juntos", según la demanda, donde también se señala que:

Ruiz le dijo a Rocha que él era dueño de la empresa acusada, Amerigas, y que con la ayuda de Bribiesca se había ganado un contrato muy lucrativo con Pemex para transportar gas de México a Estados Unidos. Con todas estas representaciones, Ruiz y Bribiesca convencieron a Rocha para invertir más de medio millón de dólares en la compra de tres camiones y diez tanques para transportar el gas a Estados Unidos.

En consecuencia, se firmó un contrato entre Rocha, en representación de la empresa One Line Express, y Ruiz Ríos, a nombre de Amerigas, especificando que se requería un mínimo de ocho cargas de tanques de gas por día para ser transportados.

El contrato que le ofrecieron a Rocha inició el 25 de enero de 2007. Las negociaciones de Bribiesca Sahagún y Ruiz Ríos con Pemex para obtener los contratos de transporte del gas fueron convenidas desde antes de que finalizara el sexenio de Fox.

La red de empresas usadas por Bribiesca Sahagún y Ruiz Ríos para obtener los contratos en Pemex y cometer el fraude en Estados Unidos son las siguientes: Amerigas Propane LP, S. A. de C. V., corporación creada en México; ATC Transportation Co., Inc., creada en California, y Mexico Gas Internacional LTD, Co., formada en California. Esta última es la misma que Bribiesca Sahagún y Ruiz Ríos utilizaron para defraudar a la empresa North Star Gas, de California, motivo por el cual el hijo de Marta Sahagún es perseguido por la justicia del país del norte.

Por medio de registros oficiales del gobierno federal se pudo corroborar que Amerigas Propane LP cuenta con un permiso por 30 años de la Secretaría de Comunicaciones y Transportes, concedido en 2007. Y hasta el año 2011 aparecía en el padrón de proveedores de Pemex Refinación.

Bribiesca, al igual que ocurre en otros casos judiciales abiertos en Estados Unidos, como en el de la red de prestanombres del ex gobernador de Tamaulipas, Tomás Yarrington, no aparece en las actas constitutivas de las empresas involucradas en la compra de gas a Pemex y en el fraude cometido en Estados Unidos, pero según se asienta en la demanda siempre se ostentó como socio y artífice del negocio. El propio Ruiz Ríos lo llamaba socio y le daba trato de jefe.

De acuerdo con testigos de los hechos, Bribiesca Sahagún y el ex funcionario de Pemex presumían que tenían mucho poder en esta empresa pública y que los contratos no se iban a acabar.

En el marco de esta investigación obtuvimos copia de una solicitud de servicios por parte de la subdirectora de Pemex Internacional, Elín Vázquez Roque, fechada el 24 de agosto de 2007, en la que se pide a Mexico Gas "el servicio de transporte terrestre" de la refinería de la compañía Valero, ubicada en Corpus Christi, para trasladar el gas a la Terminal de Almacenamiento y Distribución de la refinería de Cadereyta.

En los registros oficiales de la Secretaría de la Función Pública se informa que Vázquez Roque ocupa el puesto de subdirectora de Pemex Internacional desde 2005, cuando Vicente Fox aún era presidente, y despachaba en el edificio corporativo de Pemex ubicado en Marina Nacional. En el documento de servicios se señala a Mexico Gas que pase a entregar la factura para el cobro a la "ventanilla única de Pemex Internacional" localizada en Marina Nacional, en el piso 20, donde Vázquez Roque tiene su oficina.

Según el documento firmado por Vázquez Roque lo que la empresa de Bribiesca Sahagún y Ruiz Ríos iba a transportar era isobutano, o sea, gas. La notificación de la solicitud del servicio está a nombre de Ruiz Ríos, pese a que éste había sido inhabilitado por Pemex. Era tan grande el poder del hijastro de Fox en Pemex que ese hecho no fue un impedimento para seguir obteniendo contratos. Además de ese contrato existen otros 12, por los que Pemex pagó a la empresa de la que Manuel Bribiesca Sahagún se ostentaba como dueño por lo menos 115 mil dólares desde agosto de 2007 hasta febrero de 2008.

Aunque Mexico Gas conseguía directamente el contrato con Pemex Internacional en realidad subcontrataba con Rocha el transporte del gas dentro del territorio de Estados Unidos.

De acuerdo con el contrato firmado entre One Line Express y ATC Transportation, dentro del territorio mexicano el gas fue transportado por una empresa creada por Bribiesca Sahagún y Ruiz Ríos denominada Amerigas Propane LP, S. A. de C. V., y en el tramo de Estados Unidos lo haría One Line Express.

Con base en la información recabada, el gas que venía de Salina Cruz, Oaxaca, y de Cadereyta, Nuevo León, era llevado a unas cavernas de almacenamiento en un pueblo llamado Belmont, en Texas.

En todas las reuniones de trabajo que Rocha sostuvo con Bribiesca Sahagún, muchas llevadas a cabo en el centro comercial Galerías, en Houston, donde vivía el hijo de Marta Sahagún, éste siempre se ostentó como socio de la empresa. Testigos de esos encuentros afirman que Ruiz Ríos era el orquestador del negocio y Bribiesca Sahagún aportaba el tráfico de influencias en Pemex.

Se afirma que hubo una larga época en 2007, en el transcurso del contrato celebrado entre One Line y ATC Transportation, en que el hijastro de Fox desapareció del mapa. Ivonne Vázquez Mellado comentaba con discreción a los amigos que su pareja estaba supuestamente en Oceánica, un centro de rehabilitación para adicciones en México.

Durante dos meses funcionó el negocio del transporte de gas. Amerigas pagaba los viajes realizados a One Line. Se calcula que en ese lapso de tiempo se realizaron unos 300 viajes. Los pagos eran enviados a las oficinas de Mexico Gas en California y los depósitos llegaban a través de una cuenta abierta en Wells Fargo.

Pero de manera súbita comenzaron a fallar los pagos. En la demanda se afirma que le adeudaron 300 mil dólares de viajes realizados. Al no cobrar estos viajes Rocha perdió liquidez y tuvo problemas para seguir pagando el arrendamiento de camiones y tanques. Muy molesto por el abuso, sostuvo reuniones de conciliación con Bribiesca Sahagún y Ruiz Ríos, durante las cuales estuvo presente Manuel Bribiesca, el primer esposo de Marta Sahagún. Manuel, nervioso, le daba la razón en todo a Rocha. "¡Pero no te enojes!", le decía.

Lo que Rocha no sabía era que el hijastro de Fox y Ruiz Ríos, utilizando el contrato que habían firmado One Line y ATC Trans-

73

portation, falsificaron su firma para defraudar al Grupo D'Amiano en California. Esa falsificación está registrada en la demanda criminal que el gobierno de Estados Unidos abrió contra Bribiesca Sahagún. Y está documentado que el FBI se reunió con Rocha en la búsqueda de más pruebas contra el hijastro de Fox.

Como consecuencia del escándalo de corrupción descubierto en California, el FBI detuvo al notario que se prestó para estampar la firma falsificada de Rocha en un acta constitutiva que usaron ante Grupo D'Amiano. El notario tuvo que reconocer que no conocía a Rocha, a quien lo había suplantando otra persona. El delito de robo de identidad es considerado grave en el país del norte.

Según documentos de la Corte de Laredo muchas veces se intentó notificar a Bribiesca Sahagún en su lujoso departamento de San Felipe 5100, departamento 156-E, en Houston, el cual está a su nombre y tiene un valor comercial de 400 mil a 600 mil dólares, pero el hijastro de Vicente Fox se escondía, hasta que finalmente recibió la notificación, en septiembre de 2008.

Cuando el abogado de Bribiesca Sahagún, Armando López, respondió la demanda, no negó los hechos; más bien argumentó que Rocha debía cambiar de abogado, ya que él también era su representante legal. Se refirió a una reunión, previa a la demanda, llevada a cabo en Nuevo Laredo, Tamaulipas, el 25 de enero de 2008, a la cual el hijastro de Fox acudió acompañado de Sergio Amaury Flores Pérez. En esa reunión habrían hablado de demandar conjuntamente a Sergio F. Ruiz Ríos.

Flores Pérez fue subadministrador de la aduana de Matamoros, Tamaulipas, durante tres años del gobierno de Vicente Fox. Ésa es una de las zonas de mayor influencia del cártel del Golfo y de Los Zetas. Flores Pérez fue un polémico secretario de Tránsito y Vialidad en el municipio de Reynosa, Tamaulipas, cuando el panista Francisco Javier García Cabeza de Vaca, a quien también se atribuye amistad con Manuel Bribiesca Sahagún, fue alcalde de esa ciudad. Se asegura que Flores Pérez fue colocado en ese puesto por Gregorio Sauceda, entonces jefe de la plaza por parte del cártel del Golfo.[8]

El 29 de mayo de 2012, durante el proceso federal electoral, aparecieron mantas contra García Cabeza de Vaca, quien fue candidato a senador por el PAN, en las que se le acusaba de tener vínculos con el crimen organizado. En esas mantas estaban impresos los rostros de Manuel Bribiesca Sahagún, Tomás Yarrington y Antonio Peña Argüelles, este último prófugo en Estados Unidos acusado de recibir y lavar dinero del cártel del Golfo para Yarrington.

La manta señalaba:

> Cabeza de Vaca dice: "#Yo Soy 132", pero en realidad son más de 132 hampones los que lo han apoyado, como los hermanos [Bribiesca] Sahagún o como sus padrinos políticos Tomás Yarrington Ruvalcaba y Antonio Peña Argüelles, que lo hicieran alcalde, o cómo olvidar a Toño Barba, Alfredo Cerda alias *El Paya* y Alberto Gómez alias *La Chona*, sus compinches en sus inicios criminales.

Familiares de García Cabeza de Vaca han sido investigados por la Procuraduría General de la República, por el presunto robo de pozos de gas natural que perfora Pemex, el cual es traficado en el mercado negro. Fuentes de información relacionadas con el caso afirman que en 2012, en un operativo para detener a personas involucradas con el robo de combustible, fueron detenidos varios vehículos de transportación de gas de Amerigas, presuntamente por estar involucrados en el robo y la venta ilegal de gas.

El abogado Armando López nunca pudo presentar en la Corte de Laredo al hijo de la primera dama porque en diciembre de 2008 se le dictó una orden de aprehensión por la otra causa

---

[8] *Proceso*, núm. 1728, 13 de diciembre de 2009.

judicial abierta en su contra en California. Y en marzo de 2009 el abogado presentó ante la Corte un documento en el que argumentaba la defensa de Bribiesca Sahagún aprovechando que, como había usado a Ruiz Ríos como prestanombres en las actas constitutivas de diversas empresas, no aparecía él directamente como socio. Las pruebas de testigos y comunicaciones entre Bribiesca y Rocha, así como las transferencias de dinero de Mexico Gas a las cuentas de Ivonne Vázquez Mellado descubiertas en la investigación criminal de California delataban esa relación.

Sin embargo, en octubre de 2009, sin ninguna razón de por medio, a la Corte de Laredo ingresó un documento en el que las partes, tanto Rocha como Bribiesca Sahagún, habían llegado a un acuerdo. Cada quien dijo asumir los gastos de la demanda judicial y el hijastro de Fox fue retirado como parte acusada, quedando demandadas sólo las empresas y su prestanombres Ruiz Ríos.

Fuentes vinculadas con el caso aseguran que Rocha pudo haber sido amenazado directamente por la familia de Bribiesca Sahagún, la cual actualmente se encuentra en México gozando de total impunidad. Según documentos oficiales, la empresa que creó el hijo de Marta a través de Ruiz Ríos, Amerigas, sigue siendo proveedora de Pemex Refinación.

La orden de aprehensión contra Manuel Bribiesca Sahagún es una caja de Pandora que ningún miembro de la ex familia presidencial quiere abrir. Conscientes de su frágil situación y en búsqueda de cobijo, impunidad y más negocios, la pareja de Vicente y Marta se rodearon de nuevos amigos tan incómodos y mal vistos como ellos mismos.

LOS NUEVOS AMIGOS DE FOX

Un soleado día de 2009, en el rancho de San Cristóbal, Vicente Fox y Marta Sahagún organizaron una comida para dar la bienvenida a los amigos de Fox. No los que financiaron con recursos de procedencia dudosa su campaña presidencial en 2000, sino los nuevos amigos que financian el Centro Fox, la madriguera donde se ha refugiado la pareja durante los últimos seis años; libre pero prisionera de su desprestigio.

Antes de la hora de la comida llegó al rancho la singular comitiva encabezada por el gobernador del Estado de México, Enrique Peña Nieto. La mayoría de los integrantes de aquel grupo se ganó a pulso un espacio en la galería de enemigos públicos de la sociedad mexicana.

Allí se encontraba Eugenio Hernández Flores, gobernador de Tamaulipas (2005-2010), quien es investigado por presuntamente haber recibido sobornos del cártel del Golfo y de Los Zetas mientras gobernó el estado. Durante su mandato los dos grupos criminales, que antes fueron uno solo, terminaron controlando la entidad y la vida de las familias que viven allí.

También estaba el priísta Mario Marín, *El Góber Precioso* de Puebla (2005-2011), más amigo de los cómplices de los pederastas que de los poblanos, y su antecesor, Melquíades Morales, a quien los habitantes del estado deben el "bendito" favor de haber dejado a Marín.

Asimismo, acudió a ese encuentro el ex gobernador priísta de Nayarit, Ney González, contra quien, en junio de 2012, el Congreso local inició un procedimiento de juicio político por una millonaria malversación de fondos durante su gobierno (2006-2011). En el periodo que duró su mandato creció el narcotráfico en la entidad de manera exponencial y proporcionó cobijo a la aerolínea A Volar, de la que eran socios los hijos de la primera dama y que dejó de funcionar en 2008.

También asistió el priísta Silverio Cavazos, gobernador de Colima (2003-2009), quien obtuvo la gubernatura tan dramáticamente como perdió la vida. En 2003 fue electo gobernador Gustavo Vázquez Montes, en un proceso que fue anulado y en cuya repetición volvió a ganar. Pero no estaba predestinado a ser gobernador, pues mientras se hallaba en funciones murió en un supuesto accidente aéreo, lo cual obligó a que en Colima se convocara a un nuevo proceso electoral, del que salió triunfante Cavazos. Su gobierno duró hasta 2009. Y el 21 de noviembre de 2010 fue asesinado por un grupo de hombres armados al salir de su casa en Colima.

Al rancho también llegó Natividad González Parás, el ex gobernador de Nuevo León (2003-2009) que convirtió al estado en una zona de guerra controlada por Los Zetas y por los hermanos Beltrán Leyva, también estuvo Eduardo Bours, cuyo gobierno en Sonora (2003-2009) hubiera pasado a la historia sin pena ni gloria de no ser porque su administración estuvo involucrada en la negligencia que provocó el incendio de la Guardería ABC, ocurrido el 5 de junio de 2009, en el que murieron 49 niños y resultaron 76 heridos.

En aquella reunión no podía faltar un viejo amigo de Marta Sahagún, Lázaro Cárdenas Batel (2002-2008), ex gobernador de Michoacán, que perdió el control del estado frente a Los Zetas y La Familia Michoacana, y a quien Sahagún prometió hace tiempo hacerlo presidente. Y finalmente, Jesús Marcelo de los Santos, gobernador de San Luis Potosí (2003-2009), el único panista de la foto de esta tertulia.

Del encuentro queda como prueba una fotografía que no deja mentir. Utilizando el lenguaje de Fox durante su campaña de 2000, él y Martita, ataviada con un vestido amarillo, aparecen sonrientes rodeados de "tepocatas, cucarachas y víboras prietas". En campaña hubiera asegurado que jamás se reuniría con ellos, pero como ex presidente hasta podía meterlos en su casa.

Desde antes de terminar su administración, Vicente Fox y su esposa utilizaron el poder que aún tenían para pedir jugosos donativos a empresarios como Carlos Slim, Roberto Hernández, Emilio

Azcárraga, Olegario Vázquez Raña y Ricardo Salinas Pliego para crear el Centro Fox, donde el ex presidente, enfermo de egolatría, erigió el reino donde sólo él brilla. No sólo usó los terrenos de su familia sino además despojó a los comuneros del lugar de sus casas, de sus calles, de sus parques, de su kiosco e incluso de su iglesia, en una controvertida asamblea ejidal celebrada antes de terminar su mandato en la que no estuvieron presentes los comuneros interesados sino otras personas ajenas al lugar.

El líder ejidal que luchó contra ese despojo fue encarcelado y el pueblo se resignó a ser parte del reino de Fox. Ahora para poder vivir ahí han tenido que convertirse en súbditos de la infame pareja.

Una vez terminado su mandato, el Centro Fox no fue lo que Vicente Fox esperaba. Nunca llegaron las multitudes a visitar el centro ni a recibir cursos de política y administración pública. Perseguido por la sombra de la corrupción, él y su familia política convirtieron ese centro en una fuente de ingresos. Ahí trabaja Ana Cristina y Paulina Fox, así como primos, sobrinos del ex presidente, e incluso Fernando Bribiesca Sahagún, el hijo menor de Marta Sahagún, graduado en Washington, recién ungido como diputado federal plurinominal bajo el cobijo del Partido Nueva Alianza.

Para mantener a la familia sin tener que gastar dinero propio el Centro Fox ha vivido de jugosos contratos que gobiernos del PRI le han dado. Recibió contratos de Humberto Moreira, cuando era gobernador de Coahuila y cuya administración es investigada por un endeudamiento fuera de ley por 3 mil millones de pesos. Y en marzo de 2011 su hermano Rubén, candidato a la gubernatura del estado, tomó algunos cursos en el Centro Fox acompañado de diputados federales y locales priístas por Coahuila.

Según fuentes de información internas del Centro Fox otro importante benefactor fue el gobierno de Veracruz, cuando el mandatario era Fidel Herrera, actualmente vinculado con Francisco

Colorado, acusado en Estados Unidos de lavar dinero de Miguel Treviño, el *Zeta 40*, uno de los dos líderes más importantes de Los Zetas (expediente criminal 1:12-cr-00210 de la Corte del Distrito Sur de Texas). Y, por supuesto, Enrique Peña Nieto, quien, siendo gobernador del Estado de México, fue uno de los dos principales clientes del Centro Fox, al cual hacían pagos millonarios por los cursos que empleados del Estado de México recibían de parte de personal no conocido en el ámbito de la asesoría política y administrativa.

"El nivel y la cantidad de cursos, así como la cantidad de las personas que los tomaban, no correspondían con la gran suma de dinero que pagaba el gobierno del Estado de México", señala una de las fuentes consultadas para esta investigación. "El Centro Fox vivía de los priístas", afirma otra fuente. En suma, la relación de Fox con el PRI se fue volviendo más estrecha y necesaria.

VICENTE FOX ASESORA A ENRIQUE PEÑA NIETO

Un año después de aquella comida Enrique Peña Nieto, aún mandatario del Estado de México, volvió al rancho San Cristóbal y realizó un amplio recorrido por las actividades de "presidente por un día" que organiza el Centro Fox. La pareja difundió ampliamente esta actividad; publicó las fotos de la visita y la comida en el rancho. La presencia del gobernador mexiquense sorprendió incluso a los priístas de Guanajuato. Así, Fox y Marta fueron fraguando su Plan B para el futuro. El gobernador protegido e impulsado por el poder de Televisa, que un día hizo crecer los sueños de Martita de ser presidenta de México, tenía futuro.

Desde finales de 2011 Vicente Fox comenzó a "asesorar" a Enrique Peña Nieto. De acuerdo con nuestra investigación, la asesoría habría iniciado en agosto o septiembre de 2011. Personal que trabaja para el Centro Fox comenzó a participar incluso en instalaciones del cuarto de guerra de la precampaña de Peña Nieto, quien el 17 de diciembre de ese año fue ungido como candidato único del PRI a la presidencia.

El papel del autodenominado "presidente del cambio", el primero en 70 años emanado de un partido distinto al PRI, era claro. Su función no era la de estratega electoral sino que consistía en utilizar su imagen internacional para allanar el camino, sobre todo en el exterior, para el regreso del PRI a Los Pinos.

De manera grotesca, Vicente Fox se convirtió en el principal promotor de Enrique Peña Nieto. Durante una conferencia en Puerto Rico, en una convención de empresarios, Fox elogió a Peña Nieto y afirmó que el PRI regresaría a la presidencia en 2012.

"Creo que el cambio en el régimen ha sido de fondo y no va a haber una regresión, aun con el triunfo del PRI", declaró el ex presidente panista. "Hoy los mexicanos entendemos y valoramos nuestra democracia. Si el PRI regresa al poder, como sinceramente creo que sucederá, será porque ha aprendido su lección. Hay una nueva generación de priístas cuyos miembros crecieron en un ambiente democrático. Enrique Peña Nieto pertenece a esa generación", aseguró Fox.

En diciembre de 2011, luego de la equivocación que cometió Enrique Peña Nieto en torno a los nombres de autores en la Feria Internacional de Libro, que le valió al ex gobernador del Estado de México críticas y burlas, incluso de escritores como Carlos Fuentes, que lo llamó "ignorante", Fox salió a defenderlo: "Carlos Fuentes es un soberbio [...] ¿Qué se cree?, ¿quiere que leamos sus libros? Ése es un debate falso, inútil, de quién lee, quién se equivoca o no se equivoca.

"Yo quisiera ver a todos los 'criticones', a todos los que lanzaron la primera piedra, a ver si realmente han leído, a ver si en verdad pasaron la secundaria, o nada más critican con base en intereses electorales, en busca de tener un candidato", dijo Fox en defensa de Peña Nieto, con un ánimo más rabioso que el de los propios priístas.

Ante la oleada de críticas a Peña Nieto por su evidente ignorancia, Vicente Fox le recordó en privado que él, siendo candidato del PAN, también cometió muchos errores pero a la gente eso no le importó. Asimismo, le dijo que lo importante era que la gente hablara de él; aunque fuera mal, pero que hablara.

Fuera de eso, los encuentros de Fox con Peña Nieto se volvieron frecuentes. Ocurrían principalmente en el rancho San Cristóbal, aunque en ocasiones Fox viajaba a la Ciudad de México para encontrarse con él; por ejemplo, el 8 de febrero de 2012. El trato entre los dos era amable y Peña Nieto siempre se dirigía a Fox con mucho respeto.

El estrecho acercamiento entre estos personajes comenzó a tener consecuencias inesperadas. Cuando Felipe Calderón se enteró de esa situación, montó en cólera: la traición política tuvo mayores secuelas que toda la corrupción acumulada de los Fox-Sahagún. Calderón pagó cara la protección que brindó a la ex pareja presidencial y cuando quiso reaccionar contra Fox y *Madame Bvlgari* ya era demasiado tarde.

Después de publicarse las revelaciones del *hombre del jeep*, el empresario Miguel Moreno Vélez, el senador de izquierda Ricardo Monreal presentó una denuncia ante la Procuraduría General de la República por enriquecimiento ilícito, tráfico de influencias y otros delitos relacionados con la corrupción de los Fox-Sahagún. Así, se abrió la averiguación previa 83/UEIDCSPCAJ/2007.

La única persona citada a declarar en ese caso fue Lino Korrodi, quien fuera responsable de las polémicas finanzas de la organización Amigos de Fox que financió la campaña política del ex presidente, y a quien le consta el enriquecimiento inexplicable de la pareja presidencial del sexenio foxista.

Sin embargo, el gobierno de Felipe Calderón envió a la congeladora la averiguación previa. Durante cuatro años, la Procuraduría General de la República no investigó nada acerca de las denuncias contra Fox y su esposa. Nunca fue llamada a declarar la ex pareja presidencial, no se realizó ninguna diligencia ni se llamó a testificar a Moreno Vélez y a otros testigos del tráfico de influencias.

No obstante, el gobierno de Felipe Calderón reabrió las investigaciones contra el ex presidente Vicente Fox y su familia en pleno proceso electoral, las cuales abarcaban no sólo las acusaciones de enriquecimiento ilícito, sino también las presuntas irregularidades cometidas por la Fundación Vamos México que preside Marta Sahagún. En tales circunstancias, la Procuraduría General de la República giró citatorios a Moreno Vélez, a Gonzalo Bustamante, personero de Marta Sahagún, y a personal que trabajó en la Fundación Vamos México.

En enero de 2012, peritos de la Procuraduría General de la República realizaron un operativo en las propiedades de Vicente Fox en San Francisco del Rincón y en Jesús del Monte, donde se encuentra el rancho La Estancia que el ex presidente construyó con recursos de procedencia desconocida y el cual omitió en sus declaraciones patrimoniales.[9]

Según información recabada de fuentes vinculadas a la investigación, en la Procuraduría General de la República afirman que la reactivación de la averiguación contra Fox provino de "arriba" y piensan que no iba en serio, sino que fue una manera de presionar al ex presidente para que no apoyara a Peña Nieto. Fue tan tardío el intento de persecución de la corrupción de los Fox-Sahagún que electoralmente hubiera sido un *bumerang* para Felipe Calderón.

[9] *Cf.* Anabel Hernández y Areli Quintero, *op. cit.*

Fox y su familia saben que no podrían eludir una auténtica revisión del origen de su riqueza. El ex presidente panista inició su mandato con 10 mil pesos como único patrimonio en sus cuentas bancarias, empresas en quiebra, y ahogado en deudas, él y sus hermanos. Y terminó su mandato con dos ranchos que, según las revisiones de la Procuraduría General de la República, tienen un valor superior a los 300 millones de pesos.

En un hecho antinatural, el primer presidente de México proveniente del PAN, cuyo lema de campaña fue "sacar al PRI de Los Pinos", comenzó a ayudar a Enrique Peña Nieto para que ese partido regresara a la residencia oficial. Fox apoyó sistemáticamente la campaña del candidato del PRI a la presidencia y de manera intermitente a la candidata del PAN, Josefina Vázquez Mota. Además, esto no sólo lo hizo por su compromiso político y económico con Peña Nieto y con el PRI, sino en revancha porque Josefina se había quedado con la candidatura que quería para sí Marta Sahagún.

Por añadidura, Vicente Fox afirmó que la guerra contra el narcotráfico del gobierno de Felipe Calderón no había servido para nada y criticó su política de "estás conmigo o estás contra mí", en clara alusión a su caso personal. "En el Centro Fox estamos haciendo una fuerte promoción para que termine esta guerra que no nos lleva a ningún lado, esta violencia que está destruyendo las mejores oportunidades del país en materia de inversión y de turismo, esta guerra que no ha logrado para nada disminuir el consumo de droga ni reducir los índices de criminalidad", dijo Fox, aun a sabiendas de que fue él mismo quien comenzó la guerra para proteger los intereses del cártel de Sinaloa.[10] El gobierno de Felipe Calderón es consciente de ello pero tampoco hizo nada para resolver el problema de raíz.

[10] Entrevista concedida por Vicente Fox a Grupo Informativo Así Sucede de Querétaro.

Durante el proceso electoral de 2012, Vicente Fox aseguró de manera reiterada que sólo un milagro podría hacer que Vázquez Mota ganara la presidencia. En el colmo del cinismo besaba la mano de la candidata panista un día y la llamaba "mi presidenta" y al otro día le daba la puñalada traicionera.

Es tal el compromiso y la desesperación de los Fox-Sahagún por salvar el pellejo y su pequeño reino, que defendieron a los tres ex gobernadores del PRI de Tamaulipas investigados en Estados Unidos y en México por su presunto involucramiento con el narcotráfico.

Aunque las acusaciones en el país del norte se sustentan en una investigación de red de lavado de dinero, Fox afirmó que las acusaciones en contra de los ex gobernadores se basan en filtraciones que no están comprobadas y cuestionó la credibilidad de los testigos protegidos.

No fue la primera vez que los exoneraba. Su administración exoneró dos veces a Manuel Cavazos Lerma y a Tomás Yarrington de las acusaciones en su contra por estar relacionados con el crimen organizado.

Durante la administración de Vicente Fox, la Procuraduría General de la República realizó una investigación *fast track* por medio de la Agencia Federal de Investigación, cuyo titular era Genaro García Luna, el flamante jefe policiaco del gobierno de Felipe Calderón, quien sin investigar a fondo determinó que los dos ex gobernadores priístas contaban con "buena reputación", según fuentes "anónimas" de Tamaulipas.

En la actualidad el gobierno de Estados Unidos acusa de manera directa a Tomás Yarrington de trabajar para el cártel del Golfo y para Los Zetas desde que era alcalde de Matamoros y durante los seis años que fungió como gobernador del estado, como lo revelé por primera vez en noviembre de 2006 en mi libro *Fin de fiesta en Los Pinos*. Por su parte, la procuraduría general de Estados

Unidos asegura que Yarrington recibió millonarios sobornos de las dos organizaciones criminales a cambio de protección y hoy tienen en sus manos a uno de sus principales lavadores de dinero, Antonio Peña Argüelles, y persiguen a Fernando Cano Martínez (caso criminal SA-12-CR-102-OLG), mientras que en México están bajo arraigo Napoleón Rodríguez y Sonia de Pau, dos presuntos testaferros de Yarrington.[11]

"Para Vicente Fox el PAN es un hotel de paso", dijo Diego Fernández de Cevallos en 1999, cuando el político guanajuatense se adueñó de la candidatura del PAN a la presidencia de la República. El paso fue breve y costoso para ese partido.

La traición a un cambio auténtico y el alineamiento a la vieja tradición del PRI de proteger las espaldas de los presidentes de la República corruptos, son algunas de las razones de la debacle del PAN. Y aun en la catástrofe electoral más grave del partido, de la que Fox fue un factor importante, no deja de ser irónico que ahora el PAN haga escarnio del ex presidente y quiera expulsarlo del partido, no por las corruptelas y sus negocios familiares, sino por haber apoyado al PRI de Enrique Peña Nieto. Mientras tanto Fox y *Madame Bvlgari*, con su séquito de vástagos, se frotan las manos. Están convencidos de que les depara otro sexenio fructífero.

Mientras en México los Fox gozan de absoluta impunidad, en Estados Unidos Manuel Bribiesca Sahagún tuvo que reconocer sus delitos. Luego de cuatro años de ser prófugo de la justicia, el hijastro mayor de Vicente Fox se presentó el 14 de septiembre de 2012 ante la Corte del Distrito Sur de California y se declaró culpable de participar activamente en un fraude cometido contra compradores de gas de la empresa estadounidense Mexico Gas, de la cual se ostentó como representante, presidente y propietario.

De acuerdo con el expediente criminal 8-cr-4274-JAH, para evitar ir al Centro Correccional Metropolitano Manuel pagó una

[11] *La Jornada*, 29 de mayo de 2012.

fianza de 75 000 dólares (975 000 pesos) para permanecer fuera de la prisión mientras se lleva a cabo el juicio en su contra, y el servicio de alguaciles de Estados Unidos le tomó las huellas dactilares.

Una parte de las condiciones fijadas al hijo mayor de la ex primera dama por la Corte del Distrito Sur de California fue la prohibición expresa para viajar al estado de California o al estado de Texas, donde fue interpuesta otra demanda en su contra. También debió sujetarse a un reporte de supervisión de la agencia de servicios previos al juicio (PSA, por sus siglas en inglés). Asimismo se le prohibió poseer o usar estupefacientes o sustancias controladas, y la portación de armas, también fue obligado a proporcionar su domicilio actual y número telefónico antes de su liberación y mantenerlo actualizado mientras se le dicta sentencia.

Y mientras Manuel es un criminal confeso en Estados Unidos, en México su hermano Fernando Bribiesca Sahagún, diputado del Partido Nueva Alianza, fungirá como secretario de la Mesa Directiva de la Cámara de Diputados durante un año.

CAPÍTULO 3

La muerte del mensajero

El 16 de septiembre de 2008, a las siete de la mañana, Mario Arturo Acosta Chaparro, corpulento y fuerte, pero cansado de tener que cumplir misiones imposibles, arribó a Morelia, Michoacán. El general de división retirado iba acompañado de Alberto Estrella, quien fuera subdirector operativo de la desaparecida Dirección Federal de Seguridad (DFS) y que trabajó con él en las interminables batallas de la llamada *guerra sucia*: aquella fue la época de gloria del general, cuando hubo muchas desapariciones y torturas.

Por aquellos días Morelia era el último lugar en el que alguien hubiera querido estar después de las espeluznantes escenas del atentado con granadas ocurrido el 15 de septiembre en el centro histórico de la ciudad colonial, tierra del presidente Felipe Calderón. En este ruin acto, sin precedentes en México, murieron ocho personas y 107 resultaron gravemente heridas, muchas de las cuales incluso perdieron extremidades de su cuerpo.

La sociedad estaba enardecida y exigía justicia. El desarticulado gobierno de Calderón no tenía respuestas, por eso Juan Camilo Mouriño, entonces secretario de Gobernación, el hombre más cercano al presidente de la República, mandó al general aquella mañana a Morelia. Mouriño confiaba en las dotes de Acosta Chaparro y le encomendó tareas muy sensibles para el gobierno. Siempre secretas. Ese día la misión del general de 64 años era encontrar una solución al clamor de justicia de la población.

89

El general lo sabía: encontrar a los responsables del atentado era como encontrar un grano de sal entre miles de azúcar, pero aquella mañana de septiembre la buena fortuna le sonrió. La suerte siempre le sonreía, tan seductora como la muerte que constantemente pendía sobre su cabeza.

Al llegar, se entrevistó rápidamente con un soldado que era miembro de la secta Luz del Mundo. Gracias a él dieron rápidamente con los dos hombres más buscados del momento: Nazario Moreno González, a quien el gobierno federal identifica como *El Chayo*, aunque sus seguidores lo llaman *El Pastor*, y José de Jesús *El Chango* Méndez, dos de los tres líderes más importantes de La Familia Michoacana.

A Acosta Chaparro lo devoraba la ansiedad y la impaciencia. El general había formado parte de la Brigada Blanca y de la DFS. Fue jefe de la Policía Judicial de Guerrero con el gobernador Rubén Figueroa (1975-1981) y formó parte de la Coordinación Nacional de Seguridad Pública, con Arsenio Farell Cubillas, en el sexenio de Ernesto Zedillo. También se le adjudicó conocimiento, e incluso complicidad, en materia de narcotráfico. Sabía que el momento y su visita de incógnito eran su único punto a favor.

La suerte le sonrió una vez más. Sólo tuvo que esperar un par de días para dar buenas noticias a Mouriño. Para el 18 de septiembre *El Pastor* ya había ubicado a los supuestos responsables del atentado y los detuvo. Acosta Chaparro quiso ir de inmediato por ellos pero no era tan fácil hacerlo. Tuvo que hablar primero con el licenciado Ricardo Cabrera, entonces titular de la Unidad contra el Terrorismo de la Subprocuraduría de Investigación Especializada en Delincuencia Organizada (SIEDO) de la Procuraduría General de la República (PGR) para intentar darle algún dejo de legalidad a una detención arbitraria del grupo criminal. Obviamente, por ningún motivo la sociedad mexicana debía saber que quien detuvo a los supuestos responsables había sido La Familia Michoacana y no el gobierno.

90

Al *Pastor* y al *Chango* Méndez les urgía entregar a alguien y atribuir el atentado a criminales ajenos a su grupo para no atraer más los reflectores del gobierno y para no allegarse enemigos a la población del estado. Los líderes de La Familia Michoacana ya estaban desesperados y amenazaban con entregarlos al gobierno de Michoacán encabezado por Leonel Godoy.

Al *Chayo* se le consideraba el ideólogo de La Familia Michoacana, que era mucho más que un cártel: eran narcotraficantes con ideología y religión. Nazario era una especie de pastor religioso que aconsejaba a los sicarios respetar a la población, pero al mismo tiempo ordenaba eliminar sin misericordia a sus enemigos. Ex empleado del cártel del Golfo y de Los Zetas, un buen día decidió independizarse y organizar su propia franquicia criminal.

Finalmente, el general Acosta y Estrella abordaron un avión de carga de la PGR en la Ciudad de México, y junto con Cabrera fueron a recoger a los presuntos responsables de los granadazos, siguiendo puntualmente las instrucciones del *Pastor* y *El Chango*. El avión aterrizó en Apatzingán, tierra de la organización criminal, y de ahí un taxista los guió hasta Antúnez. En una casa solitaria les fueron entregados tres sujetos que confesaron rápidamente su culpabilidad. Se les tomó su declaración y se les videograbó.

Acosta Chaparro se comunicó personalmente con Mouriño para informarle que la misión había sido cumplida. Antes de subir al avión, el funcionario de la SIEDO amenazó a los presuntos responsables con que los arrojaría del avión si no declaraban. Habrían reído seguramente de no haber recibido primero una golpiza de La Familia Michoacana para declararse culpables.

El viernes 26 de septiembre, en un claro montaje con el sello del gobierno de Felipe Calderón, la PGR anunció que gracias a una denuncia ciudadana el día anterior fueron detenidos los supuestos responsables del atentado, a quienes identificaron como zetas: Julio César Mondragón Mendoza, Juan Carlos Castro Galeana y Alfredo

Rosas Elicea. La titular de la SIEDO, Marisela Morales, informó en conferencia de prensa: "Ante el Ministerio Público de la SIEDO, las tres personas señalaron ser los autores materiales del lanzamiento de las granadas".

Días después de la poco usual "eficacia" de la SIEDO, familiares de Castro Galeana, Mondragón Mendoza y Rosas Elicea rompieron el silencio y declararon a la prensa que entre el 18 y el 23 de septiembre los tres sujetos fueron privados de su libertad y torturados por hombres armados en Lázaro Cárdenas.[1] Después fueron trasladados a una casa donde, según relataron los familiares, nuevamente fueron torturados hasta que llegaron las autoridades federales por ellos y se los llevaron en un avión. El relato coincide con los tiempos informados por Acosta Chaparro a Mouriño.

Si la sociedad mexicana hubiera sabido la verdadera historia de la detención, que los acusados habían sido capturados por el grupo de narcotraficantes y no por el gobierno, la idea de "eficacia" en el gobierno de Calderón hubiera sido harto distinta.

Pese a los años de curtido, el general Acosta siempre fue de piel sensible; su ego quedó herido porque una vez consumado el *show* ni siquiera le dieron las gracias. Por suerte, la invitación a Nicaragua del comandante de brigada Edén Pastora, miembro del Frente Sandinista de Liberación Nacional en la década de los setenta del siglo XX, le levantó el ánimo. Hizo el viaje acompañado de Alberto Estrella.

Jugar con fuego

En cuanto inició su sexenio Felipe Calderón tomó la bandera del combate al narcotráfico como un estandarte de su gobierno.

---

[1] Proceso.com, 6 de noviembre de 2008: http://www.proceso.com.mx/?p =203076.

Como su razón de estar ahí. En el fondo las causas que motivaban esa "guerra" estaban muy lejos de lo que publicitaba la propaganda gubernamental. El gobierno de Calderón, el hombre de los dos rostros, quería ganar legitimidad y dar protección al cártel de Sinaloa, encabezado por Joaquín Guzmán Loera e Ismael *El Mayo* Zambada. En la incompatibilidad de intereses arrastró al país.

Conforme fueron avanzando los meses de su gobierno, combatió a los enemigos del *Chapo* e hizo caso omiso de las acciones del grupo criminal de éste, provocando un estrepitoso aumento de la violencia entre los cárteles que se disputan el territorio, el control de rutas y el narcomenudeo. La sangre comenzó a correr a raudales, la muerte de civiles inocentes ocupaba las primeras planas de los periódicos, al igual que los colgados y los desmembrados. La mala fama internacional fue creciendo y lo hicieron tomar acciones contrarias a su "guerra contra el narcotráfico". El hombre a quien gobiernos de otros países han llamado "valiente", supuestamente por haber combatido a los cárteles de la droga, quiso negociar con ellos.

Para bajar al infierno recurrió a quien ya había estado ahí: buscó al general Mario Arturo Acosta Chaparro, quien fue detenido el 30 de agosto de 2000 y sentenciado el 3 de octubre de 2001 por supuestos vínculos con el jefe del cártel de Juárez, Amado Carrillo Fuentes, *El Señor de los Cielos*. La justicia militar lo condenó a 15 años de prisión en la cárcel del Campo Militar Número 1.

Del general podrán tejerse muchas historias negras, pero tenía algo cada vez más escaso en los hombres dedicados a la justicia y a la seguridad en México: palabra. Los integrantes de los diversos cárteles lo padecieron pero también negociaron con él; estaban seguros de que lo que prometía lo cumpliría y de que no se comprometía a hacer algo que no podía cumplir.

Fue así que, aún faltando por cumplir ocho años de sentencia en el primer año de gobierno de Calderón, fue puesto en libertad.

Y nueve meses después, para habilitarlo públicamente en la tarea que iba a desempeñar, en un homenaje muy publicitado fue condecorado por el secretario de la Defensa Nacional, Guillermo Galván Galván. Era un mensaje para quienes serían los interlocutores de Acosta Chaparro: iba con la bendición de Los Pinos.

Acosta Chaparro se convirtió en el mensajero del gobierno de Felipe Calderón con el crimen organizado, y el mensaje que llevaba era elaborado desde muy arriba: la Presidencia de la República. El propósito de las conversaciones era que los cárteles redujeran la violencia que estaba afectando la imagen del país. Podían matarse pero que no dejaran los cuerpos en lugares públicos; así, el Estado renunciaba a cumplir su papel de gobierno.

Cuando en 2010 publiqué *Los señores del narco* muchos especularon que el *General X*, a quien cito en el libro, era Mario Arturo Acosta Chaparro. Así es. Supe de las misiones encomendadas por el gobierno de Calderón gracias a gente muy cercana a él, y él me lo confirmó personalmente días antes de que saliera el libro a la venta.

El responsable de controlar al militar era Mouriño, siempre con el conocimiento de Calderón y de Galván Galván, compañero de generación de Acosta Chaparro en la Escuela Superior de Guerra. Así, el mensajero comenzó a trabajar para Mouriño en 2007 cuando éste aún era jefe de la Oficina de la Presidencia, y cuando en enero de 2008 fue nombrado secretario de Gobernación continuó su relación.

"Me dijeron que no me moviera porque estabas trabajando", le dijo Galván Galván a Acosta Chaparro, dándose por enterado de la delicada tarea.

A finales de septiembre y principios de octubre de 2008 logró el contacto con el temido *Zeta 40*, Miguel Ángel Treviño, una de las dos cabezas del cártel de Los Zetas, quienes ya trabajaban en alianza con el cártel de los hermanos Beltrán Leyva, luego de la división ocurrida en La Federación de cárteles, creada por Joaquín Guzmán Loera en 2001 y rota por el propio *Chapo* en febrero de 2008.[2]

Antes de reunirse con el *Zeta 40*, Acosta Chaparro le llamó a Galván para que se lo comunicara al presidente. Nadie lo siguió, lo dejaron llegar y salir del encuentro con el grupo criminal más buscado por el gobierno de Estados Unidos sin llevar a cabo ninguna detención. La condición que había puesto Acosta había sido que no lo siguieran y él no diría el paradero de los narcotraficantes. Se respetó su exigencia.

Ya se había reunido con Joaquín *El Chapo* Guzmán, quien le reveló que una pieza clave para poder fugarse de Puente Grande fue Jorge Enrique Tello Peón, asesor de cabecera de Felipe Calderón en materia de seguridad nacional. Con el lema: "La libertad no tiene precio", *El Chapo* describió cómo había pagado por salir de la prisión.[3] Hoy Tello Peón hace intentos forzados por entrar al equipo de asesores del presidente electo Enrique Peña Nieto para alargar su seguro de impunidad. Agua del PRI que pretende volver a su río.

Juan Camilo Mouriño murió el martes 4 de noviembre de 2008 en el avionazo de las Lomas de Chapultepec, a unos kilómetros de la residencia oficial de Los Pinos. Según fuentes allegadas a su familia, ése no fue un accidente sino un atentado orquestado por el narcotráfico, según lo confesaría el propio Calderón días después a la familia de su hombre más cercano. Los hombres del cártel de Sinaloa aseguran que quien orquestó el atentado fue *El Mayo* Zambada en represalia por la detención de su hermano, Jesús *El Rey* Zambada, para recordar a Los Pinos quiénes eran los que mandaban en el país.

[2] *Cf.* Anabel Hernández, *Los señores del narco*, México, Grijalbo, 2010, capítulo 10.

[3] *Idem.*

Pobre Calderón. La protección de su gobierno al cártel de Sinaloa lo hizo el cártel más poderoso de todos los tiempos, según afirma la DEA. Y fue el mismo cártel el que le arrebató a su amigo y consejero. Y al asesinar a Juan Camilo mataron una parte sustantiva de la seguridad de Calderón. Ese funesto día Felipe se empequeñeció y entregó su voluntad al sobreviviente de la triada de amigos y cómplices: Genaro García Luna, secretario de Seguridad Pública federal.

Acosta Chaparro continuó algún tiempo con sus operaciones, siempre con la autorización del gobierno calderonista. En marzo de 2009 se reunió en Tamaulipas con Heriberto Lazcano, alias *El Lazca, Zeta 3* o *El Verdugo,* este último mote por la inmisericordia que caracterizaba al capo supuestamente abatido por elementos de la Marina el 7 de octubre de 2012. No era el primero de sus encuentros. Ya había habido otros dos sin que el general señalara las fechas en que se llevaron a cabo.

Cuando llegó se realizó el encuentro la escolta del *Verdugo,* conformada en su mayoría por capitanes desertores de las fuerzas armadas, le hizo un saludo militar que a Acosta Chaparro le molestó mucho. Aunque se dijeran muchas cosas de él, era un hombre que a su manera se tomaba muy en serio el honor del Ejército Mexicano.

Heriberto Lazcano le informó al general que controlaban 22 estados por medio de una fuerza armada conformada en buena proporción por militares desertores. Y le aseguró que había muchos satélites de la organización criminal que se habían salido de control y se convertirían en un problema.

Siempre ávido de información, Acosta Chaparro preguntó por qué habían asesinado al general Enrique Tello Quiñones en Cancún. *El Verdugo* le dio la palabra al encargado de la plaza, quien informó que el general había pedido 500 mil dólares a cambio de darles protección, pero no cumplió. Les pidió más dinero, y fue cuando lo asesinaron salvajemente.

El general le pidió a Heriberto Lazcano lo mismo que le había pedido a los demás grupos criminales: que redujeran la violencia, que se podían matar entre ellos, "pero sin decantaciones y sin exhibir lo grotesco de los homicidios".

Su última reunión con el *Zeta 3* fue una de las últimas operaciones realizadas por Acosta Chaparro en nombre del gobierno federal. Al morir Juan Camilo se quedó sin interlocutor en Los Pinos y Galván Galván tomo distancia de él; terminó por no contestarle el teléfono. Casi con desesperación, por lo delicado de su nueva circunstancia, el general comenzó a hacer públicas las misiones encomendadas por Calderón de manera indiscreta y a tocar puertas en el gobierno federal. Ninguna se abrió. Desprotegido, necesitaba buscar cobijo, y lo encontró en el lugar más peligroso para Calderón y para Galván: el PRI.

Acosta Chaparro se convirtió en una piedra en el zapato. Primero con el senador Manlio Fabio Beltrones; luego con el gobernador de Guerrero, el neoperredista Ángel Aguirre Guerrero, quien siempre militó en el PRI. El general se volvió peligroso cuando comenzó, a través de Luis Felipe Puente, el polémico ex presidente de Atizapán, Estado de México, y secretario de Transporte del gobierno de Peña Nieto, a tener relación directa con quien ya se perfilaba como candidato presidencial único del PRI.

El gobierno de Felipe Calderón había sacado al tigre de su jaula y ahora no sabía cómo mantenerlo bajo control.

EL PRIMER ATENTADO

El 19 de mayo de 2010, a las 9:45 de la noche, a una distancia de cuatro metros, en la colonia Roma de la Ciudad de México, un hombre esperaba al general en el cruce de las calles de Sinaloa y Tampico. Cuando el militar retirado salía de un edificio ubicado en el número 241 de la calle Sinaloa y una guapa mujer, Minerva Vanessa Karim Demicelis Lotfy, lo despedía en la puerta, el hombre se puso en posición de tirador, le disparó cuatro veces y se dio a la fuga.

Así quedó asentado en la averiguación previa ACI/T1/0086 /10-05 de la Procuraduría General de Justicia del Distrito Federal (PGJDF) según lo declaró Minerva Vanessa en un reporte interno de la PGJDF que forma parte de la averiguación.

El general llegó al departamento ubicado en Sinaloa 241 a las 9:30 de la noche, y 15 minutos después salió del domicilio. Había dejado estacionado su lujoso y blanquísimo Mercedes Benz frente al inmueble donde lo esperaba el capitán Rodolfo Chumacero, quien era su ayudante y su chofer. Pese a su largo historial, Acosta Chaparro era demasiado pagado de sí mismo como para pensar que necesitaba guardaespaldas.

"La testigo refiere que ve que se aproxima un sujeto proveniente de la calle de Tampico, que a una distancia de cuatro metros dicho sujeto adopta una posición de tirador y le apunta con un arma a Mario Arturo Acosta realizando diversos disparos", refiere el reporte.

El ex militar resultó lesionado, pero aún de pie abordó su vehículo y se retiró del lugar a toda prisa. La testigo señaló que en medio de la confusión y el miedo, observó que el agresor se fue por la misma calle que llegó, Tampico.

La PGJDF, encabezada por Miguel Ángel Mancera, nunca pudo detener al responsable, no por ineptitud, sino porque el general nunca quiso presentarse a declarar y cuando la autoridad lo interrogó dijo que no recordaba nada.

Acosta Chaparro tenía apenas cuatro días de haber asumido la investigación del secuestro de Diego Fernández de Cevallos a petición de familiares del ex candidato presidencial del PAN, quienes solicitaron su intervención en el caso para que hiciera sus propias pesquisas, a pesar de que el gobierno de Felipe Calderón enviara a sus "mejores" hombres para resolver el secuestro.

Mientras Acosta Chaparro se debatía entre la vida y la muerte por los cuatro impactos de bala que recibió, los secuestradores del *Jefe* Diego tomaban días de ventaja que a la postre serían decisivos para los casi siete meses que estuvo cautivo.

El 14 de mayo de 2010 Diego Fernández de Cevallos fue secuestrado en un rancho de su propiedad ubicado en Querétaro, en medio de un sigiloso operativo. Su caso se convirtió en uno de los plagios más impactantes de la historia reciente. El secuestro del intocable panista incómodo, intragable para muchos integrantes de la clase política mexicana, implicaba toda una señal de alerta. Si alguien se atrevía a llevarse a un hombre con tal poder, todos los demás estaban en riesgo.

Rápidamente, Felipe Calderón, que se encontraba de visita en Washington, negó que el crimen organizado estuviera detrás del levantón de su compañero de partido. Pero lo ocurrido a Acosta Chaparro, el "sabueso del Jefe", a los pocos días de haber comenzado a rastrearlo, indicaba que quien se llevó a Fernández de Cevallos tenía igual o más poder.

Antes del atentado, Acosta Chaparro comentó con algunos allegados que la desaparición de Diego Fernández de Cevallos era, muy probablemente, un "tema de dinero", y no descartaba la participación de la guerrilla. El general hacía sus indagatorias en forma paralela a las que realizaba la Procuraduría General de Justicia de Querétaro con la coadyuvancia de la PGR y de la Secretaría de Seguridad Pública (SSP). En el fondo, la familia de Fernández de Cevallos, por lo menos en este episodio, no confiaba en el gobierno de Calderón.

En el interior de la administración federal es conocida la mutua animadversión entre el grupo político y de gobierno de Diego Fernández de Cevallos y Genaro García Luna y su gente. Los roces entre el secretario de Gobernación Fernando Gómez-Mont y el procurador Arturo Chávez Chávez casi llegaron a ser del dominio público. Cuando el sábado 15 de mayo Calderón le encargó a García Luna hacerse cargo de las pesquisas, junto con el coordinador de Seguridad Regional y responsable del área antisecuestros Luis Cárdenas Palomino, la desconfianza del círculo cercano a Fernández de Cevallos se acrecentó. Por eso recurrieron a Acosta Chaparro.

"Éstos están perdidos, y yo siempre me manejo con bajo perfil", llegó a comentar el general de más de 65 años, quien llevaba a cabo la indagatoria sigilosamente. Lo que el general no terminaba de entender era que en materia de secuestros de alto impacto no hacer nada fue una estrategia fundamental de García Luna y su gente. Las familias siempre terminan pagando rescates más elevados, mientras menos esperanzas tienen de recuperar a sus familiares.

De acuerdo con información recabada para esta investigación, después de que Arturo Acosta Chaparro comentara que no descartaba que detrás del plagio estuviera la guerrilla, el lunes 17 de mayo de 2010 el Partido Democrático Popular Revolucionario-Ejército Popular Revolucionario (EPR) envió un comunicado sin precedentes en el que se deslindaba de la desaparición de Diego Fernández de Cevallos: "Es lamentable la desaparición del señor licenciado Diego Fernández de Cevallos. Cualquiera que sea el origen o el motivo, es un hecho doloroso para la familia, dolor que conocemos. Sabemos por lo que están pasando".

El señalamiento era casi irónico. El 25 de mayo se cumplían tres años de la "detención-desaparición forzada" de los eperristas Edmundo Reyes Amaya y Gabriel Alberto Cruz Sánchez.

"Sabemos del dolor por el que pasa la familia del señor Diego Fernández de Cevallos —explicaba el comunicado— porque nosotros también tenemos a dos de nuestros compañeros detenidos-desaparecidos por las fuerzas represivas del señor Felipe Calderón

100

Hinojosa: Edmundo Reyes Amaya y Gabriel Alberto Cruz Sánchez; conocemos de su dolor por el dolor que han pasado y viven los familiares de los cientos de luchadores sociales que han sido detenidos-desaparecidos por el Estado mexicano, de los familiares de los mineros muertos en Pasta de Conchos, de los 37 petroleros de Cadereyta desaparecidos en las mismas fechas que nuestros compañeros, de los miles de 'levantones' y asesinatos que ha implicado la supuesta guerra contra el narcotráfico."

En ese momento nadie entendió por qué el movimiento armado que surgió del PROCUP se deslindaba del secuestro de Fernández de Cevallos. Era una reacción que aparentemente surgía de la nada. Al conocer el comunicado, Acosta Chaparro expresó: "Que digan que no son ellos no forzosamente significa que sea verdad".

La familia de Fernández de Cevallos no había hecho declaración alguna sobre el tema. Su único pronunciamiento lo hizo ese mismo lunes, minutos después de que se dio a conocer el comunicado del EPR. El escueto comunicado fue leído en algunas estaciones de radio por el ex procurador Antonio Lozano Gracia, socio del despacho del *Jefe* Diego.

Afirmó que la familia "hace un llamado a las personas que retienen al licenciado Diego Fernández de Cevallos a que entablen comunicación, en aras de negociar su liberación". El escrito estaba firmado por Diego Fernández de Cevallos Gutiérrez, hijo del político panista.

Ese mismo día, el vocero de la PGR, "la única" dependencia autorizada para emitir información sobre la "desaparición" del político, descartó que un grupo armado hubiera privado de la libertad al ex senador. "Podemos precisar hasta el momento —declaró Ricardo Nájera— que no fue una agresión de un grupo armado o algo por el estilo, en función de que tampoco se hizo un gran escándalo alrededor de la salida de Diego de esa zona." Pero lo que no explicó fue en qué se basaba para afirmar esto.

Mientras la PGR deslindaba a algún grupo armado, la SSP federal de García Luna esparcía el rumor de que había sido el EPR y filtraba recuadros de todos los supuestos plagios cometidos por el grupo guerrillero. En algunos sí habían sido ellos los responsables de los plagios, en otros claramente no; pero él y su equipo que intervenía en secuestros intimidaban a las familias de que sí se trataba de grupos subversivos para que pagaran más dinero de rescate.

Después del atentado en contra del general Acosta Chaparro, el círculo cercano al *Jefe* Diego comenzó a perder la esperanza. Los "misteriosos desaparecedores", como se autodenominaron las personas que ejecutaron el plagio, de vez en vez dejaban saber algo sobre el político a la opinión pública. El 20 de diciembre de 2010, luego de siete meses de desaparecido, Fernández de Cevallos reapareció públicamente con una larguísima barba blanca y muy delgado. Se habló del pago de un rescate de más de 35 millones de dólares.

En ninguna de las escasas declaraciones públicas que hizo Fernández de Cevallos agradeció al gobierno de Calderón. Al contrario, exigió que cesara la ola de secuestros que afectaba a todos por igual. Afirmó sin dar más explicaciones que su plagio había sido una cuestión económica y política. Y después guardó un silencio sepulcral. Nadie hubiera esperado a ese político particularmente bravucón tan callado. De acuerdo con información del grupo cercano a Fernández de Cevallos, en más de una ocasión pensaron que altos funcionarios de la SSP federal habían participado en el secuestro del jefe político. Por supuesto, a la fecha se ignora quiénes secuestraron al millonario político-abogado.

El soberbio, o amedrentado, Acosta Chaparro nunca aceptó públicamente, ni en privado, que lo ocurrido el 19 de mayo había sido un atentado. Siempre lo manejó como un intento de asalto, pretextando que ese día llevaba un costoso reloj Rolex, y que eso era lo que el sujeto había intentado quitarle aunque él se defendió hábilmente. Fuerte como roble, pero no inmortal, Acosta Chaparro salvó la vida y en cuanto se recuperó comenzó a tener un mayor acercamiento con el gobernador del Estado de México, Enrique Peña Nieto. Galván Galván intentó restablecer la vieja comunicación, pero Acosta Chaparro ya había entendido que los tiempos políticos iban a soplar hacia otra dirección.

La lista de la DEA

Durante su larga trayectoria, el general Acosta Chaparro estableció importantes contactos con las áreas de inteligencia del gobierno de Estados Unidos, quienes en el pasado recurrían frecuentemente a él para el intercambio de información sensible. Desde finales de 2011 hasta principios de 2012 una agencia en particular lo buscaba insistentemente: la DEA.

Desde 2011 funcionarios de la DEA buscaban afanosamente fuentes de información que les proveyeran nombres de funcionarios públicos corruptos. Como si se tratara de una agencia de trabajo entrevistaban a diferentes personas, en general en alguno de los hoteles ubicados en el corredor de la avenida Campos Elíseos, en Polanco, en la Ciudad de México. Como quien lanza a ciegas una caña de pescar en el río revuelto, cualquier cosa era apetecible para los agentes urgidos de dar buenas cuentas a Washington: nombres de diputados, presidentes municipales, senadores, secretarios de Estado o gobernadores.

Hasta que tiempo después se fijaron una meta específica: la lista negra de los narcogenerales. Querían los nombres de los militares de tres barras presuntamente involucrados en la protección a los cárteles de la droga. Algunos de sus nombres circulaban con cierta familiaridad en núcleos castrenses y de seguridad nacional, pero necesitaban un responsable, alguien que se hiciera cargo de la lista. Los agentes de la DEA hablaron con Acosta Chaparro. Por alguna razón esparcían la especie —rumor o verdad— de que tenían imágenes del encuentro que había sostenido el general con Heriberto Lazcano, líder de Los Zetas. Aunque el militar no había recibido dinero de ese cártel, las imágenes, sumadas a la mala fama que no sanó pese a los honores militares recibidos, lo comprometían. Todo ello pudo haber sido un aliciente para que el general aceptara cooperar.

Al mismo tiempo que pensaba en hacer aquella lista, su acercamiento con Enrique Peña Nieto era mayor. Hubo una ocasión en que incluso lo acompañó a un viaje a Washington, a finales de 2011, o a principios de 2012, cuando el hombre de Atlacomulco ya era candidato único del PRI a la presidencia. Gente cercana al militar le atribuye el hecho de que haya podido sentar al candidato presidencial con altos funcionarios y representantes populares vinculados a las áreas de seguridad nacional.

Mientras más se acercaba Acosta Chaparro a Peña Nieto y a la DEA, más nervioso se ponía el gobierno de Calderón y los mandos castrenses. Un punto de alerta máxima ocurrió cuando comenzaron a notar que el general se reunía con cierta periodicidad con otro general de división: Tomás Ángeles Dauahare, subsecretario de la Defensa Nacional durante los primeros 15 meses del gobierno de Calderón. Ángeles Dauahare había salido abruptamente de la Secretaría de la Defensa Nacional, en marzo de 2008, luego de que externara abiertamente a Calderón y a Juan Camilo Mouriño sus opiniones críticas respecto de generales adscritos a zonas o regiones militares presuntamente vinculados con el crimen organizado y con otros funcionarios del gabinete.

Sus reuniones eran antinaturales para muchos. Sólo quienes los conocían podían entenderlo. Ángeles Dauahare fue el militar que condujo el Consejo de Guerra contra Acosta Chaparro y contra el general Humberto Quirós Hermosillo por órdenes del titular de la Secretaría de la Defensa Nacional durante el sexenio de Ernesto Zedillo, Enrique Cervantes. Ángeles Dauahare hizo saber a Acosta que sólo obedecía órdenes y éste entendió que la consigna en su contra venía de más arriba. Por esa razón, cuando se reunían lo llamaba por el mote que sólo reservaba para sus amigos: "hermanito". La última reunión que tuvieron fue el 19 de abril en el restaurante Café del Lago, ubicado en la tercera sección del Bosque de Chapultepec. Ninguno de los dos sabía en ese momento que jamás se volverían a ver. Su suerte ya la habían decidido otros.

LA MUERTE DEL GENERAL

El 20 de abril de 2012, pasadas las seis de la tarde, Acosta Chaparro llegó a la populosa colonia Anáhuac de la delegación Miguel Hidalgo, en la Ciudad de México, acompañado por el capitán Honorio García y por Federico González, a bordo de una camioneta negra propiedad de este último, amigo del general que a veces lo asistía.

Al llegar a la esquina de las calles Lago Como y Lago Trasimeno se detuvieron y bajaron del auto para entrar a un taller mecánico. De lejos, desde varios kilómetros atrás, los venía siguiendo un par de jóvenes a bordo de una motocicleta de medianas proporciones. Uno llevaba un casco que ocultaba su rostro; el otro, una camisa de manga larga y un pantalón de mezclilla. Se detuvieron en una de las esquinas siguiendo con la vista al general Acosta.

Después de hablar con un mecánico, a quien Acosta Chaparro había encomendado el arreglo de un viejo auto de colección, él y su acompañante se dispusieron a abordar de nuevo la camioneta. Un guiño del destino lo hizo volver y colocarse frente al automóvil siguiendo a González, a quien de nueva cuenta se acercó el mecánico.

Mientras platicaban por el extremo derecho de la calle, avanzó hacia ellos otro par de sujetos, uno de los cuales también vestía con camisa blanca y pantalón de mezclilla, quienes se pasaron a la acera de la izquierda. Detrás de ellos uno de los muchachos que lo seguían en la motocicleta entró caminando a la cuadra. A simple vista parecía que venían juntos. El sicario caminó del lado derecho, no en la banqueta sino sobre el pavimento, y se llevó la mano a la cabeza como si hiciera el gesto de acomodarse el pelo o de dar una señal. Llegó hasta la parte trasera de la camioneta y en segundos volvió corriendo con una pistola empuñada firmemente en la mano derecha; la accionó tres veces sobre la espalda del general, quien cayó inmediatamente sobre el arroyo vehicular mientras el sicario corría hasta la motocicleta y se daba a la fuga.

De acuerdo con el video mostrado por la PGJDF, tomado por cámaras de vigilancia de la cuadra, los dos sujetos que entraron caminando primero a la calle no se inmutaron; ni siquiera voltearon a ver la escena del crimen. O la pistola traía silenciador, lo cual no se alcanza a percibir en el video, o iban acompañando al sicario en el operativo para asesinar al general.

Casi un mes después, el 27 de mayo de 2012, la PGJDF detuvo a Jonathan Arechega Zarazúa, de 22 años de edad, delatado por una llamada anónima como el supuesto asesino prófugo. Pero en realidad su rostro no se parece en nada al retrato hablado que había proporcionado la Procuraduría del asesino del general. Arechega se declaró inocente y aseguró que él estuvo en otro lugar el día de los hechos. Sin embargo, fue identificado por testigos que estuvieron presentes en la ejecución. A Arechega Zarazúa se le dictó el auto de formal prisión y está encarcelado en el reclusorio Oriente.

El cuerpo del general fue velado discretamente en la Capilla 3 del velatorio militar y sepultado en un panteón del municipio de Huixquilucan, Estado de México. Casi nadie acudió al velorio, como suele ocurrir con personajes como Acosta Chaparro que viven al filo de la navaja, como bisagra entre el mundo legal y el ilegal. Por supuesto, uno de los ausentes al sepelio fue Galván Galván.

En el círculo cercano del general Acosta Chaparro corren dos versiones muy distintas sobre los móviles del homicidio del general. Las dos son de peso por provenir de personas muy allegadas a él: una señala que lo mató un grupo de la delincuencia organizada; otro, que lo mandó matar el gobierno de Felipe Calderón. A veces es difícil distinguir la diferencia entre unos y otros.

Dos meses antes de su ejecución, gente cercana al general fue informada de que le habían puesto precio a la cabeza de Acosta Chaparro; supuestamente fue Ismael *El Mayo* Zambada, por una traición. Específicamente por la detención del hijo de éste, Vicente Zambada Niebla, ocurrida en marzo de 2009 en una residencia en Fuentes del Pedregal, al sur de la Ciudad de México. La versión señala que por la familiaridad que existía entre integrantes del cártel de Sinaloa y el general, éste sabía el paradero del *Vicentillo*, luego de haberse reunido con agentes de la DEA en el hotel Sheraton de la Ciudad de México.

"Que Acosta le ponga precio y yo se lo pongo", fue el mensaje que envió la persona que se enteró del complot para aniquilarlo. Pero la gente de Acosta Chaparro no quiso decirle nada al general para que no pensara que le estaban queriendo sacar dinero así porque sí.

El informante aseguró a la gente del general que quien presuntamente iba a ejecutar el encargo era un joven sicario del barrio bravo de Tepito conocido como Eduardo Trejo Ponce, *El Lalito*, quien ya había ejecutado a mandos de la SSP federal. La advertencia era que iban a utilizar artillería pesada para aniquilar al general; pero al seguirlo se dieron cuenta de su vulnerabilidad.

Quienes manejan esa versión señalan que Jonathan Arechega, el detenido por la PGJDF, no corresponde con las características del *Lalito*.

107

Fuentes muy cercanas a la familia del general aseguran que lo mataron por cuestiones políticas. Según esta versión, un mes o mes y medio antes de ser asesinado, Acosta Chaparro comentó detalles que casi nunca hacía con su familia, que había sido amenazado porque iba a filtrar información muy delicada sobre la operación del narcotráfico en México a un medio de comunicación de Estados Unidos.

Se afirma que su familia también ha sido amenazada y no ha querido colaborar en las investigaciones del homicidio. Su esposa, Silvia Madrigal, insistió en que le permitieran cremar el cuerpo de su esposo, pero la PGJDF se negó porque si aceptaba quemarlo implicaba borrar una prueba importante en caso de que el gobierno federal decidiera atraer el caso. No lo hizo.

La PGJDF afirma que Jonathan es el homicida del general, pero no ha dado a conocer el móvil del asesinato.

EL PASTOR VIVE

En las últimas reuniones de trabajo que sostuvo el general Acosta Chaparro llegó a platicar sobre sus últimas misiones, sólo que no era claro si las llevaba a cabo por encargo del equipo de Enrique Peña Nieto o de otra persona. Entre otras cosas, aseguraba que había iniciado pláticas con el grupo de la delincuencia organizada autodenominado Los Caballeros Templarios, creado por Servando Gómez *La Tuta* y por *El Pastor*, luego de una fractura en el seno de La Familia Michoacana.

El 10 de diciembre de 2010, el vocero del Consejo Nacional de Seguridad del gobierno de Felipe Calderón, Alejandro Poiré, anunció que *El Pastor* había sido abatido en Apatzingán durante un largo enfrentamiento con militares y la policía federal, aunque nunca pudieron encontrar sus restos. Incluso en Michoacán hay quienes lo veneran como un santo; le han hecho imágenes que simulan a las figuras religiosas, en las que viste una dorada armadura medieval y porta una espada. "Oh, Señor Todo Poderoso, líbrame de todo pecado, dame protección bendita a través de san Nazario", reza la plegaria dedicada al *Pastor*.[4]

Las conversaciones de Acosta Chaparro se realizaron con *El Pastor*, con quien ya había tratado fructíferamente en 2008. El general aseguraba que el narcotraficante se encontraba vivo, contradiciendo a Poiré, y detentaba un fuerte liderazgo en la nueva vertiente de la organización criminal. Ahora ya había ampliado su zona de influencia en Guerrero, donde se hablaba de que tenía el control de 22 grupos armados. Suficientes para poner en jaque al país.

La versión de Acosta Chaparro coincide con la declaración ministerial de Mario Buenrostro, líder de Los Aboytes, un grupo perteneciente a la organización criminal La Familia Michoacana, en un interrogatorio realizado por la Procuraduría de Justicia del Estado de México en octubre de 2011. Buenrostro afirmó que *El Chayo* vive y lidera, en coordinación con *La Tuta*, a Los Caballeros Templarios.[5]

El propósito de los nuevos encuentros entre Acosta Chaparro y *El Pastor* era lograr una negociación para que la organización criminal disminuyera su violencia. La muerte del general dejó los acuerdos en vilo.

EL HOMBRE BOMBA

Días después de la ejecución del general Acosta Chaparro, el periódico *Reforma* publicó declaraciones del narcotraficante Sergio

---

[4] *Reforma*, 10 de junio de 2012.
[5] El Universal TV, 11 de octubre de 2011.

Villarreal, alias *El Grande*, ex integrante del cártel de los hermanos Beltrán Leyva y de La Federación, en torno a la relación y las reuniones de Arturo y Héctor Beltrán Leyva con el general Mario Arturo Acosta Chaparro. La PGR nunca desmintió las revelaciones publicadas por el diario capitalino, lo que contribuyó a alimentar el desprestigio del general y, con ello, desvirtuar la validez de las revelaciones que pudiera haber hecho al gobierno de Estados Unidos, a la DEA o al PRI.

En su declaración como testigo colaborador, con el seudónimo de *Mateo*, *El Grande* narró algunos encuentros entre Arturo y Héctor Beltrán Leyva llevados a cabo en 2007 y 2008, así como con el *Zeta 40* y Heriberto Lazcano, líderes de Los Zetas, con quienes La Federación pactó una breve tregua en 2007, misma que se acabó cuando Guzmán Loera rompió con sus primos los Beltrán Leyva y con Vicente Carrillo Fuentes, líder del cártel de Juárez.[6]

Lo que declaró *El Grande* a la PGR en 2010, revelado apenas en 2012, confirma los datos dados a conocer en *Los señores del narco*. Éste es el testimonio del *Grande* publicado por *Reforma*:

En aquella ocasión me dijo don Arturo Beltrán Leyva que era un militar retirado y que acababa de salir de la cárcel… Observé que don Arturo Beltrán Leyva saludó muy efusivamente al general Acosta Chaparro. Me señaló que eran amigos desde hace mucho tiempo, ya que se habían conocido por el norte del país, donde ayudaba al cártel de Sinaloa.

Uno de los detalles que tengo presente es que Héctor Beltrán Leyva se refería al general Acosta Chaparro como compadre, incluso cuando hablaban de Joaquín Guzmán Loera, de igual forma lo mencionaban como "el compadre".

---

[6] *Cf.* Anabel Hernández, *op. cit.*, 2010.

El Grande afirma que a mediados de 2007 los Beltrán y Los Zetas ya habían suscrito pactos de no agresión y colaboraban en operaciones de importación de cocaína a gran escala por la aduana de Altamira, Tamaulipas. Asimismo refiere otra reunión del general con los Beltrán en uno de sus ranchos del Ajusco, en la Ciudad de México.

Así continúa el testimonio del *Grande*:

La reunión a la que convocó don Arturo Beltrán Leyva en aquel lugar era para recibir a Los Zetas y presentarles al general Acosta Chaparro. Los Zetas llegaron al lugar a bordo de una avioneta y aterrizaron en una pista clandestina ubicada en Cuautla, Morelos, de donde los recogimos en helicóptero; del interior de la avioneta descendieron Miguel Treviño, el *Zeta 40*, y su hermano Omar Treviño, el *Zeta 42*, quienes iban acompañados también de "JL" [José Luis Ledesma], encargado de Vicente Carrillo, en Ciudad Juárez.

Los Zetas querían que el general los ayudara a relacionarlos con militares de alto nivel en las comandancias militares de Tamaulipas y Veracruz. Su urgencia radicaba en que 15 días antes el líder de Los Zetas, Heriberto Lazcano, *El Lazca*, había sido acorralado por militares en los límites de ambas entidades, en la zona Huasteca. Lazcano logró escapar, gracias a que *El Barbas* envió un helicóptero para rescatarlo. A la reunión del Ajusco arribó Alberto Pineda alias *El Borrado*, acompañado por Acosta Chaparro. Llegaron a la hora de la comida, cuando el rancho estaba rodeado por un dispositivo de sujetos armados. En la mesa, Arturo Beltrán presentó a Los Zetas con el militar.

Así recordó *El Grande* el motivo de la reunión:

El *Zeta 40* se dirigió al general y le dijo que tenía interés en conocer a los encargados de la zona militar de Tamaulipas y Veracruz, para poder facilitar el libre andar de ellos y el trasiego de drogas en dichos estados, ya que no tenían arreglos con generales, sino únicamente con pura tropa.

Arturo Beltrán Leyva ordenó al general Acosta Chaparro que se pusiera de acuerdo con el *Zeta 40* para que acudiera a una cita, con la finalidad de que lo presentaran con Heriberto Lazcano.

Acosta aceptó reunirse con *El Lazca* a los dos días, según *El Grande*. Lo que no dijo *Mateo*, porque no lo sabía, o porque la PGR no lo consignó en su declaración, fue que Mario Arturo Acosta Chaparro sostuvo esas reuniones con los capos del narcotráfico con la anuencia de Calderón, Mouriño y Galván Galván.

El presidente creyó que en su "guerra contra el narcotráfico", la gran farsa de su sexenio, podía jugar con dinamita. Los más allegados al militar aseguran que lo mandó matar el gobierno de Calderón y el ejército.

Acosta Chaparro era un hombre-bomba que podía estallar en la cara de muchos personajes, así que primero lo reventaron a él, quizá porque descubrieron que estaba colaborando con la DEA para elaborar la lista de los narcogenerales. La indiscreción del general lo hacía parecer más peligroso. Por ejemplo, sus señalamientos contra el general de división retirado Roberto Miranda, quien siempre ha aspirado a ser el titular de la Secretaría de la Defensa Nacional o de la SSP federal.

Si el propósito de matar a Acosta Chaparro era acabar con una pieza incómoda en la trama de complicidades, ese cometido se logró sólo a medias. Cuando ejecutaron al general, él ya había revelado a autoridades del gobierno de Estados Unidos las encomiendas que le había asignado Juan Camilo Mouriño, el hombre más cercano a Felipe Calderón, de negociar con los cárteles de la droga en privado mientras el presidente alardeaba en público que no les daba tregua y que jamás negociaría con ellos. Asimismo lo había hecho con el equipo de Enrique Peña Nieto.

Con su asesinato se impidió que el general pudiera declarar en un juicio, nacional o internacional, acerca de las órdenes recibidas por el gobierno de Calderón. Pero nada podrá borrar los hechos.

El 15 de mayo de 2012, unos días después del asesinato de Acosta Chaparro, el general de división Tomás Ángeles Dauahare, ex subsecretario de la Defensa Nacional, fue detenido por la policía militar con una orden de presentación girada por la PGR, acusado de haber colaborado para el cártel de los hermanos Beltrán Leyva. Con esa maniobra, el gobierno de Calderón y altos funcionarios de la Secretaría de la Defensa Nacional pensaban eliminar, aunque fuera sólo moralmente, a otro peligroso enemigo: a un hombre limpio. Así, Calderón inició otra guerra de proporciones aún incalculables.

CAPÍTULO 4

Guerra en la Sedena

El 16 de septiembre de 2007 el general Tomás Ángeles Dauahare, enfundado en el tradicional uniforme de campaña, encabezó orgulloso, como comandante, la columna del desfile que conmemora la Independencia de México. Uno de los máximos honores que puede otorgar el secretario de la Defensa Nacional, en este caso, el general de división Guillermo Galván Galván, su amigo, su compañero de muchos años en la milicia.

Cinco años después, a sus 69 años de edad, el 15 de mayo de 2012, Ángeles Dauahare se encontraba recluido en el sótano de la Procuraduría General de la República (PGR), en las frías y húmedas galeras. Vestido con pantalón de mezclilla y camisa a cuadros, sin nada que le diera abrigo, incomunicado de sus abogados y acusado de recibir dinero del cártel de los hermanos Beltrán Leyva por dos testigos colaboradores de la PGR: *Jennifer*, cuya verdadera identidad es Roberto López Nájera, abogado de Édgar Valdez Villarreal y Sergio Villarreal, así como por el mayor Iván Reyna.

Orgulloso nieto del general revolucionario Felipe Ángeles, Tomás Ángeles, egresado del Colegio de la Defensa Nacional, de la carrera de seguridad nacional, había ocupado prácticamente todos los puestos más relevantes en la Secretaría de la Defensa Nacional (Sedena): director del Heroico Colegio Militar, director del Instituto de Seguridad Social para las Fuerzas Armadas Mexicanas, agregado militar de la embajada de México en Washington en dos

115

ocasiones (de 1984 a 1986 y de 1992 a 1994) y secretario particular del titular de la Sedena, Enrique Cervantes Aguirre (durante el sexenio de Ernesto Zedillo), desde donde tenía injerencia en el Centro de Inteligencia Antinarcóticos (Cian) del ejército. En el retiro desde marzo de 2008 jamás hubiera imaginado que terminaría en las galeras de la PGR.

Pasadas las siete de la tarde de ese 15 de mayo, el general iba llegando a la unidad habitacional del ISSFAM ubicada en Tlalpan, al sur de la Ciudad de México, donde tiene un departamento en la llamada "Torre de Generales" que compró a plazos. Antes de que su chofer pudiera cruzar la entrada lo interceptaron miembros de la Policía Judicial Militar (PJM) y le dijeron que había una orden de presentación, girada en su contra por la PGR, la cual nunca le mostraron ni tampoco le dijeron por qué se le estaba citando. Tranquilo, como es su naturaleza y como le dictaba la conciencia, abordó la unidad de la PJM. Su chofer lo siguió en su vehículo hasta que ingresó al Campo Militar Número 1.

Desde ahí el general de división realizó algunas llamadas telefónicas a su abogado y a diversas amistades para dejar constancia de dónde estaba y qué había pasado. La medida de precaución no era para menos: nadie como él después de tantos años de servicio podía conocer los excesos de la milicia mexicana y más en cuanto a consignas de revancha se refiere. Para que lo escucharan, el general dijo que se encontraba bien físicamente y que lo llevaron al campo sólo para hacerle un examen médico y certificar que lo habían entregado en buenas condiciones a la PGR. El general aún tenía la esperanza de que lo estuvieran citando para declarar sobre una denuncia que había hecho hacía meses, acerca de unas armas que le habían sido robadas.

Cerca de las nueve de la noche el ex subsecretario de la Sedena había ingresado a la Subprocuraduría de Investigación Especializada en Delincuencia Organizada (SIEDO). Ahí, sin un abogado, le dijeron que lo acusaban de haber recibido sobornos de los hermanos Beltrán Leyva. Después de 47 impecables años de servicio la noticia le cayó como balde de agua fría. Hombre de guerra al fin, comenzó a comprender que se encontraba en medio de una batalla cuyos alcances no podía comprender, ni medir las consecuencias que tendría en su vida y en la de su familia.

En el seno de la Sedena, ante la molestia de muchos militares por la detención de Ángeles Dauahare, Galván Galván aseguró que desconocía los arrestos de los generales y que fue informado hasta que la Policía Judicial Militar los llevó a cabo, justificación que pocos creen, a menos que para ese momento Galván Galván ya hubiera perdido toda ascendencia dentro de las fuerzas armadas.

Por lo menos desde enero de 2012 Ángeles Dauahare era sujeto de un seguimiento físico y virtual. Grababan sus conversaciones telefónicas y los encuentros que tenía en persona, y le tomaban fotografías. En más de una ocasión sorprendió a sus seguidores pero siempre pensó que se trataba de espías del titular de la Sedena o de alguno de los altos mandos de las fuerzas armadas que lo veían con descontento y animadversión.

Su detención fue una muestra más de la descomposición del Ejército Méxicano, una de las instituciones más sólidas del país que Felipe Calderón dejó hecha añicos y profundamente dividida entre generales con una ambición desmedida de poder y con inconfesables compromisos con el crimen organizado, dispuestos a todo por el control de los restos de la Sedena. En la disputa los generales incendiaron sus ruinas.

CALDERÓN Y GARCÍA LUNA CONTRA EL EJÉRCITO

A lo largo de los seis años de su gobierno, Felipe Calderón deterioró una de las instituciones más sólidas y confiables en la historia de México: el Ejército Mexicano. Las fuerzas armadas, habitualmente relacionadas con la población durante tareas humanitarias en terremotos y en desastres naturales —intentando superar los negros episodios de 1968 y de la guerra sucia—, comenzaron a ser vinculadas con la ola de violencia, muerte y desgobierno que provocó su salida de los cuarteles, para ser la carne de cañón de la llamada "guerra contra el narcotráfico" emprendida por Calderón.

El ejército nunca ha sido puro y pío, pero era una institución que todos reconocían porque ponía orden. Los militares hacían lo que querían, pero sin escándalos. Al sacarlos a las calles, Felipe Calderón se jugó el todo o nada… y perdió. Pero no sólo perdió él; también el ejército perdió el poco o mucho prestigio que poseía. Perdió en términos de guerra, lo que tiene enfurecida a más de la mitad de la tropa y los mandos, y nadie les reconoce ninguna otra cosa más que su fracaso. A muchos soldados y mandos limpios les preocupa el desprestigio al que quedaron sometidos mediáticamente y del que difícilmente podrán recuperarse.

Durante el sexenio de Calderón la Comisión Nacional de los Derechos Humanos (CNDH) recibió 6 065 quejas contra integrantes del ejército en el contexto de la llamada "guerra contra el narcotráfico". De esa cantidad, 5 233 ya fueron finiquitadas, porque no se "comprobaron" abusos, es decir que 86% de esos casos ya están cerrados.[1] La CNDH emitió 98 recomendaciones en contra de Galván Galván como cabeza de la Sedena. En esas recomendaciones estaban involucrados 266 militares. Como consecuencia de esos procesos fueron condenados únicamente 29 militares, y 237 aún estaban en trámite. Siguen en investigación 833 quejas. Tómese en cuenta que el total de efectivos desplegados en todo el país por la lucha contra el narcotráfico asciende a 45 mil elementos.

---

[1] Informe de la Sedena publicado en 25 de enero de 2012 en *La Razón*.

118

El debilitamiento externo de la Sedena fue reflejándose en las filas del ejército y se volvió interno. La disciplina fue menguando y comenzaron a circular los testimonios de excesos de la tropa comandada por capitanes y coroneles, muchos de buena fe pero sin experiencia en la vigilancia de calles y en el combate cuerpo a cuerpo con los grupos de la delincuencia organizada.

Proliferaron las ejecuciones de la población civil en retenes; la siembra de armas a inocentes asesinados por el ejército, como ocurrió en el caso paradigmático de los estudiantes del Tecnológico de Monterrey, en Nuevo León, y saqueos a viviendas donde realizaban operativos. Se llevaban dinero y joyas, e incluso refrigeradores, utensilios domésticos, ropa y comida. Si los mandos se estaban llenando los bolsillos en el río revuelto, ¿por qué la tropa no? Nadie tenía autoridad para poner orden.

Los generales que tienen tropa bajo su mando aseguran que el hecho de que los hayan metido en una función policiaca en la supuesta guerra contra el narcotráfico puso en riesgo la identidad del propio Ejército Mexicano. Sin brújula y sin un mando firme, el ejército fue lanzado al vacío. Calderón los sacó sin ningún plan y los hace sufrir el desprestigio de la brutal derrota de una guerra que ni siquiera planearon.

Desde que inició el sexenio el presidente panista encargó la "estrategia" para combatir al narcotráfico a su hombre de mayor confianza: Genaro García Luna, titular de la Secretaría de Seguridad Pública (SSP) y principal adversario de las fuerzas armadas dentro del gobierno federal. Desde que un grupo de generales entregó a Juan Camilo Mouriño pruebas del involucramiento de García Luna y su equipo más cercano con el narcotráfico, éste nunca los perdonó. El rencor creció hasta la obsesión. El secretario de Seguridad Pública entendió que si quería sobrevivir debía debilitar a esos generales, y Calderón lo solapó. A propósito, el ejército fue ocupado sólo como alfil de esa falsa guerra dejando al descubierto su ineptitud y provocando el repudio de la sociedad.

119

Al final del sexenio de Felipe Calderón, el Ejército Mexicano ha quedado con una imagen de perdedor, por la gran cantidad de muertos que arrojó como resultado la guerra en que lo metieron y porque el problema del narcotráfico no se arregló. Al contrario de lo que se esperaba se convirtieron en soldaditos de plomo que se derritieron bajo el país incendiado por Calderón, mientras que la Policía Federal, el ejército negro de García Luna y el presidente, se fortalecían para perseguir sus perversos intereses.

Mientras más poder y recursos proporcionaba Calderón a la SSP y a la Policía Federal, más menguada resultaba la Sedena. De 2006 a 2012 el presupuesto de la SSP creció 400%, mientras que el de la Sedena lo hizo apenas en 72%, no obstante que esta última tiene más del triple de personal que la SSP.

Cuadro 1. *Presupuesto de la SSP y de la Sedena (2006-2012) en millones de pesos*

	2006	2007	2008	2009	2010	2011	2012
Sedena	32 256	39 346	40 141	46 934	52 596	50 110	55 610
SSP	10 369	20 304	22 859	35 034	30 184	35 538	40 538

Fuente: Elaborado con base en datos de la SHCP.

En 2006 la SSP tenía 20 000 elementos y para 2010 García Luna ya tenía 56 053, lo cual quiere decir que su personal creció casi 300%. En ese mismo periodo la Sedena pasó de 191 991 a 207 832 empleados; es decir, no creció ni siquiera 10% pese a que fue el ariete de Felipe Calderón para su guerra contra el narcotráfico. Peso por peso la preferencia del mandatario fue clara a lo largo de todo su sexenio.[2]

[2] "Mucho gasto y resultados inciertos. El costo creciente de nuestra Policía Federal", estudio realizado por Marcelo Bergman Harfin, profesor investigador

120

Además del frente conformado por Calderón y García Luna, el ejército afrontó otro lastre: Guillermo Galván Galván, titular de la Sedena sin temple para pelear en la guerra interna con el gobierno federal.

Mucho se especuló los primeros años del gobierno calderonista que el secretario de la Defensa Nacional estaba enfermo, a lo cual se atribuía su descuido hacia la institución. Galván Galván efectivamente sí estaba enfermo, pero no padecía un mal físico, sino más bien un mal de amores, que estaba provocando un cisma en su vida. La mitad del sexenio, Galván Galván estuvo más ocupado en atender su guerra familiar que la que llevaban a cabo las fuerzas armadas en las calles. A sus 68 años de edad, en 2011 el general fue atacado por una fuerte pasión. Se divorció de su esposa Miroslava Benítez —su compañera de toda la vida, desde que era un simple subteniente hasta que llegó al mayor rango al que puede aspirar un militar en México— y contrajo nupcias con una mujer de treinta y tantos años de edad, Pilar Irene Briones. Quizá este episodio no hubiera pasado de representar una inocente fiebre propia de la edad, de no ser porque su enamorada era hermana de la esposa de su hijo. Así, Galván Galván pasó de ser sólo el padre de su hijo a ser padre y cuñado, con las consecuentes desavenencias familiares.

La señora Miroslava era una mujer muy apreciada en el ejército. Como presidenta del voluntariado de la Sedena, conformado por las esposas de los militares de mayor rango en el ejército, realizó muchas tareas altruistas. El escándalo de su inminente divorcio le ganó a Galván Galván la animadversión de las integrantes del voluntariado. Y aunque en el Ejército Mexicano los hombres son

---

de la División de Estudios Jurídicos del Centro de Investigación y Docencia Económicas (CIDE), y Arturo Arango Durán, economista y consultor independiente en materia de seguridad pública, octubre de 2011.

los que ocupan los principales cargos, en el seno familiar el matriarcado es muy poderoso.

Aún no había transcurrido un día de que la señora Miroslava se saliera de la Quinta Galeana, la residencia destinada al uso del titular de la Sedena en turno, ubicada en la zona militar de Lomas de Sotelo, cuando Pilar Briones se instaló allí. Galván Galván la nombró de inmediato presidenta del voluntariado de la Sedena y provocó una rebelión entre las esposas de los mandos militares; rebelión que ocupó tiempo del general secretario, cuya nueva esposa se empeñaba en aparecer en cuanto evento público podía.

La debilidad de Galván Galván se medía por sus actos. Por lo que no hacía —poner en orden a los mandos y a la tropa castrense— y por lo que dejaba que le hicieran —pisotear al ejército—. En 2011, por primera vez en la historia de México, en el desfile militar del 16 de septiembre, el máximo evento del ejército que año con año refrenda su lealtad al país, le fue escamoteado. Las fuerzas armadas marcharon junto con el ejército negro de García Luna y Calderón. Otro acto permitido por Galván Galván que enardeció a la clase militar. ¿Desde cuándo militares y policías eran la misma cosa?

Para consuelo del titular de la Sedena, en marzo de 2012, gracias a la conexión chilena, el comandante en jefe del ejército de Chile, Juan Miguel Fuente-Alba, le concedió a Galván Galván la condecoración Cruz de la Victoria, no obstante que su gestión ante la Sedena había sido un claro fracaso. Su negligencia en el cargo provocó el crecimiento desmedido de generales de división dentro de la Sedena, que comenzaron a pelear descarnadamente por suceder de Galván Galván.

La detención de Ángeles Dauahare fue parte de esa guerra interna. Y su orquestación inició cuando, furtivamente, la noche del 3 de mayo de 2012 fue sacado de su casa a puntapiés el abogado Gerardo Ortega Maya, yerno del ex secretario de Marina, Ricardo Ruano Angulo, y ex asesor del actual secretario de Marina, Mariano Sáynez. Ortega Maya era un hombre cercano a Ángeles Dauahare.

LA TORTURA

Eran las once de la noche del 3 de mayo de 2012 cuando Ortega Maya escuchó ruidos en su casa, ubicada en cerrada de Asturias, colonia Parques de la Herradura. Al asomarse por la ventana vio que había un operativo de la PGR y del ejército. Preocupado porque en su domicilio se encontraba su esposa Mariana Ruano y su hijo, prefirió bajar y abrir la puerta. Los elementos de la SIEDO y el ejército, sin mostrarle una orden de cateo o de aprehensión expedida por un juez, lo sometieron a golpes, le cubrieron la cabeza con una capucha y se lo llevaron mientras le sembraban dos armas en dos vehículos de su propiedad que le incautaron como supuesta prueba del delito.

Su familia lo buscó desde el día de su desaparición en distintas oficinas de la PGR, pero siempre se les negó que estuviera detenido. Ahora saben que presuntamente fue llevado a las oficinas de la PGR en la calle de López 14, en el Centro Histórico.[3]

Lo ocurrido entre la noche del 3 de mayo y el 5 de mayo, cuando su familia pudo verlo al fin, fue el infierno de su vida. La brutal tortura de la que fue objeto quedó asentada en la queja 44867 interpuesta por su familia el 5 de mayo ante la CNDH.

"Desde el momento en que fue secuestrado de su domicilio, fue desaparecido e incomunicado por dos días por las autoridades que lo tenían retenido", se afirma en la queja. "Durante ese tiempo fue brutalmente lastimado, golpeado, vejado y torturado sin

---

[3] Entrevista de la autora a Balbina Ortega Maya, hermana del abogado.

piedad alguna y al margen de la ley, poniendo en peligro verdadero su estabilidad psicológica y física por parte de los elementos del Ejército Mexicano y la SIEDO." El objetivo era "obligarlo a firmar una confesión previamente arreglada, la cual se negó a firmar".

En el lugar donde se llevó a cabo la tortura, Ortega Maya —que mide más de 1.90 metros de altura— fue amarrado a una mesa de metal. Le cubrieron los ojos y en medio de su terror apenas alcanzó a ver que el piso era de mosaicos blancos. ¿Cuántos que habrán desfilado por la lúgubre sala lo recordarán como remembranza en sus pesadillas?

Desde hacía varios años, gracias a los policías corruptos de la Agencia Federal de Investigación (AFI), la SSP y la SIEDO, la tortura brutal, usada con frecuencia en otras épocas del México negro, volvió para quedarse y ser aplicada por igual a culpables e inocentes.

A Gerardo Ortega Maya le colocaron trapos mojados en la boca y comenzaron a golpearlo en todas partes del cuerpo.

"Ya te llevó la chingada porque esto es orden de Galván Galván para chingar a Dauahare", le habría dicho uno de los torturadores durante el suplicio. "Acepta que estás con *El Chapo* y con otros", le dijeron y lo instruyeron para que declarara contra Tomás Ángeles Dauahare.

El abogado se negó a declarar contra Dauahare, porque no había nada ilícito que declarar. Con un tubo lo obligaron ingerir agua hasta casi asfixiarlo, le navajearon las piernas, dejándole heridas en carne viva, sobre las cuales aplicaron choques eléctricos.

Durante la tortura, Ortega Maya alcanzó a escuchar una comunicación por radio en la que uno de los torturadores pedía instrucciones al teniente coronel de infantería Avigai Vargas Tirado, acerca de qué debían hacer porque el abogado se negaba a declarar. Por radio, Vargas Tirado condujo con crueldad el resto de la tortura.

De acuerdo con la queja, fue tan violenta la tortura a la que fue sometido, que en dos ocasiones se cayó de la mesa hasta que la rompió, lo cual le salvó la vida. La tortura paró hasta que el abogado estuvo al borde de la muerte.

"No seas pendejo, te vas a morir, ni que fuera tu padre", le dijeron para que declarara contra el general. Ése era el nivel de odio y de urgencia para eliminar a Ángeles Dauahare.

Finalmente, el 5 de mayo Ortega Maya fue presentado en las oficinas de la PGR de López 14, en el Centro Histórico, acusado de posesión de armas de uso exclusivo del ejército y de haber recibido la llamada de una mujer identificada con un supuesto narcotraficante que quería contratar sus servicios de abogado, según consta en la averiguación previa PGR/SIEDO/UEIDS/031/2012.

En su primera declaración ministerial ante la PGR, Ortega Maya denunció la tortura que sufrió y la presunta participación en ese hecho de Vargas Tirado, quien resultó ser director de "Áreas Técnicas" de la SIEDO y uno de los hombres de mayor cercanía y confianza de la procuradora Marisela Morales, a la que seguramente no informó que durante el interrogatorio del abogado se le cuestionó una y otra vez si sabía que Morales y Galván Galván tenían o habían tenido una relación sentimental.

El 25 de mayo la CNDH acudió al centro de arraigo para aplicar el protocolo de Estambul a Ortega Maya y comprobar si efectivamente había sido torturado. Le aplicaron casi todas las pruebas, pero la PGR interrumpió la diligencia y ya no permitió que se aplicara el examen psicológico.

Después de más de 50 días de arraigo, por su falta de cooperación, el 29 de junio de 2012 Ortega Maya fue trasladado al penal federal en Matamoros, Tamaulipas, donde aún se encuentra por el cargo de posesión de armas de uso exclusivo del ejército y presuntos vínculos con el cártel de Sinaloa.

La familia de Ortega Maya afirma que la única razón por la que fue detenido y torturado fue para que declarara en contra de Ángeles Dauahare. Pese al infierno que vivió, no lo hizo.

Soy inocente

"Lo traicionaron los suyos", dijo desesperada Leticia Zepeda, esposa de Ángeles Dauahare, el 16 de mayo de 2012, luego de cinco horas de esperar en la PGR para poder verlo unos minutos junto con dos de sus tres hijas: Ana Luisa y Adriana.[4] "El ejército traicionó a mi marido. Galván Galván tiene muchos años de conocerlo, él lo conoció como compañero, sabe que es inocente", afirmó.

Adriana, la hija del general, desde un principio denunció que se trataba de un asunto político, no judicial: "Creemos que esto tiene tintes políticos, que hay personas a las que les estorba; se ponen nerviosas, les pesa mucho mi papá. Eso nos queda clarísimo.

Mi papá es muy honesto, muy transparente. Siempre se encargó de defender la honorabilidad de la institución, su nombre. Siempre fue muy encaminado a combatir la corrupción y la denunció a los más altos niveles, y a mucha gente le incomodó."

Tomás Ángeles Dauahare concluyó su cargo como subsecretario de la Defensa en marzo de 2008, de manera abrupta y distanciado de Galván Galván, quien siempre miró con recelo la buena relación que tenía su subordinado con Juan Camilo Mouriño, jefe de la Oficina de la Presidencia, y con Felipe Calderón.

Ángeles Dauahare había estado en la terna de generales con grandes posibilidades de ser titular de la Sedena en el sexenio calderonista. El responsable de armar la triada de candidatos fue Mouriño, quien se reunió muchas veces con él, como lo hizo el presidente. De hecho, hay quienes afirman que el general fue informado de manera formal que él iba a ser el próximo titular de la Sedena, pero el 30 de noviembre de 2006, antes de tomar posesión del cargo por la puerta trasera del Congreso, Calderón cambió de opinión y nombró a Galván Galván como secretario y a Ángeles Dauahare como subsecretario, siempre con esta actitud casi enfer-

---

[4] Entrevista de la autora, publicada en *Reforma*, 17 de mayo de 2012.

miza de provocar rivalidades dentro de su propio equipo, como si se tratara de sus gallos de pelea.

Ángeles Dauahare es un hombre curtido por la experiencia. De pocas palabras, pero muy abierto si alguien le hacía la pregunta indicada. Semanas antes de su abrupta salida, sostuvo una reunión con Calderón en Los Pinos. A pregunta expresa del presidente, el general habló con franqueza de los generales sobre los que había claras sospechas de que estaban involucrados en el narcotráfico, y de los señalamientos que se acumulaban en torno del secretario de Seguridad Pública federal, Genaro García Luna, y de sus más allegados en el mismo sentido.

Calderón le había tomado confianza al general, quien solía coincidir en cenas y reuniones con los padres de la primera dama Margarita Zavala, Diego Zavala Pérez y doña Mercedes Gómez del Campo, con quienes el militar cultivó una buena relación. Por edad, a Ángeles Dauahare le correspondía que lo relevaran como subsecretario de la Defensa desde noviembre de 2007, cuando cumplió 65 años, término reglamentario para el retiro. Pero Calderón no lo removió y en la Sedena había quienes pensaban que podía sustituir a Galván Galván o a García Luna.

Durante la delicada conversación con el general, Calderón pidió la presencia de Mouriño, quien asentía con la cabeza a los señalamientos del militar. El presidente le pidió a éste que se retirara y se quedó conversando con Ángeles Dauahare media hora más, de pie en la puerta de su oficina. El general no volvería a ver a Calderón, ni siquiera para despedirse, luego de que abruptamente fue removido de su cargo en marzo de 2008. Semanas después, la única noticia que tuvo del presidente fue un diploma de reconocimiento por 47 años de servicio en las fuerzas armadas.

"Mi papá salió del ejército de una manera indebida. Cumplió su edad de jubilación, lo dejaron más tiempo; pero al final de cuentas, como dice mi mamá, lo sacaron por la puerta de atrás. De una manera indigna, no acorde a su rango ni a su trayectoria", afirmó Adriana Ángeles en la entrevista que realicé el día posterior a la detención de su padre.

"A mi marido lo aventaron a la jaula de los leones y no le dieron armas para defenderse", se quejó su esposa Leticia al recordar la forma en que salió de la Sedena. Exigió que se investigara a su marido y a toda su familia desde el día que entró al Colegio Militar hasta el 15 de mayo de 2012, cuando fue detenido.

En la entrevista, Adriana Ángeles, hija del general, explicó así su postura:

> Nosotros queremos dejar bien claro lo siguiente: no solamente es una obligación que nosotros debamos permitir que se nos investigue; también es un derecho que lo hagan, y que se esclarezca la verdad. Exigimos que investiguen a mi padre, que nos investiguen a nosotros, a la gente cercana a nosotros. No hay absolutamente nada que esconder.
>
> El gobierno y el Estado tienen la obligación de agotar todas las instancias y la sociedad tiene derecho a saber la verdad. Nosotros tenemos la obligación de rendir cuentas si es necesario, pero también exigimos que se nos revisen absolutamente todas las cuentas, las propiedades, nuestro nivel de vida, y que se diga la verdad. Una persona que está vinculada al crimen organizado no vive como vivimos nosotros. El dinero jamás se puede ocultar.

"¿Cabe la posibilidad de que su padre pudiera haber llevado una doble vida?", le pregunté. Respondió: "Es imposible, él es un hombre demasiado familiar. Mi papá siempre ha sido transparente; siempre hemos sabido lo que hace, dónde y con quién. Se dedicó toda su vida a su trabajo".

En defensa de su familia, la señora Leticia enlistó sus propiedades: un departamento de interés social en la Torre de Generales, en la Unidad del ISSFAM, en Tlalpan; una casa de clase media en la calle Neptuno número 4, en la colonia Delicias, en Cuernavaca, Morelos. Y otra casa en Cuernavaca que ella heredó de su madre.

El pecado de Ángeles Dauahare, al igual que el de Mario Arturo Acosta Chaparro, era su "peligrosa" cercanía con Enrique Peña Nieto. Ya se había reunido con él en algunas ocasiones. Pero más que a éste era cercano a Pedro Joaquín Coldwell, el líder nacional del PRI. Precisamente semanas antes de su detención acudió a la boda de una hija de Codwell en la que Peña Nieto lo saludó con mucha familiaridad. Confiaba en él y en la información que le proporcionaba.

También unas semanas antes de su aprehensión, Ángeles Dauahare apareció en un evento de la campaña del candidato del PRI a la presidencia organizado por la Fundación Colosio en San Luis Potosí, donde criticó la llamada "guerra contra el narcotráfico" de Calderón. La calificó como una estrategia sin diagnóstico, sin estrategia y sin rumbo. Afirmó que no contenía una táctica de seguridad nacional y reconoció los excesos y los abusos del ejército.

"Mi papá no tiene enemigos, es un hombre de paz. Hay gente que no lo quiere, que le tiene mucho miedo. Miedo por su honorabilidad, por su rectitud. Hay gente a la que el honor y la rectitud les estorba mucho", dijo su hija Adriana.

Antes de despedirse de su familia en las galeras de la PGR, el general dio una última instrucción: "Con la frente en alto, no se van a agachar ante nadie", les dijo.

"Y no nos vamos a agachar", afirmó su esposa, llorando.

Un día después la SIEDO solicitó a un juez federal el arraigo de Ángeles Dauahare. Ese mismo día, 17 de mayo, fue detenido el general Ricardo Escorcia, quien fuera jefe de la vigesimocuarta zona militar con sede en Morelos, quien si cooperaba como se esperaba, hundiría con mentiras al ex subsecretario de la Defensa.

El domingo 20 de mayo el general Ángeles Dauahare me concedió la primera entrevista desde que fue arraigado. Se encontraba en el Centro Federal de Investigaciones de la PGR que se ubica en la colonia Doctores de la Ciudad de México. En cuanto ingresó fue obligado a vestir con camiseta amarilla, pants y alpargatas azules. Ningún juez le había dictado el auto de formal prisión pero Ángeles Dauahare ya había sido marcado como si fuera un criminal. El color amarillo en el centro de arraigo es el que la PGR impone a los acusados de delitos contra la salud.

"Soy totalmente inocente", clamó el militar, que por formación y disciplina estaba más acostumbrado a guardar silencio que a romperlo. La circunstancia por la que atravesaba lo hizo salir públicamente para defender el principal patrimonio que tiene un militar en cualquier rincón del mundo: el honor y la libertad.

Aseguró que pese a su circunstancia se encontraba con buen estado de ánimo, "con la seguridad de que el que nada debe nada teme". Señaló que el Ejército Mexicano fue y es su pasión y que ha mantenido el honor de la institución y de la larga estirpe de militares a la que pertenece. Su tío abuelo, Felipe Ángeles, peleó con Francisco Villa y es considerado un héroe de la Revolución. "Mucho le debo al ejército, y mucho le debo también al Estado mexicano…"

Ángeles Dauahare aseguró que durante sus dos estancias en la agregaduría militar de la embajada de México en Estados Unidos, su relación con el ejército norteamericano y con las agencias de inteligencia de ese país siempre fue respetuosa. Enfatizó que nunca hubo dudas sobre su persona por parte del gobierno de Estados Unidos.

Cuando se le preguntó por su seguridad dentro del centro de arraigo, el general comentó que se sentía seguro porque en ese lugar hay mucha vigilancia, aunque él no cuenta con seguridad especial pese al rango de servidor público que ocupó en la Sedena. Dijo que lo tenían aparte del resto de la población del centro de arraigo, aunque se supo que compartió un dormitorio con el general Roberto Dawe.

130

Días después el presidente Felipe Calderón, desde Barbados, por primera vez, después de seis días de ocurridas las detenciones, se refirió al tema de los militares consignados por presuntos nexos con el crimen organizado:

Lamento y condeno el hecho de que algunos miembros de las fuerzas armadas, según las evidencias encontradas tanto por la PGR como por la Procuraduría Militar, hayan incurrido en actos ilícitos. Y lo único que queda claro aquí es que mi gobierno no tolerará actos contrarios a la ley, vengan de donde vengan.

El hecho de que sea el Ejército Mexicano el que haya impulsado tanto las investigaciones en apoyo a la PGR para fincar responsabilidades contra los miembros que incurrieron en actos ilícitos es una prueba de la solidez, el patriotismo y la lealtad del ejército.

Fuentes del gobierno estadounidense señalaron extraoficialmente que había gran sorpresa y descontrol porque no sabían que iban a ocurrir las aprehensiones de los militares, ya que no fueron sus agentes quienes las instigaron. Antes de la detención del general Ángeles Dauahare, las autoridades de aquel país hacía no mucho se habían reunido con él.

Esa primera entrevista que me concedió, transcurrió así:

—El 15 de mayo fue detenido con una orden de presentación. Lo acusan de haber colaborado con el cártel de los hermanos Beltrán Leyva. ¿Es inocente de estos cargos?

—Inocente —responde con voz serena, sin enojo ni aspavientos.

—¿Totalmente?

—Totalmente.

—Para usted, ¿qué han significado los más de 40 años de servicio en el Ejército Mexicano?

—Amar a México, servir a mi país y mantener el honor de la institución.

—¿Qué significa ser militar en México?

—Requiere muchos sacrificios, pero es muy bonito; se recompensa con muchas satisfacciones. Fue mi pasión, ha sido mi pasión todavía. Eso significa que le debo mucho al ejército, y mucho le debo también al Estado mexicano… Me dio mucho.

—Usted proviene de una larga estirpe de militares, general. ¿Se siente usted orgulloso de eso? ¿Ha hecho honor a esa estirpe?

—Por supuesto que sí, por supuesto.

—Para usted ¿qué significa México?

—Pues es el lugar donde nací, el lugar donde he vivido, el lugar que me ha dado mucho, el lugar que le ha dado mucho a mi esposa, a mis hijas, a mis nietos. Para mí este país es todo.

—De su carrera militar en todos estos cargos tan importantes que ha ocupado en México y el extranjero, ¿hay algún episodio que recuerde con más satisfacción?

—Son muchas las satisfacciones. Ser jefe de batallón, ser secretario particular de un secretario de la Defensa muy puntual [Enrique Cervantes Aguirre], ser director del Colegio Militar, ser agregado de México en Estados Unidos; en fin, son muchas las satisfacciones.

—¿Cómo fue su estancia en Estados Unidos, general? Usted estuvo en ese país en dos momentos de su carrera; primero como agregado alterno y luego como agregado titular militar en la embajada de México en Estados Unidos. ¿Cómo fue y cómo siguió siendo su relación con el gobierno de Estados Unidos, con las agencias de inteligencia?

—Fue buena la relación con el gobierno de ese país. En la parte de la defensa y en las demás fue una buena relación.

—¿Fue respetuosa?

—Sí, de respeto, de mucho respeto.

—¿Usted sintió en algún momento que de ese gobierno, de Estados Unidos, hubiera dudas sobre su persona?

—Nada, nada —responde y señala que le informan que está por acabarse el tiempo de la llamada telefónica.

—General, ¿tiene enemigos?

—La verdad no sé, no los he procurado; más bien he procurado no hacerle daño a nadie. No sé; la verdad no sé si tengo enemigos.

—¿Es inocente, general Tomás Ángeles Dauahare?

—Totalmente inocente de lo que se me acusa, total y absolutamente —dice sereno pero firme.

—¿Espera poder conseguir su libertad, general?

—Eso espero; espero que éste sea un juicio transparente y que se investigue a fondo. Sé que es un juicio transparente; eso es lo que deseo.

—¿Le han dado muestras de apoyo sus compañeros militares?

—En realidad hay muchas muestras de apoyo de mucha gente.

—¿Se encuentra bien de salud?

—Bien, absolutamente bien.

—¿Y de estado de ánimo?

—Bien, con la seguridad de que el que nada debe, nada teme.

—¿Ya pudo reunirse con sus abogados?

—Todavía no; espero hacerlo pronto.

—¿Cuenta con alguna seguridad especial?

—No, con ninguna; hay mucha seguridad aquí.

—General, ¿teme por su vida?

—No.

Conforme pasaron los días el tono y la actitud del general fueron cambiando. Su optimismo natural se transformó a medida que fue comprendiendo la cruda realidad. Tenía al Estado en contra. Pese a clamar su inocencia y luchar contra el Estado, la venganza del ejército y un presidente temeroso de quienes pudieran declarar en su contra en un proceso judicial era una batalla desigual. Tras las rejas del centro de arraigo comenzó a temer por su vida, una confidencia que haría a muy pocos y que jamás reconocería públicamente para no preocupar más a su familia. El general entendió que lo querían preso o muerto, como a Mario Arturo Acosta Chaparro. Estaba en un callejón sin salida.

En la SIEDO, personal directamente relacionado con la averiguación previa de Ángeles Dauahare reveló que su caso era una consigna directa de la procuradora Marisela Morales, una mujer próxima al ejército, a quien se le atribuyen diferentes romances con militares, específicamente con el general Rafael Macedo de la Concha, cuando éste fue titular de la PGR durante el sexenio de Fox, administración en la cual Morales obtuvo un gran ascenso en su carrera dentro de la institución. Las órdenes de la procuradora eran no dejar en libertad a Ángeles Dauahare bajo ninguna circunstancia.

Además de la presunta tortura ejercida contra el abogado Gerardo Ortega Maya, la PGR ya había presionado a otro testigo clave para que declarara cosas falsas no sólo contra Ángeles Dauahare, sino contra otros cinco generales: Iván Reyna.

EL AHIJADO INCÓMODO

El 2 de mayo de 2012, el mayor Iván Reyna, recluido en el Centro de Reinserción Social de San Juan del Río, Querétaro, acusado de extorsión, fue sacado de su celda para ser interrogado por el ministerio público José Francisco Rubio Salgado, responsable de integrar la averiguación previa contra Ángeles Dauahare y Escorcia.

A sus 42 años, el mayor Reyna, diplomado en el Estado Mayor, ha tenido una carrera fulgurante en el Ejército Mexicano. El 1° de septiembre de 2012 cumplió 21 años en sus filas. Fue medallista de oro en pentatlón en los Juegos Panamericanos de 1991 y de 1993 representando a México. Trabajó durante cuatro años en el Centro de Inteligencia Antinarcóticos (Cian) y participó en diversas detenciones de narcotraficantes del cártel del Golfo, como Gilberto García Mena, *El June*, y Baldomero Medina, *El Señor de los Trailers*. Ahora es acusado de extorsión y de trabajar para el cártel de los hermanos Beltrán Leyva en la misma causa penal en la que aparece el general Ángeles Dauahare y Escorcia.

En la averiguación previa PGR/SIEDO/UEIDCS/112/2010, el mayor es acusado por los testigos protegidos de la SIEDO *Jennifer* y *Mateo* de haber trabajado para el cártel de los hermanos Beltrán Leyva y de haber recibido miles de dólares en sobornos, los cuales, según los ex integrantes del cártel, eran para el general Ángeles Dauahare y Ricardo Escorcia.

En su declaración, rendida ante la PGR el 11 de noviembre de 2010, *Jennifer* señaló que conoció a Reyna en noviembre de 2007, en una casa de seguridad de Édgar Valdez Villarreal, *La Barbie*, ubicada en Bosques de Cacao, en la zona residencial Bosques de las Lomas de la Ciudad de México. Según el abogado de *La Barbie*, en la casa también se encontraba Gerardo Álvarez Vázquez, *El Indio*, uno de los operadores estratégicos más importantes de Arturo Beltrán Leyva, cuya mujer era la ex Miss Universo venezolana, Alicia Machado, con quien procreó una hija.[5]

En ese encuentro, asegura *Jennifer*, *La Barbie* le dijo que el mayor Reyna era "la persona encargada de la relación que se sostenía con el general Dauahare" y que éste "era uno de los generales que cooperaba para el cártel de los Beltrán Leyva" y a quien supuestamente le pagaban 500 mil dólares mensuales por medio de Reyna, que "estaba destacamentado en ese entonces en la ciudad de Cuernavaca". Según el testimonio de *Jennifer*, a cambio de ese

[5] Declaración de *Jennifer* rendida el 11 de noviembre de 2010 en la PGR, de la cual la autora tiene copia.

trato Reyna daba información "clasificada" de la Sedena sobre operativos en contra de los Beltrán Leyva.

Jennifer también declaró que en diciembre de 2007, por órdenes de *La Barbie*, citó a las diez de la noche al general Ricardo Escorcia en lo que entonces se conocía como el Toreo de Cuatro Caminos, en los límites del Distrito Federal y el Estado de México, para entregarle 500 mil dólares. Quien descendió del Tsuru blanco en el que iba el general fue el mayor Iván Reyna, a quien supuestamente entregó los 500 mil dólares empacados en dos bolsas de Sam's Club.

"Se los entregué y le dije que le dijera al general Dauahare que *La Barbie* le enviaba saludos, por lo que el mayor me indicó que en unos días él se comunicaría para entregarnos información que sería de importancia para el cártel de los Beltrán [Leyva], por lo que yo le dije que esperaría la llamada", contó *Jennifer*.

En otra ocasión *Jennifer* afirmó que a finales de enero de 2008, después de la detención de Alfredo Beltrán, *El Mochomo*, por una traición de su primo y socio Joaquín Guzmán Loera, *El Chapo*, Arturo Beltrán convocó a un cónclave de narcos en la ciudad de Taxco, Guerrero, para planear su venganza.[6]

Mientras caminaba por el campo de golf ubicado frente al hotel Monte Taxco, *La Barbie* le pidió a *Jennifer* que le marcara al supuesto general Dauahare, por lo que llamó al mayor Reyna, con quien siempre triangulaban la comunicación. De acuerdo con el testimonio de *Jennifer*, Valdez Villarreal pudo comunicarse con Dauahare, con quien habló "entre una hora y una hora y media", tiempo en el que el general le habría dado información sobre el paradero del *Chapo* Guzmán.

En diciembre de 2010 la PGR formuló a su testigo estrella, *Jennifer*, una pregunta clave en el caso contra los generales: "Que diga

---

[6] *Idem.*

el testigo cuántas ocasiones se reunió de manera directa con el general Dauahare". "No me reuní directamente con el general Dauahare", respondió.

El 1° de agosto de 2012 el juez tercero de distrito en procesos penales interrogó a *La Barbie* y al *Indio* sobre su relación con el general Tomás Ángeles Dauahare, a quien dijeron no conocer. Si no era él con quien el cártel de los Beltrán Leyva tenía relación, entonces ¿con quiénes la tenían?

Entrevisté vía telefónica al mayor Reyna en junio de 2012, después de la detención de Ángeles Dauahare. Reyna se encontraba recluido en el Cereso de San Juan del Río, acusado de extorsión. "Un soldado comenzó a hacer cobros a los ranchitos [en Querétaro] en mi nombre; pedía de cinco mil a diez mil pesos. Pero penalmente eso ya se está aclarando", dijo en su defensa.

Reyna fue detenido en noviembre de 2011. Estaba adscrito al Cuarto Regimiento Blindado de Reconocimiento, en Querétaro. Al principio estuvo recluido en la cárcel militar del Campo Número 1, pero desde el 29 de febrero de 2012 fue encarcelado en el Cereso de Querétaro para ser juzgado por la justicia civil. Durante todo el tiempo que estuvo en prisión nunca lo buscaron para interrogarlo ni le informaron de las acusaciones de crimen organizado que obraban en su contra en la averiguación previa PGR/SIEDO/UEIDCS/112/2010, hasta el 2 de mayo de este año, cuando la PGR inició la cacería de generales.

Ese día, en ausencia de su abogado Gabriel Baeza, el mayor fue interrogado por Rubio Salgado durante más de nueve horas, durante las que pasó de testigo a indiciado. Reyna aseguró que nunca le mostraron la averiguación previa abierta en su contra ni los testimonios ministeriales correspondientes.

"Ya te cargó la chingada. Ya te tenemos bien empapelado; más vale que comiences a hablar si quieres librar tres años de prisión; así será si me dices todo lo que sabes de estos generales: Moisés

Augusto García Ochoa, [Cuauhtémoc] Antúnez Pérez, [Juan Manuel] Rico Gámez, [Luis Rodríguez] Bucio, [Roberto] Aguilera, [Ángeles] Dauahare y Escorcia", le dijo Rubio Salgado al mayor Reyna. "Tú no nos importas; queremos a los peces gordos." Y los de la lista lo eran.

En mayo de 2012 Cuauhtémoc Antúnez Pérez era jefe de la séptima zona militar en Tuxtla Gutiérrez, Chiapas; Juan Manuel Rico Gámez, en esa misma fecha era comandante de la trigésima quinta zona militar con sede en Chilpancingo, Guerrero.

La PGR también investigaba a Roberto Aguilera, general de división retirado, que fue titular del Cian en el sexenio de Vicente Fox; a Luis Rodríguez Bucio, jefe del Cian a principios del sexenio de Felipe Calderón, que era comandante de la guarnición militar número 64 de Cancún, Quintana Roo, y al general Moisés García Ochoa, uno de los candidatos más fuertes para suceder a Guillermo Galván Galván en la Sedena, y quien ocupa el cargo de director general de administración de la institución.

El mayor confiesa que se sorprendió cuando le leyeron la lista de los generales contra quienes forzosamente debía declarar. Durante su carrera había estado bajo las órdenes de cuatro de los mencionados por el funcionario de la SIEDO: García Ochoa, Rico Gámez, Aguilera y Escorcia.

"Me ofrecieron que si hablaba, si yo declaraba contra las personas de la lista que me leyeron, me iban a conseguir protección en Estados Unidos para mí y mi familia. Que inclusive ellos [la SIEDO] eran muy poderosos y me podían ayudar con mi caso de aquí. Que nada más iba a estar cinco años en la cárcel", explicó el mayor Reyna. "¿Y usted qué les dijo?", le pregunté. "Que por supuesto que no, que por ningún motivo. Casi casi me estaban pidiendo que yo inventara las cosas, y no, de ninguna manera; cómo me iba a parar a darle la cara a un general y a decirle que hizo cosas si no las hizo", respondió. "Los militares van a seguir

138

cayendo, no son las blancas palomas que la gente piensa y van a seguir cayendo", le habría anunciado Rubio Salgado.

De la lista de generales sólo Escorcia y Aguilera tenían antecedentes relacionados con el crimen organizado dentro del ejército.

En diciembre de 2007 el general Ricardo Escorcia fue removido súbitamente de su cargo como comandante de la vigésimo cuarta zona militar luego del aterrizaje de un avión King Air cargado de cocaína en el aeropuerto de Tetlama, Morelos, que contó con la protección de elementos de esa zona militar, operación que fue descubierta por la DEA.

En 2008, de manera inesperada el general Roberto Aguilera, entonces agregado militar de la embajada de México en Argentina, fue removido de su puesto y enviado a retiro antes de tiempo. Durante el sexenio de Vicente Fox, Aguilera fue uno de los hombres de mayor confianza del secretario de la Defensa, Gerardo Clemente Vega García.

De acuerdo con información confirmada, Aguilera fue separado de su cargo porque en la Sedena hubo indicios de que, cuando fue titular del Cian, filtró información a algunos cárteles de la droga.

Fuentes de información vinculadas con la Sedena presumen que la estrategia de la PGR ha sido mezclar nombres de generales que han tenido presunta responsabilidad en algunos hechos ilícitos, con nombres de militares de trayectoria limpia, para hacer creer que todos son iguales, lo cual podría acarrear un mayor debilitamiento de la institución, y hacer que los culpables, para negociar menores penas, declaren contra los inocentes. Un juego perverso.

En una queja presentada ante la CNDH, Reyna declaró:

En virtud de que negué los hechos, aun cuando fui asignado por un periodo aproximado de siete meses a la vigésimo cuarta zona militar en 2007, pero desconociendo los hechos que me imputaban al

139

no haberlos visto o vivido, pasaron a realizar amenazas en el sentido de que si no decía lo que ellos querían saber, sería trasladado de inmediato a un penal de máxima seguridad federal, donde no vería a mi familia y me tendrían encerrado en una celda de observación y castigo, manifestando que elaborarían pruebas para que pareciera culpable de inmediato, con testigos protegidos que fácilmente me señalarían.

Derivado de la insistencia en que presentara mi declaración para poner hechos falsos en mis palabras, a lo cual rotundamente me negué, manifestaron que llamarían al defensor de oficio federal de la sede de la Procuraduría General de la República en San Juan del Río, Querétaro, aun cuando claramente desde un primer momento les manifesté que quería ser representado por mi actual abogado, lo que me fue negado en todo momento, llegando al extremo en que iniciaron la toma de mi declaración como indiciado argumentando que el defensor se encontraba afuera sólo para dar formalidad al acto, pero que ellos mandaban en el lugar y me podían hacer lo que quisieran aun dentro del centro de reinserción, ya que los custodios eran sus gatos, que ellos eran de la SIEDO y que podían hacer todo, incluso chingar a mi esposa y a mis hijos, manifestando que ya habían realizado un cateo en el domicilio de mis familiares del cual no tengo conocimiento. [7]

En la única entrevista que ha concedido, Reyna reveló que a raíz de las presiones en su contra: "Fue cuando me acordé del único incidente que conozco del general Escorcia, cuando me mandó por unos papeles del general Dauahare".[8]

El mayor Reyna afirma que trabajó tres años y medio como jefe de operaciones del tercer regimiento blindado de la vigésimo cuarta zona militar. El 1° de enero de 2007 causó alta como sub-

[7] La autora tiene copia de esta queja.
[8] Entrevista con la autora, vía telefónica, 18 de junio de 2012.

jefe de Estado Mayor cuando el general Escorcia fue designado comandante de la zona militar. Asevera que el general era déspota y que él siempre fue un cero a la izquierda en la zona militar.

Pese a esa situación, a mediados de 2007 Escorcia le asignó una comisión: "Ve al restaurante California que está por ahí por Liverpool (sobre la autopista Cuernavaca-México). Vas a ver a unas personas; ellos te van a hablar, te van a entregar unos papeles de mi general Dauahare. A las cinco, por favor", le dijo el general.

Reyna afirma que obedeció la orden y tomó un taxi que lo llevó al lugar indicado. Iba uniformado. Cuando llegó, vio varias camionetas grandes con muchas personas apeadas. Al llegar, recuerda, un hombre con un pantalón de vestir y con camisa rosa fosforescente se le acercó.

—¡Ay! A ti te mando el general, ¿verdad? —le dijo, mirándolo con incomodidad, como si apestara.

—El general dijo que usted me va a dar unos papeles —contestó parco el mayor mientras que el hombre que lo miraba con mala cara realizó un intercambio de señales con un sujeto que se encontraba al otro extremo del restaurante. Todo indica que se trataba del temido Sergio Villarreal, *El Grande*, un mastodonte difícil de olvidar.

—¡N'ombre!, ¿por qué vienes uniformado? No, esto que tengo aquí no te lo puedes llevar si estás uniformado porque llamas la atención. Así que por favor regrésate y vente de civil —le dijo el hombre de la camisa rosa luego de que *El Grande* hizo la seña de que no podía entregarle la bolsa de plástico y otra bolsa de Liverpool.

Reyna se dio la vuelta y regresó a la zona militar. Le informó a Escorcia que no le habían querido entregar nada porque iba uniformado.

—General, estos policías se parecen cada vez más a los narcos —dijo el mayor a su superior en tono sarcástico, lo cual lo puso de mal humor.

—No, ¿pero por qué fuiste uniformado? ¡Cómo eres pendejo! —le reclamó Escorcia.

—Pues usted me mandó, general. Si usted me manda de comisión yo tengo que ir uniformado; no me dijo que tenía que ir de civil.

—Guárdate tus comentarios. Vete a chingar a tu madre, a trabajar, que ahorita mando a otra persona —le respondió Escorcia.

Días después Escorcia pidió el cambio de Reyna a otra adscripción. El 15 de agosto de 2007 el mayor y su familia dejaron la vigésimo cuarta zona militar y fue enviado a la Segunda Brigada Blindada con sede en Querétaro. Y después al Cuarto Regimiento Blindado de Reconocimiento, en ese mismo estado, donde fue detenido por un presunto caso de extorsión.

Después de que Reyna narró a la SIEDO el único incidente que recordaba de Escorcia, Rubio Salgado lo presionó, asegura el mayor, para que falseara su declaración.

—¿Era dinero lo que había en las bolsas? —preguntó Rubio Salgado con avidez.

—No lo sé —respondió Reyna, quien afirmó que nunca vio el contenido de lo que iban a entregarle.

—Pero sí era dinero, ¿no? —insistió el ministerio público—. ¿Le ponemos que era dinero?

—Ponga lo que quiera —replicó Reyna.

Esto último lo dijo por hartazgo y pensó que luego sería fácil explicar ante un juez que no lo había dicho él; a pesar de que hubiera firmado la declaración. Aunque para Reyna ese hecho fue irrelevante, para Ángeles y Escorcia significó la diferencia entre estar libres o presos.

Hubo una segunda visita al mayor el 18 de mayo de 2012 para que ratificara su declaración. Lo interrogó personalmente el titular de la Unidad de Investigación de Delitos contra la Salud de la PGR, Gerardo Salazar Bolaños, un hombre flaco, canoso y moreno que enseguida mostró sus artes presionando a Reyna para que se declarara culpable de inmediato.

La visita casi terminó en violencia física.

"Si reconoces que eras miembro de la delincuencia organizada y declaras contra los generales te consignamos mal para que te liberen", le propuso Salazar Bolaños. Reyna estuvo a punto de írsele a los golpes. El mayor volvió a declarar que era dinero lo que había en las bolsas, "obligado por las amenazas".

¿Felipe Calderón ignoraba la manera en que se estaba armando el caso en contra del subsecretario de la Defensa que él mismo nombró? Era imposible.

Ese mismo día, 18 de mayo de 2012, Escorcia, quizá temeroso de los incómodos saldos de su tránsito por la vigésimo cuarta zona militar, en Morelos, declaró a la SIEDO que fue el general Ángeles Dauahare, y no él, quien pidió que fueran a recoger unos papeles.

"Envié a Reyna por unos sobres amarillos que contenían unas escrituras. Una hora después regresó sin dichas escrituras, que no le habían entregado porque traía el uniforme. Le ordené que se cambiara [...]. Iván sí recogió los sobres y los llevó", declaró Escorcia, aunque luego, ante un juez, dijo que la declaración era falsa y que la PGR lo había obligado a firmarla.

Afirmó que entre abril y mayo de 2007 le llamó la atención al mayor Reyna y pidió su cambio, "porque maltrataba a su mujer", cosa que Magali, la esposa del mayor, niega.

Desde sus primeras declaraciones en 2010 *El Grande* identificó claramente a Reyna Muñoz como pieza clave de los presuntos sobornos al ejército, pero la PGR nunca hizo nada por investigarlo ni por detenerlo. No era fortuito.

El mayor Iván Reyna Muñoz había tenido una veloz carrera en el Ejército Mexicano gracias a que contaba con la ayuda incondicional de un padrino muy poderoso: el general Carlos Demetrio

Gaytán Ochoa, el último subsecretario de la Defensa Nacional del sexenio de Felipe Calderón y candidato de Galván Galván para ser el próximo titular de la Sedena.

Reyna Muñoz llegó a Morelos a mediados de 2004 a ocupar el puesto de jefe de operaciones del Tercer Regimiento Blindado de la vigésimo cuarta zona militar, donde estuvo tres años y medio. El 1° de enero de 2007 fue nombrado subjefe de Estado Mayor en la misma zona militar, aunque le faltaba rango militar para hacerlo. Todo eso ocurrió gracias a la influencia de Gaytán Ochoa, quien desde el 1° de diciembre de 2006 fue nombrado jefe de Estado Mayor de la Sedena, el puesto operativo más importante del ejército desde donde se planean las acciones contra el narcotráfico y se decide la ubicación de los retenes, a qué hora sí y a qué hora no se instalan en todo el país.

Gaytán Ochoa ocupó ese puesto durante los primeros cuatro años del sexenio calderonista, hasta el 16 de septiembre de 2010, cuando fue nombrado subsecretario de la Defensa Nacional. Él es el único de los aspirantes a ser titular de la Sedena que ha sido funcionario de la PGR. Fue nada más y nada menos que el coordinador de la Fiscalía Especializada para la Atención de Delitos contra la Salud en el sexenio de Vicente Fox. Inmediatamente después de tener ese alto cargo fue nombrado jefe de la décimo tercera zona militar con sede en Tepic, Nayarit, uno de los estados con más presencia del narcotráfico, particularmente, del cártel de Sinaloa, que en aquellos años estaba asociado con los hermanos Beltrán Leyva.

Mientras Escorcia fue jefe de la vigésimo cuarta zona militar, Arturo Beltrán Leyva operó a sus anchas en Morelos, gracias a la complicidad no sólo de militares sino también de policías federales, de la PGR y de autoridades estatales. *El Barbas* ocupó una lujosa residencia en el exclusivo fraccionamiento Sumiya, donde se ubica el hotel Camino Real Sumiya, propiedad de Olegario Vázquez

Inestable. Calderón fue acusado en su propio partido de soberbio y voluntarioso. Destruyó al PAN con tal de adueñarse de sus ruinas.

Calderón saboteó hasta el final la campaña presidencial de Josefina Vázquez Mota y le exigió que anunciara en su cierre de campaña que de ganar las elecciones lo nombraría procurador general. Ahora quiere que su esposa Margarita Zavala sea candidata a la presidencia en 2018… si su matrimonio sobrevive.

Manuel Bribiesca Sahagún y su esposa, Ivonne Vázquez Mellado, alias *La Zorrita*. En México son impunes pero en Estados Unidos son acusados por el FBI de fraude. Manuel ya se declaró culpable el 14 de septiembre de 2012.

Fox impulsó a Marta para la candidatura presidencial en 2012. Ante su fracaso se alió al PRI, con el que siempre se mantuvo cercano. De izquierda a derecha: Eugenio Hernández Flores (ex gobernador de Tamaulipas), Mario Marín (ex gobernador de Puebla), Silverio Cavazos (ex gobernador de Colima ejecutado en 2010), Melquíades Morales (ex gobernador de Puebla), Ney González (ex gobernador de Nayarit), Natividad González Parás (ex gobernador de Nuevo León), Eduardo Bours (ex gobernador de Sonora), Enrique Peña Nieto, Lázaro Cárdenas Batel (ex gobernador de Michoacán), y al extremo derecho, Jesús Marcelo de los Santos (ex gobernador de San Luis Potosí).

El General X: Mario Arturo Acosta Chaparro fue el mensajero del gobierno de Calderón con narcotraficantes en 2008. Mientras en público el presidente afirmaba que combatía a los criminales, en privado Juan Camilo Mouriño enviaba al general para tender puentes con ellos. El general fue asesinado el 20 de abril de 2012... silenciado para siempre.

Ejército desprestigiado. A lo largo de seis años, Calderón desgastó al Ejército Mexicano. Su salida de los cuarteles en la llamada "guerra contra el narcotráfico" le ganó el desprestigio, aunado a los escándalos de corrupción en sus filas. El titular de la Sedena, Guillermo Galván, nunca tuvo la fortaleza necesaria para salvaguardar al ejército de los caprichos presidenciales, y usó a la procuradora Marisela Morales en sus *vendettas* personales.

Inocente. El ex subsecretario de la Defensa Nacional, Tomás Ángeles Daua-hare, fue detenido el 15 de mayo de 2012, acusado de supuestos vínculos con el narcotráfico. Antes de ser removido de su cargo en 2008, reveló a Felipe Calderón la presunta complicidad de miembros del gobierno federal con el crimen organizado. Su detención se dio en medio de una guerra interna en la Sedena por la sucesión.

Pieza clave. El mayor Iván Reyna es ahijado del subsecretario Demetrio Gaytán Ochoa, uno los principales candidatos a ser el sucesor de Guillermo Galván. Reyna acusa que la PGR lo quiso obligar a declarar contra Ángeles Dauahare.

Reclamo ciudadano. Pintas de protesta en la colonia Villas de Salvárcar, Ciudad Juárez, después de que el 31 de enero de 2010 fueron masacrados 17 jóvenes en una fiesta. Calderón acusó a las víctimas de ser pandilleros.

Actos atroces. El 24 de noviembre de 2011 encontraron tres camionetas con 23 muertos en la glorieta de los Arcos del Milenio en Guadalajara. Fueron asesinados por grupos de mercenarios que surgieron en el sexenio de Calderón.

El 25 de junio de 2012 policías federales fueron los protagonistas de una balacera en el AICM. La SSP dijo que se trató de un operativo; sin embargo, los participantes afirmaron que los mandos de esa secretaría controlaban el narcotráfico en el aeropuerto capitalino, como lo demostraron muchos expedientes judiciales.

24 de agosto de 2012: emboscada contra diplomáticos de Estados Unidos. Policías federales disfrazados de civiles intentaron asesinar a diplomáticos del gobierno de Estados Unidos en las inmediaciones de Tres Marías, en Morelos. Funcionarios estadounidenses han acusado que los Beltrán Leyva están detrás del atentado. A lo largo del sexenio la Policía Federal fue penetrada por el narcotráfico.

"La terrible señora Wallace." El expediente judicial del caso de los presuntos secuestro y homicidio de Hugo Alberto Wallace en julio de 2005 está plagado de irregularidades, y no se han seguido otras pistas que podrían dar con su paradero. Él tenía antecedentes penales, como su madre. Una ex novia declaró que, meses antes de desaparecer, él le dijo que estaba involucrado en un problema similar al de narcotráfico.

Cómplices. La relación entre Felipe Calderón y Genaro García Luna ha estado sellada desde un inicio por la complicidad. Pese a todas las pruebas de corrupción en la SSP y la PF, Calderón solapó hasta el último día de su gobierno a García Luna.

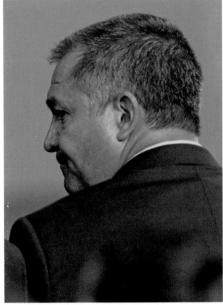

Desesperado. Genaro García Luna negoció durante meses con Carlos Salinas de Gortari —quien se ostenta como el hombre del poder tras Enrique Peña Nieto— para ser ratificado en el cargo en el nuevo gobierno. Si no lo logra, como todo lo indica, se irá a Miami, donde ya creó una empresa.

Ni perdón ni olvido. Felipe Calderón será recordado por los cinco legados de su gobierno: el infinito poder del narcotraficante Joaquín *El Chapo* Guzmán; el asesinato impune de más de 60 mil personas; la destrucción del PAN; un México controlado por cárteles, grupos criminales y mercenarios; y el regreso del PRI a Los Pinos.

Raña. En su residencia sostenía reuniones relacionadas con el crimen organizado. Según las declaraciones de *Jennifer*, *El Barbas* recibió ahí en dos ocasiones al general Escorcia y al mayor Reyna.

EL NARCO CRECIÓ EN MORELOS CON ESCORCIA

La caída en desgracia del general Ricardo Escorcia no comenzó el 18 de mayo de 2012, cuando fue detenido, sino el 28 de diciembre de 2007, el día de los Santos Inocentes, cuando aterrizó un avión cargado de cocaína proveniente de Maracaibo, Venezuela, en el aeropuerto de Tetlama, Morelos. La aeronave fue protegida por militares de la vigésimo cuarta zona militar que estaban bajo sus órdenes. Ésa era una acción rutinaria, no así el hecho de que la aeronave era monitoreada por la DEA.

El 22 de mayo de 2012, horas antes de que lo extraditaran a Estados Unidos, *El Grande* declaró a la PGR:

> Ese avión ya venía reportado por la DEA; entonces ya sabían que venía como punto rojo y que se iba a caer. Entonces, para no calentar la plaza y no perder la mercancía, mandó al licenciado Panchito, jefe de pistoleros de Mario Pineda, y por un costado del aeropuerto, en complicidad con los policías federales adscritos al aeropuerto, por órdenes del referido [general Escorcia] ayudaron a descargar mercancía, y por medio de los militares retrasaron la llegada de apoyo a los militares adscritos al aeropuerto de Cuernavaca, Morelos. Y cuando llegaron ya no encontraron la mercancía que era aproximadamente una tonelada con 300 kilos [de cocaína].

Villarreal dijo que el cargamento era de los hermanos Alberto y Mario Pineda, que entonces trabajaban para Arturo Beltrán Leyva, aunque en un principio se lo había adjudicado a él.

145

La llegada y la descarga del avión fue videograbada por la DEA. La escena es un botón de muestra de la impunidad con la que operó el narcotráfico durante el sexenio de Calderón. En la grabación se ve cómo elementos de la Policía Federal de Genaro García Luna y soldados de la vigésimo cuarta zona militar descargaban la cocaína de la aeronave; entre ellos, un teniente que bebía una cerveza mientras metía la droga a una camioneta negra.

Después de ese episodio Escorcia fue relevado de su cargo de manera inmediata y sustituido por el general Leopoldo Díaz. Escandalosamente no fue dado de baja del ejército ni sujeto a ningún proceso militar ni civil. El secretario de la Defensa Nacional, Galván Galván, lo nombró jefe de Estado Mayor de la tercera región militar con sede en Mazatlán, Sinaloa. Pero Escorcia declinó la oferta, pidió un año sabático y se quedó a vivir en Cuernavaca, Morelos, donde asentó su domicilio. Durante su año sabático en Cuernavaca se le concedió el retiro por edad límite. Según la información de diversos expedientes de la PGR y de informes militares, Escorcia no se quedó en la ciudad de la eterna primavera por su benéfico clima.

Meses después del aterrizaje de los 1 500 kilos de coca, un civil que pretendía convertirse en testigo protegido se reunió con agentes de la DEA en México para hablarles de la presunta colusión entre el que había sido mando de la zona militar y la organización criminal de Arturo Beltrán Leyva. Durante su alianza con el cártel de Sinaloa, Beltrán Leyva fue asignado para hacerse cargo de la plaza, lo mismo que de Guerrero, estado que colinda con Morelos. Luego de la ruptura ocurrida a principios de 2008, el narcotraficante se quedó con ambos estados, en los que se desató una descarnada guerra por el territorio.

Durante dos años ni la Sedena ni la PGR actuaron contra Escorcia. Fue hasta el 18 de mayo de 2012 que decidieron aprehenderlo en el marco de la previa detención del general Ángeles

Dauahare y del general brigadier Roberto Dawe. Ese día también fue detenido el coronel de caballería retirado Silvio Isidro de Jesús Hernández.

Desde que Escorcia fue nombrado comandante de la vigésimo cuarta zona militar el 1º de enero de 2007, a unos días de haber iniciado el sexenio de Felipe Calderón, el narcotráfico en Morelos se hizo más presente y adquirió un gran poder, hasta terminar desatando una ola de violencia que acabó convirtiendo a Cuernavaca, la llamada ciudad de la eterna primavera, en un infierno.

Originario de Iguala, Guerrero, Escorcia egresó del Colegio Militar en 1967. Uno de sus compañeros de generación fue el general de división Armando Tamayo Casillas, quien se desempeñó como jefe del Estado Mayor Presidencial durante el sexenio de Vicente Fox.

Es egresado de la Escuela Superior de Guerra. Entre sus compañeros de generación están los generales Moisés Melo Ochoa y Leopoldo Díaz, su sucesor en la vigésimo cuarta zona militar. En el sexenio de Fox fue subjefe del Estado Mayor de la Sedena y era subjefe de logística, responsable del movimiento de unidades y de la ejecución de operaciones militares.

A los pocos meses de haber relevado a Escorcia, el general Leopoldo Díaz recibió una inesperada visita en la sede de la vigésimo cuarta zona militar. Una mujer de 45 a 50 años de edad, vestida elegantemente, se apersonó en su oficina. Con naturalidad dijo ser hermana del "señor" y la pasaron a la casa que habitaba el comandante en las instalaciones militares. Ahí comentó que iba a saludarlo de parte de Arturo Beltrán Leyva. El general Díaz estaba afuera, ocupado en sus actividades, no la atendió y la sacaron de la casa.

A finales de 2009 la DEA informó al general Díaz que elementos de la vigésimo cuarta zona militar estaban al servicio del crimen organizado. Ésta, al parecer, era una herencia de Escorcia, quien

147

presuntamente mientras estuvo en Cuernavaca, incluso ya retirado de sus funciones como comandante de zona, siguió teniendo contacto con los hermanos Beltrán Leyva.

A finales de noviembre de 2009 Arturo Beltrán Leyva, mejor conocido como *El Barbas*, llegó a establecer su centro de operaciones en la torre de departamentos Altitude, en Cuernavaca. Entraba y salía de la ciudad con total libertad.

En la declaración ministerial que en su momento hizo uno de los detenidos en el operativo de la PGR, se asentaba que el 16 de diciembre de 2009 *El Barbas* esperaba a comer al comandante de la vigésimo cuarta zona militar, a un capitán y a un mayor. Ahora se sabe que el detenido no se refería al general Díaz, que estaba en funciones como responsable de la zona militar, sino a Escorcia y a un mayor de nombre Iván Reyna Muñoz.

El general Leopoldo Díaz, con los antecedentes que había dejado su antecesor, comenzó a realizar operativos contra la delincuencia organizada, de los cuales rindió informes a la Sedena. En esos operativos quedó al descubierto la poderosa presencia de los hermanos Beltrán Leyva en el estado y la protección que recibían no sólo de militares de la zona militar, sino también de funcionarios del gobierno de Morelos.

El 31 de agosto de 2008, en la zona residencial Vista Hermosa, una de las más exclusivas de Cuernavaca, en la calle Río Tamazula, fueron incautadas cinco armas cortas, dos armas largas y 214 cartuchos de diferentes calibres. A ese operativo le siguieron otros en Jiutepec, Temixco y Amacuzac. El 1° de noviembre, en el fraccionamiento Cantarranas, también en Cuernavaca, se encontraron nueve rifles de asalto, cuatro pistolas y 1 015 cartuchos de diferentes calibres.

Siguiendo las pistas de cada operativo, el 24 de diciembre de 2008 el ejército realizó una inspección en el helipuerto Palo Escrito de la Secretaría de Seguridad Pública de Morelos. Con un detector molecular fueron encontrados residuos de cocaína y heroína en el interior del helicóptero Eurocopter, modelo AS350 B3, matrícula XA-DVM. Este aparato aéreo era utilizado por la policía estatal pero también por el gobernador de Morelos, Marco Antonio Adame Castillo.

También se hallaron residuos de droga en el vehículo cisterna Dodge Ram 4000, placas 2014, del gobierno del estado. De acuerdo con el informe militar de esos operativos, la aeronave y el vehículo fueron asegurados.

En 2009 continuaron los operativos de la vigésimo cuarta zona militar. Se incautaron armas y droga, ahora en los municipios de Jojutla, Jonacatepec, Alpuyeca, Emiliano Zapata, Yautepec, Tepoztlán, Xochitepec, Puente de Ixtla y Huitzilac. El narcotráfico en Morelos se había convertido en una plaga. La violencia comenzó a hacerse presente de una forma desenfrenada.

Ya el 23 de octubre de 2008 había sido asesinado Andrés Dimitriadis Juárez, subprocurador de Asuntos contra la Delincuencia Organizada de la Procuraduría General de Justicia del estado, lo mismo que sus dos escoltas.

En mayo de 2009 fue detenido por la Policía Federal el secretario de Seguridad Pública de Morelos, Luis Ángel Cabeza de Vaca, muy cercano al titular de la SSP federal, Genaro García Luna. Ese mismo día fue detenido Salvador Pintado Vázquez, comandante del grupo de recuperación de vehículos de la Policía Ministerial de Morelos. Los dos fueron acusados de trabajar para el crimen organizado.

En el informe militar realizado por la comandancia de la vigésimo cuarta zona militar a principios de 2010, luego del asesinato de Arturo Beltrán Leyva ocurrido el 16 de diciembre de 2009 en un operativo de la Secretaría de Marina, consta que en los cateos realizados a los departamentos ocupados por Beltrán Leyva en la torre Altitude se encontró una lista de los vehículos al servicio de la organización criminal, una relación de 24 "extorsionadores" que operaban en la entidad, a quienes se presume iban a asesinar, y una lista de 27 halcones, cada uno con claves como Paloma, Caballo, Tiendota, Tienda G Día, Tienda G Noche, Base, y Polvo Noche, Polvo Día.

Como muestra de la compleja estructura que habían logrado construir los Beltrán Leyva en Morelos, en la torre Altitude también fue hallada una relación en la que se cita por apodos a los más de 100 integrantes de grupos de halcones y sicarios que operaban en Acatipla, Jiutepec, Zona Sur y Cuernavaca.

Entre las narconóminas también se encontró una lista de 16 servidores públicos, que incluía al *Yanqui* (jefe) y a *X* (subjefe), de la AFI, adscritos a la delegación de la PGR en Morelos; otro funcionario de la PGR con la clave Camelia; un policía federal con la clave Oficial; un funcionario de la Policía Judicial del estado, tres funcionarios de la Secretaría de Seguridad Pública de Morelos y funcionarios de policías municipales. Los sobornos, de acuerdo con la lista, iban de los 10 mil pesos hasta los 10 mil dólares.

El general Leopoldo Díaz informó a la Sedena que hasta enero de 2010 había sometido a proceso a 16 militares de la vigésimo cuarta zona militar, entre ellos a cinco tenientes y a cuatro sargentos. La penetración de los hermanos Beltrán Leyva era relevante. Escorcia nunca fue importunado ni llamado a declarar. Tuvieron que pasar más de cuatro años para que fuera sujeto a investigación.

Las declaraciones del *Grande*

A lo largo de seis años de armar y desarmar expedientes, según fuera la consigna, la SIEDO se volvió experta en enredar la realidad con la ficción, a tal grado que para el común de la gente podría resultar imposible discernir la verdad. Con una esquizofrenia judicial la PGR habilitaba y deshabilitaba la credibilidad de los testigos. Según le conviniera, a veces éstos eran unos mentirosos; otras, sus palabras bastaban para encarcelar de por vida a un enemigo político.

Ese caso era el de Sergio Villarreal, *El Grande*, un hombre que tuvo gran poder en La Federación —cuando el cártel de Sinaloa era aliado del cártel de Juárez y de los Beltrán Leyva—, y quien después se convirtió en una de las principales torres en el juego de ajedrez criminal de Arturo Beltrán Leyva, *El Barbas*. Fue detenido o se entregó, como se especula, en septiembre de 2010, en el fraccionamiento Puerta de Hierro, en Puebla, Puebla.

En sus primeras declaraciones ministeriales, en lugar de acusar a los militares de complicidad, *El Grande* denunció que Luis Cárdenas Palomino, brazo derecho y sombra de Genaro García Luna, y Armando Espinosa de Benito, otro mando de la SSP federal, recibían millones de dólares de sobornos que el mismo Villarreal les entregaba.[9] Genaro García Luna defendió a sus muchachos y dijo que no se podía dar validez a las declaraciones que provenían de delincuentes como Sergio Villarreal Barragán.[10] La PGR afirmó que ni siquiera estaban investigando a los mandos policiacos denunciados por el capo.

Villarreal también aseveró que conoció y saludó personalmente al presidente Felipe Calderón, quien se puso a sus órdenes.[11] Afirmó que este hecho ocurrió en el bautizo de la hija del senador panista de Coahuila, Guillermo Anaya, cuya hermana Elsa María estuvo casada con Adolfo Villarreal, su hermano. Anaya fue candidato del PAN a la gubernatura de Coahuila y secretario general de ese partido, gracias a su gran amistad con Calderón. Bastó para que Anaya dijera a los medios de comunicación que ese he-

---

[9] *Proceso*, núm. 1777, 20 de noviembre de 2012.
[10] *El Economista*, 26 de noviembre de 2010.
[11] *Proceso, loc. cit.*

cho no fue cierto, para que la PGR, sin ninguna explicación, ignorara la acusación.

Pero cuando se trata de atacar a los enemigos del sistema *El Grande* adquiere una súbita credibilidad para hundir a los generales. Sus acusaciones han sido lápidas en el proceso que se sigue contra Ángeles Dauahare y Escorcia, aunque la diferencia entre ambos es abismal. En toda su carrera, el primero no ha tenido tacha alguna, pero el segundo soporta sobre sus hombros la acusación de que custodiaba la descarga de droga en el aeropuerto de Morelos.

El Grande era el pagador de los generales sobornados. Y cuando él no podía realizar esa tarea, la cumplía *Jennifer*.[12] Y el dinero siempre era entregado al mayor Reyna, quien se lo presentó otro mayor al que sólo identifica como "Meme".

"Al hotel Río de Cuernavaca llegó Iván Reyna en un Jetta rojo, presentado por el mayor Meme, quien resultó ser mi paisano. Le entregué a Reyna 200 mil dólares, en 20 paquetes de 10 mil, con el objeto de que realizara trabajos para los Beltrán Leyva. A Meme le di a misma cantidad", aseguró *El Grande*.

Afirmó que se comunicaba en forma directa con Reyna a través de un Nextel: "Su función era quitar, retener, informar de denuncias en contra del grupo de los Beltrán Leyva". Por su parte, Reyna afirma que las imputaciones del *Grande* son falsas. En las fechas que asegura *Jennifer* que lo vio y le daba dinero, él ya no estaba en la vigésimo cuarta zona militar. Desde el 15 de agosto de 2007 se encontraba en Querétaro, donde pasaba lista seis veces al día y todas las entradas y salidas del personal quedaban asentadas en una bitácora. Denuncia que con las imputaciones de los testigos protegidos la SIEDO quiere usarlo para perseguir a los generales.

El Grande, en su declaración del 22 de mayo de 2012, dada como válida por la PGR, extendió la mancha y la duda contra el ejército:

---

[12] Declaración ministerial de *Jennifer*.

Para el jefe de destacamento, el de caballería, el de la blindada, el de infantería y para el jefe de la zona militar, para cada uno se destinaban cien en mil dólares, y así tenía a varios mandos arreglados en Morelos, en Guerrero, en el Distrito Federal...

El arreglo no era para que no catearan las tiendas sino para abordar asuntos grandes como tráfico de drogas por toneladas, para que pasaran a través de retenes militares, para quitar y poner retenes en todos los estados de la República; inclusive llegamos a operar en Guatemala.

En lo que se refiere al Meme, a éste le entregaba 800 mil dólares; a veces hasta un millón 200 mil, dependiendo de dónde pasara la droga o qué íbamos a ocupar de los mandos militares, ya que el Meme tenía luz verde en la Secretaría de la Defensa.

Su señalamiento no sólo abarca al general Escorcia, jefe de la vigésimo cuarta zona militar de Morelos, sino que implícitamente también acusa a Demetrio Gaytán Ochoa, quien los primeros cuatro años del sexenio calderonista fue jefe de Estado Mayor de la Sedena, el único con el poder de "poner" o "quitar" retenes en todo el país. También implícitamente acusó a quien fungió como jefe de la novena región militar con sede en Acapulco, Guerrero, cuando los Beltrán Leyva eran amos y señores de la plaza, y quien también fue comandante de la primera región militar, cuya sede es el Distrito Federal, plaza que según *Mateo* también controlaba la organización criminal: el general de división Salvador Cienfuegos, otro fuerte suspirante a suceder a Galván Galván.

Eso significa que el caso abierto por la PGR contra los generales es una caja de Pandora. Al abrirla tendió una cortina de humo para cubrir a otros protectores del cártel de los hermanos Beltrán Leyva otros que hoy no han sido detenidos, encarcelados y enjuiciados porque se han apoderado de la Sedena en busca de la sucesión.

153

Guerra en la Sedena

En los últimos meses del sexenio de Felipe Calderón en la Sedena se libra una guerra a muerte por la sucesión de Galván Galván. Los protagonistas de esa guerra, que aspiran a sustituir a Galván Galván, son los generales de división Demetrio Gaytán Ochoa, subsecretario; Moisés García Ochoa, director general de administración; Luis Arturo Oliver Zen, subjefe operativo del Estado Mayor; Salvador Cienfuegos, ex comandante de la novena región militar con sede en Acapulco, Guerrero, y actual oficial mayor, y el general en retiro Roberto Miranda, quien fuera oficial mayor hasta hace unos meses. A la fecha sólo uno de ellos ha sido promovido por Galván Galván como su mejor sucesor, y a otro, para ser el próximo secretario de Seguridad Pública federal.

De acuerdo con información recabada entre miembros del ejército, los competidores se han dividido en cuatro grupos. En uno de ellos se encuentran Gaytán Ochoa y Oliver Zen; aunque los dos aspiran al mismo puesto se apoyan mutuamente. Gaytán Ochoa, el padrino del mayor Reyna, es el más cercano a Galván Galván.

En el segundo grupo está el general Cienfuegos, con 64 años de edad, quien confía en que su muy estrecha amistad con el empresario Jaime Camil, amigo de Enrique Peña Nieto, le garantizará el puesto. Sobre la carrera militar de Cienfuegos se cuestiona su paso por Guerrero, cuya estancia coincidió con el crecimiento del cártel de Sinaloa y, muy particularmente, del cártel de los hermanos Beltrán Leyva. Hay decenas de anécdotas acerca de cómo Arturo Beltrán Leyva gozaba de total impunidad en Acapulco. Él y su grupo criminal eran clientes asiduos de las discotecas de moda adonde solían llegar acompañados por actrices de Televisa, según información recabada de testigos de esas parrandas.

La amistad de Cienfuegos con Camil, más que un bono es un pasivo, no sólo por su amistad con Manuel de Jesús Bitar Taffich,

154

acusado de lavar dinero de Amado Carrillo Fuentes, sino también porque su yerno, Sergio Mayer, ha sido señalado por el propio testigo protegido de la PGR, *Jennifer*, a quien hoy se le da tanta credibilidad, de ser amigo de *La Barbie*, e incluso haber planeado la producción de una película.

En el tercer bloque se halla Roberto Miranda, de 66 años, que aunque se encuentra en retiro, no está impedido para ser nombrado como próximo secretario de la Defensa Nacional. Ha realizado una inusual e intensa campaña de autopromoción a través de la página de internet www.militarismomexico.com, donde incluso ha publicado su propuesta acerca de cómo renovar a la Sedena y realiza una encuesta entre la milicia para saber cuál de los candidatos —excluido él— debe ser nombrado titular de la Sedena. Sus aspiraciones han sido impulsadas por el ex secretario particular del presidente Ernesto Zedillo, Liébano Sáenz, quien se hizo de un puesto de mucha influencia en el equipo de Enrique Peña Nieto durante la campaña presidencial con una silla permanente en el *war room*. Miranda apuesta a que si no queda al frente del ejército, al menos sea nombrado secretario de Seguridad Pública federal. Por lo pronto ya se arrogó un lugar cercano a Peña Nieto, pues le proporcionó un eficaz equipo de seguridad durante su campaña.

Y, finalmente, en el cuarto grupo se encuentra Moisés García Ochoa, un militar muy apreciado por Galván Galván, cuya carrera militar fue promovida por el general Tomás Ángeles Dauahare. En el juicio del general Jesús Gutiérrez Rebollo, éste acusó a García Ochoa de haber detenido a Amado Carrillo Fuentes, el poderoso *Señor de los Cielos*, en dos ocasiones. El aspirante a la Sedena ha comentado entre sus allegados que en esas dos ocasiones que estuvo a punto de aprehender al narcotraficante, hubo fuga de información y el cabecilla fue avisado a tiempo del operativo para lograr su captura. De los cinco aspirantes García Ochoa es el que más roce ha tenido con el mundo civil y diplomático y no es mal

155

visto por el gobierno de Estados Unidos como el sucesor en la Defensa Nacional. Incluso, se reunió con Enrique Peña Nieto.

Luis Arturo Oliver Zen, subjefe operativo de Estado Mayor, aunque se ha adjudicado detenciones importantes como la de José Filiberto Parra Ramos, *La Perra*, uno de los narcotraficantes más buscados por la DEA, dirige una de las áreas de la Sedena con más acusaciones por brindar protección a los narcotraficantes y por diversos actos arbitrarios. Por ejemplo, su área es responsable de la colocación de retenes en diferentes puntos del país, los cuales, según varias averiguaciones previas abiertas a lo largo del sexenio, presuntamente son removidos a cambio de millonarios sobornos.

Oliver Zen es responsable de los operativos de la Sedena que han fracasado en estados como Michoacán y Tamaulipas, donde, pese a las operaciones del Ejército Mexicano, grupos de la delincuencia organizada como La Familia Michoacana, Los Caballeros Templarios, el cártel del Golfo y Los Zetas operan con total impunidad.

En julio de 2007, por ejemplo, en un retén militar en La Joya, Sinaloa, los militares mataron a cinco personas e hirieron a otras tres, todos miembros de una familia, porque no se detuvieron cuando les marcaron el alto. Por su parte, el 5 de abril de 2010, en un retén militar en la Carretera Ribereña, en Tamaulipas, a unos kilómetros de la frontera con Estados Unidos, integrantes del Ejército Mexicano abrieron fuego con armas de grueso calibre contra una camioneta, donde viajaban 13 familiares, lo que produjo un saldo de dos niños muertos y dos adultos heridos. El 5 de septiembre de ese mismo año, en la autopista Monterrey-Laredo, Vicente de León Ramírez, de 52 años, y su hijo Alejandro Gabriel de León, de 15, fueron asesinados por militares pues "trataron de rebasar un convoy militar y al momento de hacerlo les dispararon", declaró uno de los familiares de las víctimas.

Como en toda guerra que se precie de serlo, hay caballos de batalla. Las fuentes de información consultadas señalan que uno de estos caballos de batalla ha sido Marisela Morales, quien tiene una muy estrecha amistad con Gaytán Ochoa. Se asegura que es tal su cercanía, que el subsecretario asignó a la titular de la PGR un departamento ubicado en una torre de edificios que forma parte de la zona habitacional militar ubicada en la avenida Ingenieros Militares, donde la procuradora es custodiada por personal militar.

Fuentes de información militares señalaron que las acciones realizadas por Marisela Morales en torno a la persecución de generales coludidos con la delincuencia organizada responden a instrucciones de Gaytán Ochoa.

Otro caballo de batalla en la guerra de sucesión es el teniente coronel de infantería Avigai Vargas Tirado. De acuerdo con registros de la Secretaría de la Función Pública (SFP), este personaje es egresado de la Escuela Superior de Guerra. Tiene una especialidad en la Escuela Militar de Inteligencia del Ejército de La Paz, Bolivia; una maestría en el Instituto Nacional de Ciencias Penales, y un doctorado en el Centro de Estudios Superiores en Ciencias Jurídicas. De 1984 a 2004 se desempeñó en el Estado Mayor como "analista de información". Es considerado un experto en áreas de inteligencia y operaciones especiales.

Fuentes militares lo identifican como encargado del espionaje en el seno de la milicia. Fue él quien orquestó el seguimiento de Ángeles Dauahare. Se le señala como un hombre muy cercano al general Gaytán Ochoa, para quien también realiza trabajos de espionaje.

Conforme avanzó el tiempo y se acercó el final de la administración de Felipe Calderón, la disputa por el cargo de secretario de la Defensa Nacional fue subiendo de tono. Fuentes del Estado Mayor Presidencial describen episodios que parecieran más propios de la mafia que de militares al servicio de la nación.

Por ejemplo, cuentan cómo José Armando Tamayo, quien fuera jefe del Estado Mayor Presidencial en el sexenio de Vicente Fox y que actualmente es director del Instituto de Seguridad Social para las Fuerzas Armadas Mexicanas (ISSFAM), intimidó al general García Ochoa al recriminarle que no tenía la estirpe militar ni el mérito para ser secretario de la Defensa Nacional, y le advirtió que se retirara de la contienda o lo retirarían por la fuerza. Aseguran que García Ochoa respondió a esa amenaza con una mentada de madre a Tamayo, agregando que les transmitiera a quienes lo mandaron —Gaytán Ochoa y Oliver Zen— el mismo insulto.

En julio de 2012 se filtraron a dos medios de comunicación los contratos firmados para tareas de inteligencia entre la Sedena y la empresa Tracking Devices, para la adquisición de equipos con capacidad de intervenir teléfonos celulares, así como dispositivos de inteligencia, de radiocomunicación y telecomunicaciones.

Los dos hechos anteriores tienen un común denominador: eliminar a uno de los rivales más fuertes en la sucesión, García Ochoa, quien intenta sobrevivir al fuego amigo. En la filtración de contratos sensibles, la dedicatoria fue clara: "Los instrumentos adquiridos quedaron a disposición de altos mandos del ejército, encabezados por el general Moisés Augusto García Ochoa, director general de administración, señalaron fuentes militares. También revelaron que el grupo de funcionarios utiliza esta tecnología para ejecutar diversas tareas, entre ellas, la del espionaje político".

Después de que el mayor Reyna reveló la persecución de la SIEDO contra García Ochoa, éste le fue a reclamar directamente a Galván Galván, quien le dio instrucciones de hablar con la titular de la PGR para que le dijera qué en que se basaban las incriminaciones falsas en su contra. Eso obligó a la procuradora a decir públicamente que no había investigaciones contra otros cinco generales por sus presuntos nexos con el narcotráfico, como lo denunció Reyna. En medio del desastre en la Sedena, su secretario aún aspira a impulsar a su sucesor, elegido entre un grupo de generales, todos estigmatizados por la duda.

A principios de 2012, una vez que quedó elegida Josefina Vázquez Mota como candidata del PAN a la presidencia de la República, el secretario de la Defensa Nacional repitió un rito que efectuó su antecesor, Clemente Vega García, ante Felipe Calderón, en 2006: un desfile privado de sus mejores hombres para sucederlo en el cargo.

En la presentación estuvieron cuatro de los cinco aspirantes: Gaytán Ochoa, Oliver Zen, Cienfuegos y García Ochoa. Miranda no, por su condición de militar en retiro. Al terminar el encuentro, Galván Galván se quedó conversando con la candidata panista. En el lugar aún se encontraban Gaytán Ochoa y García Ochoa. En privado, el titular de la Sedena recomendó al primero como el idóneo para quedarse en su lugar, y al segundo para ocupar la Secretaría de Seguridad Pública federal.

En el seno del ejército es claro quién es el candidato de Galván Galván. A pesar de todos los excesos cometidos en la batalla interna por la sucesión, el secretario ha sido muy flexible con Gaytán Ochoa. Generales conocedores del proceso de sucesión aseguran que la recomendación del secretario en turno, más que un ungimiento para el favorecido representa un beso del diablo y resulta contraproducente. En general, un presidente prefiere a un hombre fiel a él y no a su antecesor ni al secretario que lo promovió. A estas alturas, el beso del comandante de un ejército derrotado es muy parecido al beso del diablo.

La revancha

El 1º de agosto de 2012, sin más pruebas que los dichos de los testigos protegidos *Jennifer* y *Mateo*, Ángeles Dauahare, Escorcia, Dawe, el coronel de caballería retirado Silvio Isidro de Jesús Hernández y el mayor Reyna, recibieron del juez tercero de distrito en procesos penales el auto de formal prisión, como si los elementos probatorios contra todos fueran exactamente los mismos y del mismo peso demostrativo. La estrategia de revolver las manzanas podridas con las sanas funcionó. Todos fueron ingresados al penal de máxima seguridad. La escena habrá pasado a la historia como uno de los momentos de mayor vergüenza del Ejército Mexicano.

En cuanto pusieron un pie en la cárcel, quedaron a merced del oscuro secretario de Seguridad Pública federal, Genaro García Luna, aún con poder. Fueron sometidos a humillantes y vejatorios controles de ingreso. El auto de formal prisión que se les dictó complica la posibilidad de que durante el gobierno de Enrique Peña Nieto el general Ángeles Dauahare pueda ser liberado en un lapso corto.

"Al general Ángeles Dauahare se le está aplicando la política del enemigo, que consiste en incriminarlo a como dé lugar", acusó el abogado penalista Ricardo Sánchez Reyes, quien se hizo cargo de su defensa.

Denunció que el procedimiento que ha llevado a cabo la SIEDO contra el general Ángeles Dauahare ha sido atípico y por consigna. Afirma que ha estado plagado de irregularidades para mantenerlo en prisión aun sin tener una prueba contundente en su contra, procedimiento que se ha fundado en testimonios como los del narcotraficante Sergio Villarreal, *El Grande*, quien asegura haber entregado en varias ocasiones millones de dólares al general. La acusación se funda en una llamada anónima en la que le imputan haber promovido el narcomenudeo en el Colegio Militar cuando fue director de esta institución, y en la presunta falsificación de declaraciones del general Ricardo Escorcia, también acusado de delincuencia organizada, que comprometían a Ángeles Dauahare.

No hay ni una prueba sólida en su contra. Son acusaciones aisladas y mentirosas por parte de testigos colaboradores (*Mateo* y *Jennifer*), referencias que nada han aportado en acreditar una con-

160

ducta ilícita. Se han realizado diversos cateos en los que no se han encontrado pruebas contra el general, y se ha asegurado su patrimonio, el cual está acreditado ya como lícito, y de ninguna manera corresponde a los millones que acusan que recibió. Es penoso, y esto lo digo en representación del general, que estén dilapidando el honor y la integridad de las fuerzas armadas con el propósito de perjudicarlo a él.

Entre las irregularidades cometidas por la SIEDO, Sánchez Reyes acusa que el ministerio público que lleva la averiguación previa, José Francisco Rubio Salgado, no ha permitido el desahogo de las pruebas presentadas por la defensa, vitales para demostrar la inocencia de Ángeles Dauahare, aunque hay fallos judiciales para que lo haga.

El Grande, con el seudónimo de *Mateo* como testigo colaborador, declaró que a finales de julio de 2008 recogió a Ángeles Dauahare en el estacionamiento del centro comercial Perisur para llevarlo a una casa de seguridad de Arturo Beltrán Leyva, donde supuestamente le dieron cinco millones de dólares.

Sánchez Reyes afirma que él ofreció como prueba los videos de seguridad del centro comercial, mediante los cuales se comprueba que ese día, a finales de junio de 2008, señalado por *Mateo* en su declaración, no arribó ningún automóvil con las características que describe el narcotraficante, ni estaba el general. Pero la SIEDO se ha negado a desahogar la prueba y a solicitar de manera formal al centro comercial la copia de los videos.

Otra prueba, argumenta, es el pasaporte que prueba que él no estaba en México cuando ocurrió otro de los supuestos encuentros declarados por *Mateo*. El ministerio público debe enviar un oficio a Migración y a la Secretaría de Relaciones Exteriores para corroborar que el general estuvo fuera del país durante esos días, pero no ha querido hacerlo.

A la fecha, la SIEDO no ha presentado ninguna prueba que corrobore alguna de las declaraciones de los testigos protegidos, *Mateo* y *Jennifer*, que mantienen en la cárcel al general. "Un juez ya ordenó que nos muestren las pruebas con las que han corroborado lo dicho por los testigos colaboradores y no lo han hecho", señaló el defensor. El ministerio público, por su parte, no ha cumplido con la suspensión provisional otorgada por el juez de distrito en materia de amparo.

"Exigimos que ya no mermen más a las fuerzas armadas y levanten el arraigo por ser claramente ilegal la detención del general, por no estar sustentada en una sola prueba en su contra. La PGR ha perseguido al general con imputaciones falsas", concluye Sánchez Reyes.

Al legado de muerte heredado por el gobierno de Felipe Calderón habrá que añadir la herencia de un ejército destruido. Pues si el último reducto de soberanía y seguridad de un país es su ejército, ¿qué le queda a México? Sólo al crimen organizado le convienen unas fuerzas armadas debilitadas por el desprestigio que conlleva el abuso de la fuerza pública y por el escarnio social que se va gestando al crear la sensación de que todos los militares están corrompidos.

El general de división Tomás Ángeles Dauahare es un hombre íntegro, según grita silenciosamente un ejército dolido y la familia del general, que ven a una persona que dedicó 47 años de su vida a la milicia y que fue traicionado por varios de sus compañeros. Generales, capitanes, mayores, tenientes, soldados... conforman una larga lista de apoyo al divisionario cuyo "delito" fue denunciar la corrupción a tiempo a Felipe Calderón, quien no traiciona a su sombra porque ya no la ve.

A la distancia, así como Calderón pretende, envuelto en el desprestigio, refundar a su partido, ¿también creerá que se puede refundar el Ejército Mexicano con la corrupción que él mismo solapó?

CAPÍTULO 5

El cártel de los cielos

Por lo menos de enero de 2007 a noviembre de 2009, la Secretaría de Seguridad Pública (SSP) federal ocupaba los hangares 22 al 29 de la Calle 3 del Aeropuerto Internacional de Toluca (AIT). El lugar era resguardado por la Policía Federal y todo lo que ocurría ahí era responsabilidad de la dependencia encabezada por Genaro García Luna, el hombre de confianza del presidente Felipe Calderón durante su caótico sexenio.

El área en cuestión es una amplísima zona de oficinas y de tres hangares que forman una herradura. Uno de esos hangares desemboca directamente a la pista del AIT, considerada una de las más largas del país, pues tiene una longitud de 4.2 kilómetros por 45 metros de ancho. "Puede atender aeronaves de gran fuselaje y tiene capacidad para manejar hasta 36 operaciones aéreas por hora", señala Obrascon-Huarte-Lain (OHL), propietaria mayoritaria de Administradora Mexiquense del Aeropuerto Internacional de Toluca (AMAIT), empresa que tiene la concesión del aeropuerto desde 2006.

Oficialmente la SSP utilizaba las instalaciones como base de operaciones. El pretexto era convertir esos hangares en el centro operativo de la policía única que García Luna soñaba tener y que esperaba que aprobara el Congreso de la Unión. El último contrato de arrendamiento de la SSP con la Operadora de Aviación General de Toluca, S. A. de C. V, concesionaria de esa sección del

AIT, tuvo vigencia de 2007 a 2008, y aunque dicho contrato no fue renovado, la SSP abandonó las oficinas y los hangares hasta el 26 de noviembre de 2009, cuando se firmó el acta de entrega-recepción. Durante todo ese tiempo la dependencia estuvo a cargo de la custodia de las instalaciones y fue responsable del uso que se les daba.[1]

Dicho uso era tan intenso que la SSP pidió autorización para reforzar la estructura de las plataformas. Fuentes de información directamente vinculadas con los hechos revelan que esa secretaría informó a los responsables del arrendamiento que requerían hacerlo para la operación de los aviones que utilizaban para el traslado de detenidos.

Extraoficialmente las plataformas reforzadas y el hangar rentado por la SSP tenían que ver con tareas ajenas a su objetivo público. Se decía que estaban al servicio del cártel de Sinaloa y de los hermanos Beltrán Leyva.

Una investigación del gobierno de Estados Unidos identificó los hangares rentados y controlados por la SSP como base de operaciones de la confederación de narcotraficantes encabezada por Joaquín *El Chapo* Guzmán, uno de los líderes del cártel de Sinaloa, y sus socios, los hermanos Arturo, Alfredo y Héctor Beltrán Leyva. En esos hangares las aeronaves provenientes de Venezuela y Colombia descargaban toneladas de cocaína con la protección de la SSP.

Sergio Villarreal Barragán, alias *El Grande*, uno de los principales operadores del cártel de Sinaloa y de los Beltrán Leyva, detenido en 2010, antes de ser extraditado a Estados Unidos declaró, el 22 de mayo de 2012, ante la Subprocuraduría de Investigación Especializada en Delincuencia Organizada (SIEDO), que el aero-

---

[1] *Reforma*, 26 de septiembre de 2012. La información fue obtenida y verificada en el lugar de los hechos por la autora, quien tuvo acceso a los documentos que corroboran el periodo de uso de las instalaciones por la SSP. El 28 de septiembre de 2012 la SSP envió una carta aclaratoria a *Reforma* diciendo que el hangar se desocupó en julio 2007, pero los documentos prueban que ocurrió hasta 2009.

puerto internacional de Toluca, Estado de México, era el principal centro de descarga de droga de la organización criminal.[2]

Bajo la figura de testigo colaborador, con la clave de *Mateo*, *El Grande* declaró a la Procuraduría General de la República (PGR), de manera espontánea y sin que mediara pregunta expresa, que aunque la organización criminal de los Beltrán Leyva tenía el control del aeropuerto de Cancún, a través de autoridades federales y locales, gracias a Roberto López Nájera, quien después se volvió testigo protegido de la SIEDO con el nombre clave de *Jennifer*, ése no era el principal centro de descarga de droga en territorio mexicano, sino que servía principalmente para repostar combustible.

Afirmó que los aviones de los Beltrán Leyva "se dirigían al aeropuerto de Toluca, donde bajaban la droga de los aviones", según quedó asentado en la declaración ministerial.[3]

La rutina consistía en hacer escala en el Aeropuerto Internacional de Cancún con el objetivo de cargar combustible y realizar el papeleo para cambiar el estatus del vuelo, de internacional a nacional. Para hacerlo contaban con la ayuda de la SSP federal a través de la Policía Federal, la cual se encargaba de que el avión no fuera importunado y del pago a una amplia red de servidores públicos de aduanas, de la torre de control, de Migración y del ejército destacamentado en el lugar.

El 27 de mayo de 2009 la Oficina de Control de Activos Extranjeros (OFAC, por sus siglas en inglés), del Departamento del Tesoro de Estados Unidos, puso la mira en el hangar que operaba la SSP en Toluca. Boletinó por primera vez a la empresa Aeronáutica Cóndor, S. A. de C. V., o Aerocóndor, S. A. de C. V., con registro federal de causantes ACO031113 MB8, en una lista de 28 perso-

---

[2] La autora tuvo acceso al contenido de esa declaración ministerial.

[3] La autora tuvo acceso al contenido de la declaración del *Grande*, que consta en la averiguación previa AP/PGR/SIEDO/UEIDCS/112/2010, relacionada con el caso de cuatro generales presuntamente vinculados con los Beltrán Leyva.

nas y empresas relacionadas con "el bloqueo de activos" y con el tráfico de drogas.

La OFAC señalaba como dirección de Aerocóndor las instalaciones que ocupaba la SSP federal, así como el hangar D1 y D3 de la puerta 2 del Aeropuerto Internacional de Toluca, esta última zona se encuentra bajo la administración de la AMAIT. La SSP no emitió desmentido ni aclaración al respecto: ¿acaso no se sabía que los hangares 22 al 29 eran utilizados para descargar cocaína?

Entre las personas y empresas que denunció el gobierno de Estados Unidos también se encontraba Aeronáutica Cóndor de Panamá, espejo de la compañía mexicana, cuyo propietario es el narcotraficante colombiano Antonio Bermúdez Suaza, a través de su hijo Santiago Bermúdez, registrada en Panamá el 12 de febrero de 2004, la cual, según el registro público de ese país, sigue en operaciones.[4]

No sólo la OFAC tenía identificados los hangares como centro de operaciones de Aerocóndor. También los tenía registrados la Fundación México-Estados Unidos para la Ciencia (Fumec). En 2009 ubicó a Aerocóndor en esa misma dirección, registrada en el "Directorio de empresas del sector aeroespacial y manufactura en el Estado de México atendidas por Fumec".

En entrevista, Lilia Arechavala, coordinadora regional sectorial de Fumec, se deslindó del contacto con la empresa a la que se vincula con el narcotráfico y aseguró que, pese a lo que ellos mismos informan en su página de internet oficial, nunca atendieron a la narcoempresa. Explicó que la información acerca de la dirección y los hangares que ocupaba Aerocóndor fue proporcionada en 2009 por autoridades del aeropuerto de Toluca. No quiso decir específicamente quiénes. A partir de la entrevista, esa página de internet de Fumec se encuentra en "mantenimiento".

---

[4] La autora tiene en su poder los registros oficiales de dicha empresa.

En 2008, 2010 y 2012 los testigos protegidos *Jennifer* y *El Grande*, quienes trabajaron para el cártel de Sinaloa y para los hermanos Beltrán Leyva, y posteriormente sólo para estos últimos, declararon a la Procuraduría General de la República que desde 2007 hasta 2009 el Aeropuerto Internacional de Toluca era el principal centro de descarga de droga de los Beltrán Leyva, que traficaban para el cártel de Sinaloa, el cual por su parte tenía control del Aeropuerto Internacional de la Ciudad de México.[5]

Sus testimonios coinciden con las declaraciones de algunas autoridades de Colombia realizadas en este país, en el marco del operativo de confiscación de bienes del *Chapo*, en abril de 2012, gracias a la información proporcionada por el narcotraficante Pedro Antonio Bermúdez Suaza, quien se encuentra en una cárcel de Nueva York y colabora con las autoridades de Estados Unidos para obtener beneficios para su condena.

"La droga era descargada en los aeropuertos de Cancún, Toluca y, ocasionalmente, en terminales alternas de Manzanillo y Puerto Vallarta, al parecer con la complicidad de funcionarios de seguridad, controladores aéreos y autoridades de vigilancia mexicanas", según las autoridades colombianas.[6]

Jennifer amplió su declaración y afirmó que los aviones cargados de droga llegaban a Toluca a los hangares de Aerocóndor, propiedad de Édgar Valdez Villarreal, alias *La Barbie*, y de Gerardo Álvarez, alias *El Indio*, los mismos hangares que rentaba la SSP encabezada por Genaro García Luna.[7]

El área responsable del uso de las instalaciones del aeropuerto de Toluca era la Coordinación de Transportes Aéreos de la Policía Federal, cuyo titular ha sido desde enero de 2007 hasta la fecha el

---

[5] Expediente 44/2012 del Juzgado Tercero de Procesos Penales del Estado de México.

[6] *Milenio*, 27 de abril de 2012.

[7] *El Universal*, 8 de agosto de 2012.

comisario Eduardo Laris McGregor, quien también fue director general de la desaparecida empresa Líneas Aéreas Azteca.

Éste no es el primer escándalo en el que ha estado involucrado Laris McGregor. En marzo de 2012 la coordinación a su cargo se vio inmiscuida en una presunta red de corrupción descubierta en Estados Unidos, en la que la empresa Bizjet habría pagado sobornos a funcionarios de la Policía Federal, de la Presidencia y del gobierno de Sinaloa para obtener millonarios contratos de mantenimiento de aeronaves. En dicha red habría participado una empresa fantasma identificada como Shell Company.

Otro de los responsables del uso de esas instalaciones del Aeropuerto Internacional de Toluca fue José Antonio Villavicencio Figueroa, actual subdirector de la Dirección General de Operaciones y Administración de Bienes Materiales de la SSP. Villavicencio Figueroa fue compañero de Genaro García Luna desde que éste fue coordinador general de Inteligencia de la Policía Federal Preventiva (PFP) a finales del sexenio de Ernesto Zedillo. Fue sancionado por la Secretaría de la Función Pública (SFP) en 2000 por haber participado en la compra irregular de 12 aeronaves de la PFP, según el boletín de prensa 182/2002 de esa dependencia. Junto con él estuvo inhabilitado durante tres años Patricio Patiño Arias, actual subsecretario del sistema penitenciario federal de la SSP, y Wilfredo Robledo Madrid, quien fuera comisionado de la PFP cuando se realizaron las adquisiciones indebidas. En el expediente de sanciones 55/2001 de la SFP también es señalado Genaro García Luna, aunque al final no fue sancionado.

La Operadora de Aviación General de Toluca, S. A. de C. V, responsable de la administración de la zona de hangares particulares que rentaba la SSP, es propiedad de algunos familiares del ex gobernador del Estado de México, Gustavo Baz, desde la década de los ochenta. Quienes rentan estos hangares a su vez pueden subarrendarlos a otras personas, compañías o instituciones, sin tener que informar al respecto.

La autoridad responsable del control del personal de los taxis aéreos que ocupan los hangares es la AMAIT, concesionaria del aeropuerto, cuyo director depende del gobierno del Estado de México. La AMAIT debe llevar un registro pormenorizado del personal que labora, desde las secretarias hasta los pilotos, por lo que debió saber de las operaciones de Aerocóndor. Además, es la administradora de la sección del aeropuerto correspondiente a la puerta 2, donde el Departamento del Tesoro de Estados Unidos asegura que también operaba Aerocóndor.

Por su parte, Servicios a la Navegación del Espacio Aéreo Mexicano de la Secretaría de Comunicaciones y Transportes debió proporcionar el número de usuario para que las aeronaves de Aerocóndor recibieran los servicios de las torres de control. Aerocóndor tiene el número 1288. Y la Dirección General de Aeronáutica Civil debe expedir el permiso para la operación de taxis aéreos.

La SSP tenía todo bajo control en el Aeropuerto Internacional de Toluca. La posibilidad de un error en la protección de los cargamentos de cocaína era mínima, porque según el reglamento la autoridad responsable de "prevenir la comisión de delitos y las faltas administrativas que determinen las leyes federales" en el aeropuerto es la Policía Federal. "Con excepción de los servicios de sanidad, todo lo relativo a inspección dentro del territorio del país, de personas en tránsito por aire, mar y tierra, cuando tenga carácter internacional, queda a cargo de la Policía Federal", según el artículo 17 de la Ley General de Población. Como se hizo costumbre a lo largo de todo el sexenio de Felipe Calderón, la SSP fue la primera en cometer muchos delitos por su complicidad con el crimen organizado.

Mientras existió La Federación, el cártel de Sinaloa se vio beneficiado por el arrendamiento de los hangares de la SSP sin contratiempos porque en la secretaría se trabajaba en forma alineada en torno a ese cártel. Cuando en enero de 2008 se fracturó La

Federación y Arturo Beltrán Leyva y sus hermanos comenzaron la guerra a muerte contra el cártel de Sinaloa, el hangar fue utilizado por los Beltrán Leyva y sus socios. Al dividirse La Federación también se dividió la SSP. Aunque la fidelidad institucional de la SSP estaba con el cártel de Sinaloa, durante algunos meses siguió protegiendo a los Beltrán Leyva, como una atención a la larga historia de comunicación y sobornos compartidos con estos narcotraficantes, ya que fueron los pagadores de las dádivas a los servidores públicos en nombre de La Federación.

Tengo información acerca de que en el citado hangar había poca actividad de los aviones de la SSP. Y en ese sentido era subutilizado, aunque para otras cosas, según la investigación del gobierno de Estados Unidos, le sacaban mucho provecho. El contrato venció en 2008 pero la SSP ocupó el hangar hasta noviembre de 2009, según consta en los documentos de entrega-recepción a cuyo contenido tuve acceso. Esto ocurrió semanas antes del 16 de diciembre de 2009, día en que Arturo Beltrán Leyva fuera ejecutado en Cuernavaca, Morelos, en un operativo realizado por la Secretaría de Marina. *El Barbas*, como también se le conocía al narcotraficante, vivía a una cuadra del café Los Cedros, propiedad de Genaro García Luna y su esposa Linda Cristina Pereyra.

El hangar, señalado por el Departamento del Tesoro como centro operativo del narcotráfico, tenía otro usuario frecuente: el gobierno del Estado de México encabezado por Enrique Peña Nieto. Funcionarios aeroportuarios consultados aseguran que como una deferencia para quedar bien con el gobernador mexiquense, la SSP, con anuencia de García Luna, prestaba los hangares para alojar el helicóptero del mandatario estatal, así como algunas unidades de rescate del gobierno mexiquense, servicios por los cuales la SSP no cobraba. Seguramente esa cortesía propiciaba que la autoridad del aeropuerto fuera muy laxa respecto de lo que realmente ocurría en los hangares de la SSP federal.

Así, desde 2008 la SSP al mando de García Luna ha sido señalada en decenas de declaraciones de los testigos protegidos *Jennifer*, *Mateo* y *María Fernanda* de procurar que los aeropuertos internacionales de Cancún, Toluca y la Ciudad de México fueran usados como centro de operaciones del cártel de Sinaloa y de ayudar a los hermanos Beltrán Leyva en el tráfico de drogas y dinero a gran escala.

Por ejemplo, *María Fernanda*, cuya verdadera identidad es Richard Arroyo, hijastro de Reynaldo Zambada —hermano de Ismael *El Mayo* Zambada, el segundo al mando del cártel de Sinaloa—, declaró con lujo de detalles en 2008 cómo la Policía Federal ayudaba a descargar droga y dinero en el hangar de la empresa Aviones, S. A. de C.V., en el Aeropuerto Internacional de la Ciudad de México, entonces controlado por el cártel de Sinaloa, específicamente por *El Mayo* Zambada. También ofreció amplios y explícitos testimonios del modo en que la Policía Federal ayudaba a sacar la droga de aviones comerciales o de carga con la connivencia de toda una red de funcionarios públicos.[8]

El 25 de junio de 2012 en el Aeropuerto Internacional de la Ciudad de México hubo una balacera entre policías federales por su complicidad con el tráfico de drogas, misma que aún no ha sido esclarecida por las autoridades. El único detenido de este caso, en agosto de 2012, estaba a punto de ser liberado porque la SSP le había imputado cargos débiles, pues a nadie convenía que se ventilara más la podredumbre que prevalece en esa dependencia. Tarde o temprano la codicia iba a generar que la bien aceitada máquina de corrupción de la SSP y su Policía Federal tuviera un desajuste. Días después de aquella balacera dos policías involucrados en los hechos —Daniel Cruz García y Zeferino Morales— acusaron a Luis Cárdenas Palomino, coordinador de Seguridad Regional de

---

[8] La autora tuvo acceso al contenido de estas declaraciones ministeriales.

la Policía Federal, un hombre que mantiene una gran cercanía con García Luna, de ser el protector del tráfico de drogas en el aeropuerto.[9] El tercer implicado, Bogard Felipe Lugo, fue detenido por la SSP pero está a punto de ser liberado por los cargos menores que le fincó la propia institución pese a la muerte de sus compañeros.

El negro historial de Genaro García Luna forma parte de su ADN desde que fue coordinador de Inteligencia de la Policía Federal Preventiva durante 1999-2000. Pero a partir de que fue nombrado titular de la Agencia Federal de Investigación (AFI) por Vicente Fox el 1° de diciembre de 2006 los señalamientos en su contra y en contra de su equipo se multiplicaron, lo mismo que su poder dentro de la policía mexicana. Han sido acusados una y otra vez de trabajar, operar y proteger al cártel de Sinaloa y a los Beltrán Leyva, así como a importantes bandas de secuestradores. Las denuncias se encuentran registradas en expedientes judiciales por lo menos desde mayo de 2005, cuando las camionetas de la AFI, encabezada por García Luna, y su personal eran utilizados por los Beltrán Leyva para cazar a Los Zetas que pretendían invadir la plaza de Acapulco, entonces en poder de La Federación.[10]

La historia de corrupción, crímenes, extorsiones, secuestros y protección a organizaciones de narcotráfico de Genaro García Luna y su equipo ha dejado una estela de lodo y desprestigio indeleble en la institución policiaca, que se ha convertido en un cuerpo de seguridad prácticamente inviable para el próximo gobierno debido al grado de penetración de la delincuencia organizada, a la desconfianza y al repudio generalizado de una sociedad harta de su impunidad.

[9] *Proceso*, núm. 1862, 7 de julio de 2012.

[10] Anabel Hernández, *Los señores del narco*, México, Grijalbo, 2010, p. 415. Declaración ministerial del testigo protegido *Karen*, 5 de octubre de 2005, causa penal 15/2008-IV, de la cual la autora tiene copia.

No hay lugar donde ha estado presente la Policía Federal en el que no hayan secuestrado, extorsionado y violentado a la sociedad: Michoacán, Chihuahua, Guerrero, Jalisco, Estado de México, Nuevo León, Veracruz, San Luis Potosí, Durango, Coahuila, la Ciudad de México. Los hombres de García Luna, como mercenarios fieles, terminaron aceptando dinero de todos los cárteles y protegiendo sólo a uno: al cártel de Sinaloa. Con los demás dejó pendientes cuentas por pagar.

García Luna es un policía formado en los bajos fondos del viejo sistema policiaco corrupto del PRI. A la edad de 21 años, en 1989, ingresó al Centro de Investigación y Seguridad Nacional (Cisen) cuando estudiaba ingeniería mecánica en la Universidad Autónoma Metropolitana (UAM). En 1999 comenzó a trabajar en la Policía Federal Preventiva, que entonces dependía de la Secretaría de Gobernación; como coordinador de inteligencia de dicha corporación era corresponsable de la vigilancia del penal de máxima seguridad de Puente Grande, Jalisco, cuando *El Chapo* Guzmán tomó el control del penal y planeó su salida con la ayuda de funcionarios públicos, entre los cuales presuntamente se hallaba el propio García Luna.

Su carrera siempre fue gris y controvertida por la protección que brindó a grandes secuestradores como Marcos Tinoco, alias *El General*.[11] Se supo ganar la voluntad de Vicente Fox y Felipe Calderón con base en la complicidad, la manipulación y su actitud servil, detrás de la cual oculta sus ansias de poder y sus problemas de personalidad.

Sobre García Luna y su equipo más cercano sólo hay evidencias de su falta de confiabilidad: carencia de exámenes de control de confianza, riqueza inexplicable, denuncias judiciales directas de

[11] Anabel Hernández, *Los cómplices del presidente*, México, Grijalbo, 2008, pp. 245-248.

integrantes del crimen organizado, expedientes de homicidios sin resolver, amenazas de muerte contra líderes sociales y periodistas, abuso de autoridad, extorsiones y secuestros contra la población civil.

Felipe Calderón sabía quién era García Luna y su equipo antes de tomarlo en cuenta para su gabinete de seguridad. En la etapa de transición del gobierno de Fox al gobierno de Calderón, Juan Camilo Mouriño recibió información de inteligencia, de parte de algunos generales de la Secretaría de la Defensa Nacional, acerca de las relaciones del actual secretario de Seguridad Pública con algunos narcotraficantes de peso. Las pruebas consistían en videograbaciones y fotografías de hombres como Luis Cárdenas Palomino, el más cercano a Genaro García Luna, en las que platica, convive y recibe dinero de los miembros de La Federación, a quienes estaba obligado a combatir y no a tener como amigos. Felipe Calderón lo sabía, y si nombró a García Luna titular de la SSP no fue a pesar de eso sino precisamente por eso.

Nadie se explica bien a bien las razones de Felipe Calderón para mantener en su puesto a García Luna hasta el final: ¿una íntima amistad?, ¿miedo de lo que el policía sabe de él?, ¿complicidad?, ¿los juegos de gotcha en los jardines de Los Pinos? Lo cierto es que algunas personas directamente relacionadas con el primer círculo del secretario de Seguridad Pública desde hace más de una década afirman que a través de su personal el "club social" del *Chapo* Guzmán hizo llegar dinero a la campaña de Calderón.

Hasta ahora el único testimonio que implica la relación de Calderón con el narcotráfico es el de Sergio Villarreal Barragán, alias *El Grande*, quien afirmó en 2010, ante la PGR, que en septiembre de 2006 —después de las elecciones presidenciales— sostuvo un encuentro "social" con Calderón en Torreón, Coahuila. Ocurrió en una fiesta celebrada por Guillermo Anaya, amigo personal de Felipe Calderón, quien, según *El Grande*, proporcionaba protección a sus actividades de narcotráfico desde hacía tiempo. De acuerdo con las declaraciones del *Grande*, al conocer su identidad el presidente panista amablemente se puso a sus órdenes como si se tratara de un empresario y no de un narcotraficante de la lista de los más buscados por el gobierno.[12] En suma, no se puede entender la historia de Calderón y de su nefasto sexenio sin la figura de Genaro García Luna, el hombre de los mil rostros. Todos con el mismo rasgo: la corrupción.

EL EQUIPO

Durante los últimos seis años México ha vivido la peor crisis de inseguridad, violencia e impunidad de su historia contemporánea, pues tuvo a la peor policía de todos los tiempos, encabezada por García Luna y un equipo que actuó más como una cuadrilla de delincuentes que como autoridad al servicio de la sociedad. Al igual que García Luna, ninguno de sus integrantes salió ileso del escándalo y el descrédito. Algunos, incluso, tampoco salieron indemnes de la venganza de grupos de narcotraficantes que fueron traicionados pese al pago puntual de los millonarios sobornos a los mandos policiacos.

El lunes 9 de mayo de 2011 Televisa, comparsa de García Luna en muchas escenas de simulación montadas durante el sexenio para ocultar la realidad, estrenó una nueva serie televisiva en alta definición: *El equipo*, producida por el multiexitoso Pedro Torres, conocido por programas como el *reality show Big Brother México* y *Mujeres asesinas*. El propósito del programa no tenía precedente: "Realizar una serie sobre el valor, el esfuerzo y el amor de un equipo de hombres y mujeres, policías federales, que cada día arriesgan

---

[12] *Proceso*, núm. 1777, 20 de noviembre de 2010.

175

su vida para proteger la nuestra", según la página de internet del Canal de las Estrellas.

De acuerdo con fuentes directamente vinculadas con la producción el programa primero iba a llamarse *El Greco*. En Televisa se afirma que en toda la planeación participó Alejandra Sota Mirafuentes, directora de Comunicación Social de la Presidencia de la República, con la evidente anuencia de Felipe Calderón. El claro propósito de la serie era apoyar la imagen de García Luna y cambiar la percepción de la ciudadanía acerca de que en la SSP federal y en su Policía Federal existe una gran corrupción. Pues bien, la SSP gastó más de 118 millones de pesos en dicha serie de televisión.[13] Se suponía que el programa iba a ser distribuido en diversas temporadas, pero ante la adversa opinión pública el proyecto fue cancelado.

De aquel oscuro equipo de la SSP destacaron los siguientes personajes.

Luis Cárdenas Palomino alias El Pollo

Su último cargo fue como coordinador de Seguridad Regional. Fue acusado de haber participado en un triple homicidio cuando tenía 18 años. Él se declaró culpable, según el documento firmado de su puño y letra, del cual tengo una copia. Ha sido señalado directamente por capos como Sergio Villarreal, alias *El Grande*, de trabajar para el cártel de Sinaloa y para los Beltrán Leyva, y de recibir millones de dólares en sobornos.[14]

El último de los escándalos en el que estuvo involucrado fue la balacera en el Aeropuerto Internacional de la Ciudad de México,

[13] *El Universal*, 13 de julio de 2011.
[14] *Proceso, loc. cit.*

ocurrida el 25 de junio de 2012 y encabezada por policías federales, bajo sus órdenes, que presuntamente se disputaban el botín de un cargamento de droga. Desde el sexenio de Fox, la AFI, y en el gobierno de Calderón, la Policía Federal, son acusadas de solapar el tráfico de drogas en la terminal aérea.[15]

El Pollo también es el artífice de uno de los casos más conocidos de invención de culpables: el de Florence Cassez, a quien en diciembre de 2005, en su papel de funcionario de la AFI, golpeó e intentó presionar para que se declarara culpable de formar parte de una banda de secuestradores. El caso derivó en un conflicto diplomático con el gobierno de Francia, nación que tiene la certeza de que Cassez es inocente, como la tienen muchas organizaciones y diversos académicos que revisaron a fondo su expediente.

Luis Cárdenas, actualmente divorciado, con dos hijos, vive en un lujoso departamento de Bosques de las Lomas, percibe un sueldo mensual de 136 073 pesos mensuales netos, menos que Lizeth Parra, la chica consentida de Genaro García Luna.[16]

Facundo Rosas Rosas alias El Terminator

Fue comisionado de la Policía Federal (2008-2012). Desde la AFI hasta la Policía Federal tenía bajo sus órdenes a Lorena González Hernández, mejor conocida como la *Comandante Lore*, acusada de haber participado en el secuestro y asesinato del niño Fernando Martí en 2008, abusando de su cargo como policía. Además de ese secuestro, fue acusada de participar en otros casos infames como parte de la organización de secuestradores La Flor. Cuando González Hernández fue detenida, en septiembre de 2008, Rosas

---

[15] Anabel Hernández, *op. cit.*, 2010, pp. 558-563.

[16] Información obtenida de su última declaración patrimonial presentada en mayo de 2012 ante la SFP.

Rosas y García Luna negaron que trabajara en la Policía Federal.[17] Pero la verdad es que Lorena ocupó el cargo de subdirectora de la Dirección de Secuestros y Robos de la Policía Federal[18] y era íntima amiga y subalterna de Rosas Rosas. Desde su encarcelamiento, la SSP federal ha buscado por todos los medios deslindarla del caso, pero las pruebas en su contra son sólidas. El último cargo que le fue asignado a Rosas Rosas fue el de subsecretario de Prevención, Vinculación y Derechos Humanos de la SSP. Por proteger a personas como Lorena González Hernández el gobierno federal le paga a Rosas Rosas 137 164 pesos mensuales libres de impuestos.

Lizeth Parra Salazar

La flamante subsecretaria de Planeación y Protección Institucional de la SSP federal es la sombra de Genaro García Luna: con base en una férrea veneración y una defensa rabiosa de su jefe ha logrado escalar posiciones en la dependencia. En ninguno de los cargos que ha desempeñado desde la AFI hasta ahora ha durado un año completo. Brincó de puesto en puesto al son que le tocó su jefe. De editora de noticias en TV Azteca, en 2005, súbitamente pasó a ser directora general de Planeación Policial de la AFI. Siguió a su jefe a la SSP, donde fue nombrada coordinadora general de Asuntos Internos. A principios de 2007 pasó a desempeñarse como coordinadora de asesores. En 2008 fue nombrada directora general de la oficina del secretario. En 2010 su puesto cambió de título: titular de unidad de la oficina del secretario, y en 2012 se convirtió en subsecretaria.

[17] Hechos ocurridos el 9 y el 11 de septiembre de 2008.
[18] La autora tiene en su poder los documentos que prueban esta afirmación.

El tesón que Lizeth Parra utiliza para intentar censurar a los medios de comunicación que critican a García Luna, es el mismo que empleaba para embelesar a quienes lo aplaudían. Su "ingenio" y su "capacidad intelectual" eran tales, que cuando en 2009 denuncié la existencia de la millonaria residencia de más de 20 millones de pesos que el secretario de Seguridad Pública construyó en el costoso fraccionamiento Jardines en la Montaña, Parra le dijo a la columnista Katia D'Artigues que la fotografía de la inmensa residencia del secretario estaba "truqueada", pues en realidad no era tan grande como parecía. Insólita justificación a la súbita riqueza de su jefe. Por su "creatividad" el gobierno federal le paga 138 818 pesos mensuales libres de impuestos.[19]

Maribel Cervantes

Ésta es una de las mujeres más cercanas a García Luna y por quien éste siente más afecto. Después de desfilar por todo el organigrama de la SSP, en febrero de 2012, a petición de García Luna, Felipe Calderón la nombró comisionada de la Policía Federal. Fue la responsable de la emboscada orquestada por policías federales contra funcionarios del gobierno de Estados Unidos y un capitán de la Marina de México, el 24 de agosto de 2012 en Morelos, hecho que desató una soterrada disputa diplomática de consecuencias incalculables. Hasta mayo de 2012 tenía un sueldo de 122 158 pesos mensuales.[20]

---

[19] Información obtenida de su última declaración patrimonial presentada en mayo de 2012 ante la SFP.

[20] Información obtenida de su última declaración patrimonial presentada en mayo de 2012 ante la SFP.

Blanca Rocío Medina Barrera

Actual secretaria particular de Genaro García Luna, es parte de su equipo desde los tiempos del Cisen, donde elaboraba "documentos de análisis". Comenzó a laborar en la AFI en 2002 como subdirectora del área de análisis. El 1° de diciembre de 2006, cuando García Luna fue designado titular de la SSP, la nombró secretaria particular en sustitución del polémico Mario Velarde, quien cumplió esa misma función durante toda su época en la AFI y ha sido señalado varias veces como un funcionario involucrado con el cártel de Sinaloa.

En su primera declaración patrimonial, en 2002, Blanca Rocío aseguró haber obtenido el título de licenciada en relaciones internacionales por la UNAM, pero en 2007 omitió esa información y declaró tener el título de licenciada en administración por la Universidad del Valle de México.

Blanca es la guardiana de los secretos de García Luna: de su estado de ánimo, de sus viajes, de sus arrebatos, de su rabia, de sus victorias y de sus fracasos. Por el desempeño de esa tarea cobra 123 000 pesos mensuales libres de impuestos.[21]

Estas tres mujeres: Lizeth, Maribel y Blanca, forman lo que en la SSP federal todos llaman El Búnker, aunque bien podrían llamarles Equipo Vuitton, pues ostensiblemente usan esa lujosa marca de pies a cabeza. Son los cancerberos de García Luna, representan su última línea de fuego, su defensa más segura; de ahí el apodo de El Búnker. Juntas son el trío que defiende, por todo y ante todo, al secretario de Seguridad Pública.

Cárdenas Palomino y Facundo Rosas suelen quejarse del poder que ostentan estas tres mujeres y aseguran que su jefe las puso cerca de él porque cree que son más manipulables que sus secuaces varones.

---

[21] Información obtenida de su última declaración patrimonial presentada en mayo de 2012 ante la SFP.

Benito Roa Lara

Éste es otro de los fieles pupilos de García Luna desde principios de la década de los noventa en el Cisen. Actualmente es titular de la División de Inteligencia de la SSP federal, aunque cuando ingresó a esta dependencia en 2007 no había terminado su educación preparatoria. Era jefe directo de la *Comandante Lore* cuando se le acusó de haber perpetrado el plagio del niño Martí.

Además de este caso, Roa Lara ha estado relacionado con otros dos sucesos de alto impacto social: el del empresario de San Miguel de Allende, Eduardo García Valseca (2007), y el de Silvia Vargas, la hija de Nelson Vargas (2008). En ambos casos, de acuerdo con las denuncias presentadas por los familiares de las víctimas, Roa Lara mostró mucho interés en asegurar un mayor pago a los secuestradores y jamás siguió las pistas para dar con su paradero y aprehenderlos, pese a que había información clave, entregada por los familiares; además, intimidó a la esposa de García Valseca, Jayne Rager, exagerando la peligrosidad del grupo que había secuestrado al empresario.[22]

Por otra parte, Silvia Vargas fue asesinada y los supuestos responsables fueron detenidos muchos meses después. Sin embargo, el padre de la víctima afirmó que el secuestrador con el que negoció el rescate de su hija no es el que señala Cárdenas Palomino y acusó que desde un principio la familia proporcionó información valiosa para que se diera con los responsables y nunca se le dio trámite.[23]

Desde Estados Unidos, adonde tuvieron que irse para proteger su vida, García Valseca y Jayne Rager denunciaron la corrupción

[22] La autora realizó una amplia entrevista a García Valseca y a su esposa en Washington.

[23] *El Universal*, 29 de julio de 2009.

de la SSP federal durante el secuestro del empresario. Después de esa experiencia brutal, Jayne enfermó de cáncer y murió en mayo de 2012 sin que a su vida llegara la luz de la justicia.

Por su trabajo ineficaz, cómplice de los secuestradores, Benito Roa Lara percibe un sueldo neto mensual de 118 015 pesos.[24]

Armando Espinosa de Benito

Este hombre es titular de la División de Investigación de la Policía Federal. Comenzó su carrera como policía de crucero en la Ciudad de México. En 2008, con la preparatoria terminada, García Luna lo nombró coordinador general de Fuerzas Federales de Apoyo, instancia responsable de los operativos implementados por el gobierno federal en diferentes estados de la República para llevar seguridad a las calles.

No obstante, lo único que llevó fue mayor violencia y a un grupo de policías federales extorsionadores, secuestradores y corruptos, según quejas presentadas en Guerrero, Michoacán, Jalisco y Chihuahua, entre otros.

Espinosa de Benito proviene de una modesta familia que es propietaria de un puesto de tacos en la colonia Portales, El Tancítaro. Su esposa Rebeca Ibarra tampoco pertenece a una familia de grandes recursos. Oficialmente, Espinosa de Benito afirma tener como únicos bienes un departamento de 120 metros cuadrados en Taxqueña, Ciudad de México; pero en los hechos su fortuna asciende a mucho más. Posee una amplia y lujosa residencia en Lomas de Cocoyoc de la cual se ostenta como dueño, de acuerdo con un video que obra en mi poder. En su extenso jardín, el cual

---

[24] Información obtenida del Portal de Obligaciones de Transparencia de la SSP.

poda en sus ratos de ocio, organiza fiestas con más de 300 asistentes y olvida la discreción para dar paso al uso de costosos relojes Rolex, que colecciona con la misma persistencia con la que atesora plumas Mont Blanc.

Pese a su sueldo de policía, Espinosa de Benito ha pagado memorables fiestas de bodas a sus dos hijas. Una se llevó a cabo el 20 de enero de 2007 en el Club de Golf México, y otra el 19 de enero de 2008 en el Hotel Camino Real de Mariano Escobedo. Posee lujosos vehículos y compró casas a sus dos hijas en Churubusco y una para él.

Sus hijas y su esposa son clientes frecuentes de la boutique Frattina ubicada en Masarik, Polanco, y asisten a sus desfiles de moda. Personas allegadas a la familia afirman que poco después de la detención de Eduardo Arellano Félix, alias *El Doctor*, ocurrida en octubre de 2008, a la casa de Espinosa de Benito, en Churubusco, comenzaron a llegar cajas de huevo repletas de dólares.

Cuando Sergio Villarreal declaró que los Beltrán Leyva pagaban dinero a Cárdenas Palomino, también denunció que Espinosa de Benito recibía esos sobornos. Y su nombre es citado con mucha frecuencia en narcomantas en las que lo acusan de su presunta corrupción.

Su hija Nora es una activa twittera. A través de @noresbi ha publicado frases del tipo: "Qué poca mandarina, cómo es posible que asesinaran a sus propios compañeros, malditos vendidos" (25 de junio de 2012, después del tiroteo entre policías federales en la Terminal 2 del aeropuerto del Distrito Federal); "Por pinches prepotentes, para qué no se detuvieron si ya saben cómo están las cosas" (24 de agosto de 2012, luego de la emboscada de la Policía Federal contra el vehículo diplomático del gobierno de Estados Unidos en Huitzilac, Morelos).

Espinosa de Benito tiene un ingreso mensual de 136 073 pesos libres de impuestos.

Édgar Millán

De todos los que han trabajado para García Luna, con este hombre tenía una amistad más antigua. Siendo comisionado de la Policía Federal fue ejecutado el 8 de mayo de 2008 en el barrio bravo de Tepito. El presidente Felipe Calderón y su jefe le rindieron un homenaje de héroe envolviendo su féretro con la bandera nacional. Sin embargo, ese mismo año, en los informes de la Secretaría de Seguridad Pública del Distrito Federal su nombre quedó asentado como presunto protector de Sergio Ortiz Juárez, líder de la banda de secuestradores que plagió al menor Fernando Martí. Y el 9 de marzo de 2009, José Salvador Puga Quintanilla, alias *El Pitufo*, terminó con el mito: reveló con lujo de detalles cómo, desde 2007, Édgar Millán y algunos compañeros recibían órdenes y sobornos del cártel de Sinaloa. "Descanse en paz, con el honor del deber cumplido, Édgar Millán Gómez", dijo García Luna en las exequias del policía caído. Ahora, su fotografía cuelga como fantasma de corrupción en las paredes de las oficinas de los mandos de la SSP.

Quienes son testigos de los hechos afirman que cuando Millán fue asesinado por haber traicionado a Arturo Beltrán Leyva, luego de la ruptura de éste con el cártel de Sinaloa, Luis Cárdenas Palomino corrió a reunirse con Édgar Valdez Villarreal, alias *La Barbie*, y Gerardo Álvarez, alias *El Indio*, lugartenientes de los Beltrán Leyva, para suplicar por su vida.

El Indio ha contado a sus amigos cercanos sobre las carretadas de dinero en sobornos que entregaba a Cárdenas Palomino y al equipo de García Luna.

Igor Labastida

Después de Édgar Millán, Igor Labastida, cuyo último puesto fue el de director de Investigaciones Especiales y coordinador general

184

de Tráfico y Contrabando, corrió con la misma suerte. Su vida fue truncada el 26 de junio de 2008 cuando lo acribillaron mientras comía en una fonda de la Ciudad de México. Ese día, en su camioneta Cadillac fue hallado un millón de dólares, según reportes extraoficiales. Tiempo después su nombre apareció vinculado a la banda de Sergio Ortiz Juárez y a un presunto narcotraficante con vida de junior, George Khouri Layón, alias *El Koki*, y en averiguaciones previas junto a Millán y a Garay Cadena.

Gerardo Garay Cadena

Este hombre fue predecesor de Millán en la Policía Federal. De acuerdo con su currículum oficial cuenta con una triple certificación de control de confianza: PGR, DEA y Policía Federal. Pese a lo anterior, en 2008 pasó de usar el uniforme de la Policía Federal al de preso. En octubre de ese año fue acusado de haber trabajado al servicio del cártel de Sinaloa desde que trabajaba en la AFI con García Luna, recibiendo órdenes directas de Arturo Beltrán Leyva, entonces integrante de esa organización criminal.

Pese a los intentos del secretario de Seguridad Pública de que librara la prisión y quedara impune, como tantos otros de su equipo, Garay Cadena fue recluido en un penal de mediana seguridad de Tepic, Nayarit, llamado El Rincón. Aunque otros testimonios en su contra su fueron acumulando, en noviembre de 2011, Laura Serrano Alderete, juez segundo de distrito en ese penal, lo halló culpable sólo de robo y lo absolvió de los cargos de delitos contra la salud y delincuencia organizada. Le impuso una sentencia de cuatro años y salió de prisión en octubre de 2012. Un triunfo que Genaro García Luna se atribuye personalmente.

Francisco Javier Garza Palacios

Entre otros cargos, *El Frutilupis* ocupó la coordinación general de Seguridad Regional de la Policía Federal Preventiva (PFP). En 2007 Garza Palacios fue acusado de permitir el paso de una caravana de 12 vehículos en los que viajaban sicarios del cártel de Sinaloa, los cuales mataron a 22 policías municipales en Cananea. El gobernador de Sonora, Eduardo Bours, exigió su salida del estado. Oficialmente, la SSP anunció su despido, pero su amigo y jefe Genaro García Luna le asignó la función de agregado de seguridad en la embajada mexicana en Colombia. Dejó esa plaza en 2010 y en la actualidad nadie sabe nada de él.

Francisco Gómez Meza

En 2010 dejó de ser director del penal de máxima seguridad de Puente Grande, Jalisco, y pasó a ser huésped de una cárcel federal acusado de trabajar para el cártel de Sinaloa.

Mario Velarde

Secretario particular de García Luna durante los seis años que este último estuvo al frente de la AFI y colaborador muy cercano de la SSP, Velarde fue acusado en 2008 de trabajar para el cártel de Sinaloa. Logró que no lo detuvieran pero renunció a su cargo casi inmediatamente.

Luis Manuel Becerril Mina

Este hombre es integrante del equipo predilecto de García Luna. El 30 de abril de 2008, por recomendación directa de Luis Cárdenas Palomino y del secretario de Seguridad Pública federal, fue nombrado director de la Policía Ministerial del Estado de México. Con su llegada se calentó la plaza y además ocurrió la ejecución de 24 albañiles en La Marquesa. El gobierno de Enrique Peña Nieto se deshizo de él y García Luna lo recomendó como director de la Policía Municipal de Bahía de Banderas, Nayarit. En noviembre de 2010 fue aprehendido, acusado de trabajar para el cártel de Sinaloa, como la mayoría de los hombres cercanos a García Luna.

Roberto Reyna Delgado

En 1996 era apenas un modesto jefe de almacén de la Feria de Chapultepec, encargado de alimentos y bebidas. En 2001 fue subdirector del área de informática de la AFI y ha llegado a ganarse la confianza del secretario de Seguridad Pública, quien en julio lo nombró primer secretario agregado de la Policía Federal. Su nombre salió a la luz en 2008 por ser parte no sólo del círculo de García Luna sino del de José Alberto Pérez Guerrero, alias *Felipe*, quien después de ser denunciado por la embajada de Estados Unidos en México por trabajar para el cártel de Sinaloa y los Beltrán Leyva fue detenido en aquel país y ahora es testigo protegido de la PGR en el caso Operación Limpieza.

Éstos son los mandos de la narcopolicía que Felipe Calderón envió a todos los rincones del país a incendiar México y que serán juzgados por la historia. Estarán para siempre en la galería de los funcionarios corruptos que traicionaron a la sociedad mexicana.

García Luna, ¿zorro o gallina?

Desde el inicio de su sexenio, el presidente Felipe Calderón defendió a Genaro García Luna y a su equipo por encima incluso de su propio beneficio. La suya fue una fe ciega, sin fundamento alguno; ni siquiera respetó el estándar que impuso su gobierno a los gobiernos estatales y municipales en torno a la aplicación periódica de exámenes de confianza por parte de los mandos policiacos.

El gobierno calderonista impuso la aplicación de pruebas de polígrafo, toxicológicas, psicológicas, patrimoniales y médicas a todas las policías estatales y municipales para saber si un mando policiaco era confiable. Por supuesto que la idea no era mala. Lo cuestionable fue que nunca las aplicó a los mandos de su policía corrupta.

El 21 de agosto de 2008 en la Conferencia Nacional de Gobernadores, por presión de Felipe Calderón, se determinó que el único instrumento legal para evaluar si un policía era confiable, desde un secretario de seguridad pública federal, estatal y municipal, hasta un elemento de calle, eran los exámenes estipulados en el Acuerdo Nacional por la Seguridad, la Justicia y la Legalidad, y en la Ley General del Sistema Nacional de Seguridad Pública.

Es oportuno señalar que existe un Centro Nacional de Certificación y Acreditación que forma parte del Secretariado Ejecutivo del Sistema Nacional de Seguridad Pública, el cual valida los centros de certificación y acreditación de los estados y define las políticas y los criterios de evaluación. Este Centro Nacional de Control y Acreditación está bajo la responsabilidad de la SSP federal, de acuerdo con el Programa Sectorial de Seguridad Pública 2007-2012.

Según la información oficial proporcionada por el Secretariado Ejecutivo del Sistema Nacional de Seguridad Pública,[25] la evalua-

---

[25] Solicitud de información núm. 2210300015611, presentada por la autora el 30 de mayo de 2011.

ción de control de confianza deberá aplicarse cada dos años. Los Centros de Control de Confianza de cada estado que cuenta con ellos deben ser validados previamente por la SSP federal. Pero por supuesto ésta no los validó: se trataba de presionar políticamente a dichos estados para que se sometieran de manera directa a la certificación de la dependencia federal, la cual aplicaría los exámenes de control de confianza a policías de todos los estados y de todos los municipios. Estos exámenes se aplican en las instalaciones de la secretaría o por compañías privadas contratadas por ella misma.

Al final, la dependencia determina quiénes pasan y quiénes no. Gracias a esa facultad, Genaro García Luna pudo imponer a los mandos policiacos en algunos estados y municipios. Por ejemplo, en Oaxaca presionó al gobernador Gabino Cué para que nombrara a Marco Tulio López, un hombre muy cercano al propio García Luna, como funcionario de la SSP federal. En Bahía de Banderas, por su parte, recomendó como director de seguridad pública a Luis Manuel Becerril Mina, quien fue aprehendido a finales de 2010 por trabajar para el cártel de Sinaloa.

Durante los seis años del gobierno calderonista, los exámenes de confianza de los policías fue un tema que el presidente de la República utilizó política y económicamente. Con ese pretexto responsabilizaba a las policías "corruptas" de los estados del alto índice de delincuencia y mediante el Subsidio para la Seguridad Pública de Municipios y Demarcaciones Territoriales del Distrito Federal (Subsemun) castigaba económicamente a los estados que no sujetaban a sus policías a la certificación de la SSP federal; además, les quitaban el presupuesto para combatir el crimen, con lo cual generaban un círculo vicioso.

La intención de García Luna y Calderón era crear una policía única eliminando las policías de estados y municipios, con el objetivo de concentrar mayor poder en sus manos. La justificación de hacerse de una policía única se basó en el hecho de que los funcionarios de las policías estatales y municipales no aplicaban las evaluaciones de control de confianza, o no las aprobaban. En pocas palabras, García Luna quería ser el jefe único de esa gran policía.

Cada vez que podía hacerlo, Felipe Calderón hacía un enérgico reclamo a los gobernadores en el sentido de que sus policías no eran sometidos a los exámenes de confianza y de que quienes sí lo hacían no los aprobaban. Una de sus rabietas más encendidas por este motivo ocurrió el 30 de octubre de 2011 en la sesión del pleno del Consejo Nacional de Seguridad Pública, donde el presidente Calderón planteó una muy ilustrativa disyuntiva. Se refirió a los exámenes de confianza que por ley se tienen que aplicar periódicamente a los funcionarios y a los elementos de los cuerpos policiacos del país, y a la lenta depuración de las policías estatales: "Se los digo de corazón: después de tantos años de estar viendo este fenómeno no podemos dejar al zorro dentro del corral de las gallinas. Tienen que salir los malos policías de los cuerpos policiacos".

En el encuentro, el Sistema Nacional de Seguridad Pública balconeó a los gobernadores. Reveló que 77 altos mandos encargados de aplicar las estrategias anticrimen reprobaron los exámenes de confianza. Entre ellos había secretarios de Gobierno, de Seguridad Pública, y procuradores.

El Secretariado Ejecutivo del Sistema Nacional de Seguridad Pública informó que en el caso de la SSP y de la Policía Federal "el personal de las instituciones federales es evaluado por sus propios Centros de Control de Confianza" y este procedimiento debe realizarse por lo menos cada dos años.[26] Independientemente de lo anterior, la normatividad de la SSP y de la Policía Federal exige para ingresar a las filas de ese cuerpo policiaco y ocupar una posi-

---

[26] *Idem.*

ción de mando aplicar y aprobar los exámenes de confianza; de lo contrario el aspirante debe ser rechazado.

Desde 2008 ha habido denuncias documentadas del que fuera coordinador de seguridad regional de la Policía Federal, Javier Herrera Valles —encarcelado injustamente a finales de ese mismo año y liberado en septiembre de 2012—, contra García Luna y su equipo, en el sentido de que los altos funcionarios de la SSP y de la Policía Federal no aprobaban los exámenes de confianza aplicados por la directora adjunta de Control de Confianza, Gabriela Peláez Acero.

Aun así, el comité de reclutamiento, selección e ingreso de la Policía Federal, en sesiones de las que hay documentos que lo prueban, determinaba que quienes no aprobaban los exámenes sí cumplían con el "perfil requerido" o eran "aptos para el cargo", con lo cual violaban la ley, porque para cumplir con el perfil simplemente se deben aprobar los exámenes.

En octubre de 2011 García Luna tuvo una ríspida visita a la Cámara de Diputados. Durante el gobierno de Felipe Calderón sus comparecencias no habían sido tersas, dada la escandalosa conducta de corrupción de su equipo. En las primeras se le veía desesperado: con frecuencia pasaba la mano por su frente; el poco elocuente secretario no convencía ni a su sombra. Con el tiempo aprendió a mentir y eso lo alivió. Pero en aquella sesión una pregunta le incomodó sobremanera. La hizo el diputado del PRI, Guillermo Márquez, miembro de la Comisión de Seguridad Pública de la Cámara de Diputados. Le preguntó si estaría dispuesto a someterse a la prueba del polígrafo. Su cuestionamiento no fue fortuito. Márquez era diputado por Chihuahua y representaba a una sociedad que ha sido asolada cotidianamente por el crimen organizado durante todo el sexenio de Felipe Calderón.

La presencia de la SSP federal en Ciudad Juárez, en 2010 y 2011, provocó más violencia y más corrupción. Los propios policías federales asentados en esa ciudad denunciaron que sus mandos secuestraban y extorsionaban a la sociedad civil. Líderes sociales, como Julián y Alejandro Lebarón, en julio de 2012 exigieron el retiro de la Policía Federal de Nuevo Casas Grandes, Chihuahua, por haberse comprobado que eran los autores de actos de abuso de autoridad y corrupción.

La carta ciudadana que publicaron es un botón de muestra de la terrible policía federal cuyos mandos corruptos arruinaron la vida de la comunidad.

Ascensión, Chihuahua, a 2 de julio de 2012

Carta abierta a la Policía Federal.
División de Fuerzas Federales.
División de Seguridad Regional
Sede: Nuevo Casas Grandes, Chihuahua

Atendiendo el ofrecimiento que nos hizo públicamente el C. comandante Julio Alberto García Hernández, el día miércoles 27 de junio de 2012, durante nuestra visita a la oficina de la Policía Federal [de Caminos] en Nuevo Casas Grandes.[27]

Venimos a manifestar a ustedes, por este medio, lo siguiente:

Dada la realidad que enfrentamos los pobladores del noroeste de Chihuahua queremos hacer del conocimiento de la corporación de la Policía Federal [de Caminos]:

---

[27] Este pronunciamiento del comandante Julio Alberto García Hernández fue documentado y grabado por los medios nacionales que estuvieron presentes frente a las oficinas de la Policía Federal en Nuevo Casas Grandes, Chihuahua, y fue reproducido en el programa *Punto de Partida* de Denise Maerker, transmitido la noche del jueves 28 de junio de 2012 en el Canal 2 de Televisa.

192

—Que hemos llegado a la conclusión de que es mejor encargarnos nosotros mismos de la seguridad de los caminos que comunican a nuestra región.

—Que es un hecho notorio que la gente de nuestras comunidades tiene intereses intrínsecos en la paz y la prosperidad de la región y por tanto no se puede esperar a que esos intereses legítimos puedan ser bien protegidos por aquellos policías que actualmente dirigen su presencia aquí y que nadie conoce ni se sabe de dónde son.

—Que el daño causado por esta corporación federal a toda la región es irreparable, y al ver que ya se ha perdido la confianza de la población, no podemos de manera irresponsable e ingenua seguir siendo excluidos de participar de manera directa en nuestra propia seguridad y bienestar. Por tanto, creemos que lo mejor es que sean chihuahuenses y delegados de la población local quienes se encarguen de la seguridad de los caminos de esta región.

—Que nunca más queremos ser infraccionados, incautados ni detenidos por personas investidas de poder y autoridad, que no respondan directamente a nuestras comunidades por sus actos, prácticas o apoyo policial a otras autoridades.

—Que queremos manifestar a esta Policía Federal [de Caminos], que como personas son bienvenidas cuando quieran visitar nuestras comunidades, siempre y cuando estén conscientes y advertidos de que la presencia de esa corporación como tal, en estas regiones, es una herida abierta que se debe sanar.

—Que les pedimos que respeten la voz del pueblo, que es de donde emana toda legitimidad de toda autoridad.

Por lo anterior les pedimos de forma respetuosa que se retire a la mayor brevedad posible la Policía Federal [de Caminos] del noroeste de Chihuahua.

Sin más por el momento, y en representación de los ciudadanos del noroeste de Chihuahua, quedamos de ustedes en espera de una respuesta favorable y reiteramos que nos mantendremos atentos y vigilantes de la atención y el cumplimiento de esta petición firme y colectiva.

Atentamente:
C. Alejandro Lebarón González. Diputado local del estado de Chihuahua.
C. Jaime Domínguez Loya. Alcalde del municipio de Ascensión, Chihuahua.
C. José Mendoza Valdez. Alcalde del municipio de Janos, Chihuahua.
C. Luis Fernando Cobos Sáenz. Alcalde del municipio de Nuevo Casas Grandes, Chihuahua.
Luis Javier Mendoza Valdez. Alcalde del municipio de Casas Grandes, Chihuahua.
C. Basilio Sabata. Alcalde del Municipio de Galeana, Chihuahua.
C. Isidro Vega. Alcalde del municipio de San Buenaventura, Chihuahua.
C. Julián Eduardo Lebarón Ray.
Ciudadanos hartos de obstrucciones y extorsiones…
Abran paso y dejen de joder.
Canaco
Canacintra
Coparmex

C.C.P. Comisionada general de la Policía Federal de la SSP, maestra Maribel Cervantes Guerrero. Presente.

Ante el reto planteado por el diputado de Chihuahua, Genaro García Luna, bajo protesta de decir verdad, aseguró a los legisladores que él era el policía que "más" se había sometido a la prueba del polígrafo, "y no sólo en la secretaría, sino en organismos internacionales". Molesto, retó al diputado Márquez a que se hiciera dicha prueba, aunque la ley no contempla que los legisladores deban ser sometidos a ella.

Como fue la regla y no la excepción, las palabras de García Luna demostraron ser absolutamente falsas. En los 12 años que fungió como director general de la AFI y Secretario de Seguridad Pública federal jamás presentó ni un solo examen de control de confianza; ni el polígrafo, ni el psicológico, ni patrimonial ni médico. Ni uno solo, aunque siempre estuvo obligado por la ley, aun antes del acuerdo firmado en 2008.

En mayo de 2011 solicité a la SSP y a la Policía Federal[28] las copias de los exámenes de confianza aplicados de 2007 a 2011, así como sus resultados, de los siguientes personajes: Genaro García Luna, Luis Cárdenas Palomino, Facundo Rosas Rosas, Francisco Javier Gómez Meza, Víctor Gerardo Garay Cadena, Édgar Enrique Bayardo del Villar, Édgar Eusebio Millán Gómez, Mario Arturo Velarde Martínez y Roberto Reyna Delgado.

La SSP respondió que la solicitud se debió haber hecho a la Policía Federal. Ésta tardó tres meses en responder. En agosto de 2011, Moisés Robles Cruz, director general de Asuntos Jurídicos de la Policía Federal, respondió que respecto a Cárdenas Palomino, Rosas Rosas, Gómez Meza, Velarde Martínez y Garay Cadena no iba a proporcionar la copia de los exámenes porque estaba clasificada como confidencial por 12 años. Y el resultado de los exámenes los catalogó como "datos personales", por lo cual no iba a dar esa información pese a que es de interés público fundamental para saber si esos policías estaban cumpliendo con la ley para ocupar sus puestos.

[28] Solicitudes de información presentadas por la autora a la SSP, núm. 0002200081111, y a la Policía Federal, núm. 0413100037911, el 27 de mayo de 2011.

Lo único que informó la Policía Federal fue que dichos funcionarios se habían sujetado a diversas evaluaciones de 2007 a 2011, sin especificar cuántas y en qué años. Más tarde pude comprobar que lo que había informado la institución policiaca era mentira.

En relación con Bayardo y Millán la Policía Federal afirmó que no se darían a conocer los resultados de sus exámenes de confianza porque los funcionarios están muertos. El último cargo de Millán fue como comisionado, y el de Bayardo como inspector de operaciones de la corporación.

En relación con Genaro García Luna, la Policía Federal respondió que, con base en el acuerdo 12/2010, emitido por el propio secretario de Seguridad Pública, la Dirección de Control de Confianza de la Policía Federal realizaría las evaluaciones al personal activo de la SSP. "Sin embargo en el caso de las unidades administrativas dependientes del sector central de dicha secretaría los resultados son informados a la instancia competente." Por lo cual la Policía Federal aseguró que era necesario pedir los resultados a la propia SSP. Como ocurría casi siempre, en la SSP mintieron otra vez, pues en dicho acuerdo jamás se establece que los resultados de exámenes como el de García Luna sean entregados a la SSP, sino que la propia Policía Federal los tenía en su poder.

Durante varios meses, tanto la SSP como la Policía Federal, que depende de aquélla, intentaron ocultar la información. Presenté recursos de inconformidad ante el IFAI y nueve meses después conocí la verdad que Calderón y García Luna ocultaron durante los seis años del gobierno panista: el secretario de Seguridad Pública federal jamás presentó un solo examen de confianza.

El 25 de noviembre de 2011 la Policía Federal me entregó una hoja de la Dirección General de Recursos Humanos, en la que se pretende acreditar que a mediados de 2011, después de que presenté mi solicitud de información, el secretario realizó un examen

196

de confianza. El único que presentó en 12 años al mando de las corporaciones policiacas que ha ocupado.

El documento que me entregó la Dirección General de Control de Confianza está tachado con marcador negro en sus partes sustanciales. No dice nada con el pretexto de que se trata de información confidencial. Ese papel, sin ello oficial o folio que lo legitime, no es prueba fehaciente de que García Luna haya sido sometido a un examen de confianza. El documento ni siquiera se parece a los entregados en la misma solicitud respecto de Facundo Rosas Rosas y Luis Cárdenas Palomino, ni a los documentos de evaluación oficiales que se entregan a la Policía Federal, que constan de varias hojas en las que al final se incluye un "resultado integral" de la evaluación.

Dicho documento fue elaborado el 7 de julio de 2011, un mes después de que presenté mi solicitud de información (27 de mayo); lo cual sugiere que ante mi pregunta la SSP mandó falsificar un documento para acreditar que García Luna presentó *un* examen durante todo su periodo como titular de la SSP. Si hubieran respondido rápidamente a mi solicitud quizás habrían tenido que decir que el secretario de Seguridad Pública no presentó ningún examen.

En la hoja que me entregó la Policía Federal en 2011 casi de manera ilegible se señala que el documento permanecerá en calidad de confidencial durante los siguientes cinco años, por lo que la sociedad mexicana podrá ver el contenido de ese documento hasta 2016. Ése es el grado de confianza que la sociedad pudo tener en el secretario de Seguridad Pública federal. Si realmente presentó los exámenes de confianza y los aprobó, Genaro García Luna no hubiera desaprovechado la oportunidad de limpiar su imagen; pero si no lo hizo es porque no los presentó o simplemente los reprobó.

De acuerdo con una solicitud de información hecha a la PGR acerca de los seis años que Genaro García Luna fue titular de la

AFI, se desprende que tampoco durante ese tiempo se sometió a ningún examen de control de confianza. Ni uno solo.[29]

Todos los recursos y los correos electrónicos que envié al IFAI manifestando mi inconformidad por las respuestas evasivas de la SSP y de la Policía Federal sobre los exámenes de confianza de García Luna y su equipo, fueron armando un amplio expediente en el IFAI. En noviembre de 2011 este instituto exigió de manera terminante a la Policía Federal que respondiera con claridad si García Luna había presentado exámenes de confianza en 2007, 2008, 2009, 2010 y 2011, y cuáles eran las documentales específicas de cada uno de esos exámenes y el año en que fueron aplicados.

También exigió que la Policía Federal se pronunciara con más claridad sobre los exámenes de confianza presentados por el resto de los funcionarios señalados en mi solicitud. Sin más opción, en febrero de 2012 la Policía Federal me envió la información correspondiente. Confirmó que Genaro García Luna no presentó ningún examen de confianza de 2007 a 2010, haciendo énfasis en que se le aplicó sólo el de 2011, el primero y el único en todo el sexenio calderonista. De acuerdo con la normatividad interna de la SSP, García Luna no podía ser nombrado secretario si antes no aprobaba los dichosos exámenes.

El caso de Luis Cárdenas Palomino es similar. La Policía Federal reconoció que Cárdenas Palomino en cinco años en la SSP y en la Policía Federal sólo presentó una evaluación de control de confianza: en 2008. El único documento que accedieron a proporcionarme está totalmente en negro, lo mismo que el historial de Cárdenas Palomino. Sólo aparece su rostro y hasta abajo una leyenda: "Cumple", sin que señale en ninguna parte que aprobó las cinco fases del examen.

[29] *La Jornada*, 27 de marzo de 2011.

Por su parte, de Facundo Rosas Rosas tampoco me entregaron los exámenes de confianza que por ley debió haber realizado. La Policía Federal sólo me remitió tres hojas tachadas con marcador negro. En una apenas aparece su rostro pero toda la información fue bloqueada y, por lo tanto, negada a la sociedad.[30] En ninguna parte se indica que el comisionado de la policía más importante, con más recursos y más facultades del país, haya aprobado los exámenes. Sólo brevemente, en un recuadro, aparece la leyenda: "Apto" o "Cumple con el perfil".

En agosto de 2011, la Policía Federal desmintió su primera respuesta a mi solicitud. En su nueva comunicación reconoció que Víctor Gerardo Garay Cadena, quien en 2009 fue acusado por abuso de autoridad, violación, delincuencia organizada y fomento al narcotráfico, sólo presentó un examen de control de confianza (en 2008) pero no se sabrá hasta dentro de 12 años si lo aprobó. En lo que respecta a Gómez Meza, éste presentó un solo examen (también en 2008), pero no se informa si lo aprobó o no. Sólo se incluye la leyenda: "Cumple con el perfil". Sin embargo, de acuerdo con documentos dados a conocer por el comisario Herrera Valles en 2008, eso significaba que aunque el funcionario hubiera reprobado los exámenes se le permitía continuar en la institución.

Por su cuenta, Mario Arturo Velarde sólo presentó un examen de confianza (en 2007). El único resultado que aparece en el documento que obra en mi poder se resume en la leyenda: "Continúe trámite de contratación", lo cual no significa su aprobación. Debe recordarse que Velarde fue secretario privado de García Luna en la AFI; al parecer en 2008 estuvo involucrado en las tareas de protección al cártel de Sinaloa y a los Beltrán Leyva, por lo que fue citado a declarar en la PGR. Iba a ser detenido el 27 de noviembre de 2008 en un operativo pero se fugó. Días después pidió su

---

[30] La autora tiene copia de dichos documentos, obtenidos gracias a la Ley Federal de Acceso a la Información Pública.

retiro voluntario y se esfumó. Quienes lo conocen bien recuerdan las leyendas de terror sobre las tropelías que Velarde, Cárdenas Palomino, Rosas Rosas, Millán y el resto del equipo de García Luna cometían a diestra y siniestra.

Otro caso: Édgar Enrique Bayardo, otro policía muy cercano al secretario de Seguridad Pública y a la DEA en México, acusado de trabajar a las órdenes del narcotraficante Ismael *El Mayo* Zambada y quien fue detenido en octubre de 2008 y ejecutado en diciembre de ese mismo año, en los días en que testificaba contra Garay Cadena y otros mandos de la SSP y de la Policía Federal. De acuerdo con esta última dependencia, sí presentó un examen de confianza pero se niegan a entregar los resultados. Lo mismo ocurre en el caso de Roberto Reyna Delgado, otro de los grandes allegados de García Luna, quien sólo presentó un examen (en 2008); el único resultado que consigna el documento entregado es: "Cumple".

Finalmente, el "niño héroe" Édgar Millán, acusado de crimen organizado, a cuya imagen rendirá tributo el vergonzante museo recién construido por la SSP atrás de sus instalaciones en la avenida Constituyentes de la Ciudad de México, jamás presentó un solo examen de control de confianza, de acuerdo con la información que dicha secretaría proporcionó por órdenes del IFAI.

El tema de los exámenes de confianza de Genaro García Luna no era menor. En tal circunstancia, el 11 julio de 2008 solicité a la PGR copia de las posibles averiguaciones previas abiertas contra el policía de 1990 a 2008, para saber de qué delito se le acusaba y si dichas averiguaciones estaban concluidas o se encontraban en trámite. La PGR tardó más de dos meses en responder. Reconoció que sí había averiguaciones previas contra García Luna —no especificó cuántas ni qué delitos se le imputaban—, pero se negó a entregar la información con el argumento de que al hacerlo protegía el "buen nombre" del funcionario.

Sin embargo, a principios de 2009 el IFAI ordenó la entrega de la información sobre las averiguaciones previas contra García Luna, pero hasta ahora la PGR no lo ha hecho. En marzo de 2012 el IFAI volvió a ordenar su entrega. "Es de relevancia e interés para la sociedad saber cuántas denuncias existen en contra del encargado de la seguridad pública nacional", opinó el instituto.

En noviembre de 2008 un grupo de policías federales entregó una extensa carta a diputados de la LX Legislatura en la que afirmaron que el secretario de Seguridad Pública tiene acusaciones en su contra de narcotraficantes que lo implican en una red de sobornos y corrupción. En la carta se señala:

Asimismo en la SIEDO hubo declaraciones y denuncias por parte de presuntos delincuentes pertenecientes a organizaciones delictivas de alto peso en la República mexicana donde refieren el encubrimiento y la participación de altos mandos en la SSP que les brindaban protección y tenían conocimiento y participación en las actividades delictivas de estos grupos; estos denunciantes se han apegado al programa de testigo protegido en la PGR y a quienes denuncian es a Genaro García Luna, Facundo Rosas Rosas y Luis Cárdenas Palomino, entre otros, como los que les brindaban protección por arreglo monetario.

De manera paralela a esas denuncias, en 2009 y 2010 documenté la súbita e inexplicable fortuna de García Luna, que no corresponde ni a su salario de secretario de Estado, ni a sus declaraciones patrimoniales oficiales, ni a sus ahorros de más de 20 años de carrera policiaca, ni a sus declaraciones fiscales. Tampoco se sacó la lotería ni lo heredó un pariente rico. En esos dos años acumuló propiedades por más de 50 millones de pesos: dos residencias de las que era dueño oficialmente, de acuerdo con documentos notariales, en el lujoso fraccionamiento Jardines en la Montaña, una en Montaña de Omoa núm. 17, con un valor de 7.5 millones de pesos, y otra que mandó construir en cuatro meses a finales de 2008, en Monte Funiar núm. 21, con un valor de 20 millones de pesos.

Por si fuera poco, en 2010 descubrí la milagrosa transformación de los predios ubicados en Amate, números 11, 12 y 13, en el fraccionamiento Pedregal de las Fuentes, del municipio de Jiutepec, Morelos, de los cuales García Luna es propietario. En 2008 eran sólo terrenos baldíos con una modesta construcción y una vieja alberca. Ese año inició los trabajos de construcción y ahora el lugar es más parecido a una fortaleza por la altísima barda que rodea una finca de 2585 metros cuadrados, donde se edificaron dos nuevas residencias de tipo minimalista con grandes ventanales, en medio de un amplio jardín, una alberca azul profundo, y mantenidas por un séquito de empleados que igual cortan el pasto que barren y riegan la calle.

En 2009, para amedrentar a la prensa y evitar el seguimiento de un asunto de rendición de cuentas, García Luna mandó detener a dos periodistas de la empresa TVC que le daban seguimiento a nuestra información, con la especie de que eran sicarios que querían perpetrar un atentado o un secuestro contra su familia, ya que los detuvieron mientras videogrababan a la esposa del secretario. Todo fue un ardid del funcionario, como lo muestra la resolución de la PGR en mi poder: AP/PGR/DDF/SZC/CAM/1266/2009-04, pero funcionó para asustar a la prensa y que no siguiera investigando su riqueza inexplicable. En 2010 hizo el mismo numerito. Detuvo a tres colaboradores que cooperaban conmigo en la investigación, en torno de su propiedad en Jiutepec, con el mismo ardid.

Desde 2009, cuando realicé la investigación sobre el tema, nunca más volvió a hacer públicas sus declaraciones patrimoniales. Jamás podría justificar el origen del dinero con que adquirió sus propiedades y su colección de autos y de motocicletas Harley Davidson.

En su prestigiada columna Plaza Pública del 10 de mayo de 2011, Miguel Ángel Granados Chapa hizo referencia a las amenazas que recibí por parte de García Luna al investigar las irregularidades que lo rodean. El gran periodista escribió:

> Al comenzar su discurso ante la multitud reunida en la Plaza de la Constitución, al cabo de la Marcha Nacional por la Paz con Justicia y Dignidad, el poeta Javier Sicilia demandó al presidente Felipe Calderón el despido de Genaro García Luna como una señal de que había escuchado el mensaje de los ciudadanos que quieren vivir tranquilos.
>
> No sorprende que se exigiera la renuncia del secretario de Seguridad Pública. En una larga jornada pletórica de símbolos, la mención de García Luna tuvo esa calidad. Es el estereotipo del funcionario que por acción u omisión ha contribuido al deterioro de la convivencia social...
>
> García Luna no ha servido a la sociedad, antes al contrario la arremete. La colosal fuerza armada que se le ha permitido reclutar 35 000 agentes —la Policía Federal— en la mayor parte de los lugares donde actúa es parte del problema y no de la solución. Y el propio secretario García Luna, lejos de garantizar con su desempeño el alcance de las metas necesarias para la nación, mantiene bajo amenaza a una periodista que ha reunido vasta información sobre su conducta y su patrimonio, difícilmente conciliable con sus ingresos como servidor público.

Hoy Miguel Ángel ya no está con nosotros y no pudo ser testigo de un castigo ejemplar a los policías corruptos.

La máxima de Felipe Calderón se cumplió al pie de la letra: los zorros estuvieron en el gallinero durante los seis años de su gobierno. Por eso la SSP y la Policía Federal estuvieron en el centro de los escándalos de corrupción, abuso de poder, atentados y acuerdos con el crimen organizado.

Fue la propia Margarita Zavala, esposa del presidente de la República, quien, harta de la influencia de García Luna sobre su esposo, envió con un hombre de toda su confianza su petición a Sicilia de que pidiera la renuncia de García Luna. Ni así funcionó.

García Luna ha sido un simulador. Quienes lo conocen bien se refieren a él como un hombre que miente hasta cuando no es necesario; además es megalómano, gris, falso y corrupto. Ni a sus pares es capaz de serles leal. Un día de 2008 le dio "cine" hasta a sus propios escoltas, cuando se fue a una reunión con Arturo Beltrán Leyva para que no pudieran ser testigos de lo que ocurriría, según fuentes de información directamente involucradas en el caso.

LA REUNIÓN CON BELTRÁN LEYVA

En octubre de 2008 se llevó a cabo un operativo policiaco en una residencia ubicada en el Desierto de los Leones, encabezado por el comisionado de la Policía Federal, Víctor Garay Cadena. Como testimonio para la memoria pública de lo que ocurrió en ese lugar quedaron las denuncias sobre la agresión sexual y física que sufrieron varias mujeres colombianas que se encontraban en la residencia, el robo de joyas, el saqueo de sus departamentos, una orgía con las prostitutas que habían sido contratadas para la fiesta que interrumpió el operativo, el robo del perro de uno de los narcos y la venta de armas con cacha de oro decomisadas a los Beltrán Leyva y al cártel de Sinaloa.[31]

Un grupo de policías federales inició una investigación de los hechos ocurridos en el operativo, del que logró escapar Harold Poveda, mejor conocido como *El Conejo*, proveedor de droga del

---

[31] *Cf.* Anabel Hernández, *op. cit.*, 2010, capítulo 10.

cártel de Sinaloa y de los Beltrán Leyva. La investigación fue bautizada como "La Visita de las Siete Casas" y reconstruyó los hechos ocurridos en los departamentos saqueados por Garay Cadena y por su gente.

De esa manera se supo que aquella noche no sólo escapó *El Conejo* sino también el mismísimo Arturo Beltrán Leyva, quien también estuvo en el festejo. La gente de Garay Cadena, y el propio Cárdenas Palomino, le permitieron que se diera a la fuga con la autorización previa de Genaro García Luna, según afirman los elementos encargados de las pesquisas.[32]

Días después, Genaro García Luna viajaba rumbo a la Ciudad México por la carretera federal Cuernavaca-Tepoztlán, en Morelos. En Ahuatepec, a la altura del fraccionamiento Los Limoneros, la camioneta en que transitaba junto con sus escoltas se topó con una caravana de tres camionetas; en ellas viajaban Arturo Beltrán Leyva, alias *El Barbas*; Édgar Valdez Villarreal, alias *La Barbie*, y un séquito de escoltas, provenientes de Puebla. Aquellas camionetas, dos negras y una dorada, interceptaron el vehículo del secretario de Seguridad Pública federal. García Luna tranquilizó a sus escoltas: "Nadie haga nada, yo lo arreglo", y se bajó del vehículo, para impedir de ese modo un enfrentamiento armado. Se veía tranquilo, como si se tratara de un encuentro previsto.

En vez de cocer a balas a García Luna, los guardias de seguridad del *Barbas* desarmaron a los escoltas del secretario, les quitaron las armas que llevaban y los vendaron.

"Para que veas que te podemos ubicar cuando queramos", dijo en voz alta un hombre que presumiblemente era Arturo Beltrán Leyva, una vez que los escoltas estuvieron completamente vendados de los ojos. Acto seguido, García Luna se subió a una de las tres camionetas, donde venía *El Barbas*, y desapareció con rumbo

---

[32] La autora se entrevistó con testigos presenciales de estos sucesos.

desconocido. Dicen que las camionetas se fueron en sentido contrario al que venían circulando, en dirección al fraccionamiento Los Limoneros, donde Beltrán Leyva tenía una casa de seguridad, que un año después fue *reventada* por la Secretaría de Marina en coordinación con el gobierno de Estados Unidos.

Los escoltas del secretario de Seguridad Pública cuentan que se quedaron en la carretera cuatro o cinco horas esperando, hasta que comprendieron que su jefe no iba a regresar. García Luna nunca regresó. Después se reencontrarían con él sin que les diera ninguna explicación.

Fuentes de información directamente involucradas con los hechos aseguran que se elaboraron dos o tres tarjetas informativas de carácter oficial para reportar lo sucedido, ya que los elementos debían justificar el robo de las armas. Por su parte, García Luna removió a todos los escoltas que lo acompañaron ese día —la mayoría habían sido cambiados de la AFI a la Policía Federal— y los reubicó en otras áreas. Así, la historia fue corriendo de voz en voz y llegó a la Cámara de Diputados en noviembre de 2008.

La explicación que proporcionan los escoltas entrevistados para esta investigación es que el secretario de Seguridad Pública quería cobrar la "atención" que había tenido para Arturo Beltrán Leyva al dejarlo escapar del Desierto de los Leones, pero no podía hacerlo de manera muy evidente, así que inventó toda esa escena para justificar el "levantón". "Genaro le da *cine* a todo el mundo, hasta a sus propios escoltas", se quejan las personas que fueron testigos de la manera en que García Luna se fue con *El Barbas.*

Durante muchos años, desde que era titular de la AFI, García Luna y su gente dieron protección a los Beltrán Leyva cuando eran integrantes de La Federación, constituida y encabezada por *El Chapo* Guzmán. Beltrán Leyva, socio de ese grupo criminal, era el responsable de pagar los sobornos a la amplia red de complicidad con la que contaba el cártel en gobiernos locales, pero sobre todo en los gobiernos encabezados por Vicente Fox y Felipe Calderón. Parte de esa red, de acuerdo con decenas de declaraciones ministeriales en poder de la PGR, de las cuales poseo copia, estaba integrada por García Luna y su equipo más cercano.

Por su parte, integrantes del equipo cercano a Luis Cárdenas Palomino recuerdan que la relación con *La Barbie* —lugarteniente de Beltrán Leyva— llegó a ser tan estrecha que compartían la pasión por las motocicletas Harley Davidson y realizaban largos paseos.

Después de la ruptura de La Federación ocurrida en enero de 2008, provocada por la captura de Alfredo Beltrán Leyva, el menor del clan conformado por tres hermanos, el gobierno de Felipe Calderón emprendió una embestida contra el grupo criminal una vez que ya no eran socios de su cártel protegido: el de Sinaloa. Dada la vieja relación de complicidad con la AFI, ésta quedó fracturada, pues unos optaron por proteger a los Beltrán Leyva y otros al cártel de Sinaloa.

Romper con *El Barbas* después de tantos años de complicidad no era sencillo ni sensato, así que el secretario de Seguridad Pública, como se dijo más arriba, le hizo un último favor: permitió su fuga del operativo del Desierto de los Leones. Y el día en que se subió a la camioneta de la comitiva del *Barbas*, allá por la carretera Cuernavaca-Tepoztlán, fue a cobrar el favor en efectivo.

Lo que García Luna ignora es que no fueron sólo los narcotraficantes del bando contrario a los que servía, sino los propios oficiales de su corporación, hartos de la delincuencia de sus mandos, quienes en 2008 orquestaron la colocación de mantas en diferentes ciudades del país exigiendo al presidente de la República un castigo para él, para Cárdenas Palomino y para otros mandos policiacos.

LAS MALETAS DE COCA EN EL AEROPUERTO DE GUADALAJARA

> A Luis Mucel Campos [agente del Ministerio Público federal adscrito a la PGR] le dan cada 13 días cuando las maletas o las cajas se van a Tijuana o a Mexicali. Antes de esto los oficiales de la Policía Federal le llaman por Nextel para ponerse de acuerdo, ya que éste sube a las salas de última espera para corroborar lo que le dicen y no le vayan a picar los ojos, ya que por cada pieza de droga que va arriba del avión le dan 1 000 dólares y cuando se envía por la carga del avión le dan 2 000 dólares los oficiales de la Policía Federal Preventiva con los que tiene contacto directo para hacer esto.

Así comienza una impactante misiva que me entregó su autor, un funcionario de la SSP, en 2008. En ella se refiere a la forma en que la Policía Federal, en coordinación con un agente del Ministerio Público federal, coordinaba el tráfico de drogas en el Aeropuerto Internacional de Guadalajara. Los envíos se realizaban a Tijuana, Mexicali y Chicago. La hago pública hasta este momento después de corroborar que los hechos denunciados son dignos de crédito —aunque no se conoce investigación judicial alguna al respecto— y por la relevancia que implica que el Consejo de la Judicatura pueda ser tan fácilmente penetrado por el narcotráfico, por desconocimiento o por complicidad.

En los días a que se refiere la misiva y en la época en que me fue entregada, Mucel Campos estaba adscrito a la delegación de la PGR en Guadalajara como agente del Ministerio Público federal. Ese cargo lo ocupa desde principios de 2000.

En 2003 declaró un sueldo anual de 286 773 pesos y aseguró que su único bien era una televisión de 23 000 pesos. En 2006 declaró un sueldo menor y ser propietario de una motocicleta Honda y de una *pick up* Chevrolet, que según su propia declaración le costó 225 000 pesos, casi el sueldo de todo un año de trabajo. Más adelante, en 2008 declaró un sueldo anual de 319 844 pesos y la compra de una motocicleta Harley Davidson de 135 000. Y, finalmente, en 2012 declaró un sueldo anual de 394 978 pesos, un automóvil Chevrolet Camaro 1996, que le fue donado en 2010, una camioneta Lincoln modelo 2002 y deudas por cerca de 500 000 pesos, incluido un crédito hipotecario.

Actualmente Mucel Campos es agente del Ministerio Público federal adscrito a la delegación de la PGR en Jalisco, un estado que comienza a sufrir los estragos del narcotráfico. En mayo de 2012 su nombre apareció en la relación de personas que presentarían el examen de aptitud ordinario para la categoría de secretario de tribunal de circuito o juzgado de distrito, la cual fue publicada por el Instituto de la Judicatura Federal Escuela Judicial Extensión Jalisco. Si Mucel Campos, como señala la carta de denuncia, cobraba entonces 2 000 dólares por caja o maleta, ¿cuánto podría cobrar por proporcionar información privilegiada de un expediente o por inclinar la balanza de la justicia a favor de un narcotraficante siendo secretario de un tribunal o juzgado de distrito?

"Los oficiales de la Policía Federal Preventiva con los que tiene contacto directo para hacer esto son: Hurtado Reyes, Barrios, Beltrán Ayala, Rodríguez Magaña, Gaytán Tovar, Montoya Araiza", añade la carta, y describe con detalle el *modus operandi* que ejemplifica una vez más que la SSP que dirige Genaro García Luna opera como otro cártel de la droga y no como la autoridad que debe combatirlos.

Al revisar en los registros públicos los probables cargos de estos presuntos funcionarios encontré a un policía federal de apellido Rodríguez Magaña (Ricardo Alejandro) adscrito al aeropuerto de Tijuana, como señala la misiva, con funciones de "inspección y vigilancia", cargo que según el registro público desempeña desde el año 2000.

Por lo demás, también tuve acceso al contenido de un documento de la Comisaría del Aeropuerto Internacional de Guadalajara, fechado el 6 de marzo de 2007, que incluye los nombres de los elementos de la Policía Federal que integraban el "Estado de Fuerza". Los nombres completos de los suboficiales de la Policía Federal a los que se refiere la carta son: Juan Carlos Beltrán Ayala, Juan Manuel Gaytán Tovar, Julián Javier Montoya Araiza, Javier Barrios Guerrero y Pablo César Hurtado Reyes.

Según la misiva, Montoya tenía contacto con la "plaza", es decir, con los narcotraficantes que controlaban Guadalajara, quienes en esa época estaban bajo el mando de Ignacio Coronel Villarreal, socio del cártel de Sinaloa. Montoya mantenía comunicación a través de un radio Movistar que le proporcionó un sujeto apodado *El Talíl*, quien le daba la información a Mucel Campos sobre cómo estaban las cosas para trabajar sin problemas.

Por otro lado, se afirma que un oficial de la Policía Federal, apodado *El Chilango*, adscrito al Servicio de Apoyo en Tierra (Seat), coordinaba todo el procedimiento en la plataforma "para subir la droga al avión". Se señala su dirección en una unidad habitacional de Fovissste, Rancho Alegre, donde presuntamente tiene dos propiedades y una mueblería. Se sabe que *El Chilango* cuenta con un hombre de confianza en el Seat, Antonio Bribiesca, quien le ayuda cuando él no ocupa su turno de trabajo.

Además, se presume que días antes de que me entregaran la carta, una persona del Seat vio

que dos compañeros subieron a la panza del avión de Aeroméxico, con destino a Chicago, Illinois, Estados Unidos, cuatro cajas de cartón conteniendo en su interior cocaína, percatándose de que Toño supervisaba que todo estuviera bien, y que en ese momento se acercó una patrulla de la Policía Federal Preventiva, núm. 9359 RAM, de la cual bajó un oficial, que se asomó a los compartimentos de carga del avión y se mantuvo ahí hasta el despegue de éste.

El oficial que subió al avión es Gaytán Tovar: "Y este mismo trabaja el envío de cocaína a Tijuana desde su llegada a este aeropuerto [de Guadalajara] con un ex compañero de la Policía Federal Preventiva originario de Guadalajara".

La persona de la Policía Federal responsable de todo lo que ocurría entonces en el Aeropuerto Internacional de Guadalajara era Jorge Cabrera Zegbe, quien tenía el cargo de "inspector" de la Comisaría del Sector Aeropuerto. Presumiblemente en la actualidad Cabrera Zegbe se encuentra retirado.

La escandalosa corrupción en la SSP de García Luna no pasó inadvertida para muchos funcionarios del gobierno de Estados Unidos adscritos a la embajada de ese país en México. Desde el inicio del gobierno de Felipe Calderón, éste presentó a su secretario de Seguridad Pública como el único interlocutor en materia de seguridad y crimen organizado.

Durante todo el sexenio la embajada estadounidense en México estuvo dividida internamente entre quienes apoyaban a García Luna y a su policía corrupta y quienes lo investigaban y enviaban oficios confidenciales a Washington reportando la corrupción interna en la SSP federal y la presunta colusión de sus mandos con la delincuencia organizada en México. La DEA se apoyaba en García Luna; la CIA, el FBI y el Pentágono le tenían recelo. Todos conocían muy bien el historial del secretario de Seguridad Pública federal.

CAZANDO A LOS GRINGOS

A unos meses de que concluyera la administración de Felipe Calderón, la Policía Federal de Genaro García Luna volvió a hacer una de las suyas: llevaron a cabo un operativo para ejecutar a unos funcionarios del gobierno de Estados Unidos en Morelos.

Eran alrededor de las ocho de la mañana del 24 de agosto de 2012 cuando una camioneta Toyota blindada color negro, placas diplomáticas BCM-242, circulaba en un camino de terracería, en el poblado de El Capulín, Morelos, municipio de Huitzilac; había tomado ese camino procedente de la carretera federal México-Cuernavaca. Hacía sólo unos cuantos minutos que había cruzado el límite del Distrito Federal y se había internado en Morelos.

El paraje, otrora arbolado, ahora es un espacio despejado; unos cuantos árboles aquí y allá, nada que obstruya la visibilidad. La brecha conduce al tramo de una larga ciclovía que conecta a Morelos y el Distrito Federal, en un paraje conocido como Fierro del Toro, también utilizado por quienes gustan de las cuatrimotos. En el lugar no se distingue ninguna guarnición militar ni nada semejante, excepto un claro en lo alto de un cerro donde hay una espesa zona boscosa.

Oficialmente, a bordo del vehículo de la embajada de Estados Unidos en México viajaban dos funcionarios que fueron identificados como Jess Hoods y Stan Dove —aunque aún se desconoce si son sus nombres reales—, así como un capitán de la Secretaría de Marina que los acompañaba en plan de "traductor" y guía.

Transitaban sobre el camino de terracería cuando de repente tres vehículos particulares —una camioneta verde, una camioneta amarilla y un Chevy azul—, con hombres armados vestidos de civil, comenzaron a disparar a mansalva ráfagas de metralleta contra la camioneta de la embajada. El funcionario del gobierno de Estados Unidos que conducía la Toyota dio un violento volantazo a la pesada camioneta con blindaje grado 7 —el máximo en el mercado comercial— y corrió a campo traviesa para retomar la autopista federal México-Cuernavaca. El escape fue de película.

Los empleados de la gasolinera ubicada justamente en el kilómetro 47 de la vía libre presenciaron la impactante escena. Los tres vehículos particulares continuaron la persecución de la Toyota que tomó la vía federal rumbo al poblado de Tres Marías. Según algunas versiones, publicadas en diversos medios de comunicación, a la cacería se sumaron otros vehículos particulares. Por el peso del blindaje la camioneta no podía correr a la velocidad que suelen hacerlo esos modelos y en el kilómetro 50, cerca de Tres Marías, el Chevy logró darle alcance y le cerró el paso sin dejar de disparar. En este auto y en los demás vehículos que atentaron contra los funcionarios de la embajada viajaban policías federales sin uniforme y sin el armamento propio de la corporación. También se consigna que en la emboscada participaron personas a pie. En total, disparaban contra la camioneta entre 18 y 20 personas.[33]

Ya sobre la carretera federal rumbo a Cuernavaca, con el claro fin de asesinar a los funcionarios de Estados Unidos, se sumó un comando de unidades de la Policía Federal que, según su propia versión, arribó a petición de una alerta y también comenzaron a disparar contra la Toyota, haciendo caso omiso de sus placas diplomáticas, y nunca contra los otros vehículos civiles, que fungían como "muro", una estrategia que utilizan las bandas de delincuentes para bloquear las vías de comunicación y así lograr consumar el delito y que los perpetradores se den a la fuga.

Según algunas fuentes consultadas, las unidades de la Policía Federal salieron de Cuernavaca, Morelos, y para llegar al lugar de los hechos en tan poco tiempo debieron de haber abandonado su base antes de que comenzara el ataque, lo que hace más evidente la planeación premeditada del atentado.

De acuerdo con las fotografías publicadas por los medios de comunicación, las balas se concentraron en los vidrios del piloto y el copiloto y en el medallón del vidrio trasero. Los policías y los expertos saben que el punto más vulnerable de un blindaje, la única manera de penetrar el vehículo y sacar a sus tripulantes o

---

[33] *La Jornada*, 12 de septiembre de 2012.

asesinarlos, es venciendo los vidrios a balazos. El piloto y el copiloto eran los funcionarios del gobierno de Estados Unidos, y en la parte trasera de la camioneta viajaba el capitán de la Marina.

Sólo alguien que hubiera tenido información previa de que el vehículo diplomático iba a circular ahí a esa hora con dos funcionarios de la embajada a bordo pudo haber fraguado la celada con tanta eficacia.

El capitán de la Marina y los funcionarios estadounidenses resistieron la lluvia de balas dentro del vehículo y no se bajaron. El blindaje de los vidrios estaba por ceder, lo cual era el objetivo de los agresores. Sin embargo, en ese instante llegaron los vehículos de la Marina que atendieron el llamado de auxilio de su compañero, quien pidió refuerzos durante la persecución sin tregua. En cuanto arribaron los autos particulares y los elementos de la Policía Federal, la corporación bajo las órdenes de Genaro García Luna, los victimarios se dieron a la fuga.

Gracias a que uno de los marinos que llegó en auxilio de los funcionarios estadounidenses tenía una cámara de video pudo registrar las placas de algunas unidades que participaron en el atentado.[34] Gracias a esa cámara se supo que la SSP había hecho que sólo se presentaran a las indagatorias algunos elementos de la Policía Federal que habían participado en esos hechos, encubriendo de esa manera a los mandos del operativo para matar a los gringos.

"Nosotros llegamos en apoyo porque estábamos esperando a nuestro compañero y a los dos norteamericanos aquí abajo; cuando llegamos aquí, los federales y los civiles huyeron", narró un oficial de la Marina en el lugar de los hechos.[35]

La Policía Federal, a cargo del secretario de Seguridad Pública, quedó de nuevo en entredicho la mañana del viernes 24 cuando

[34] *Idem.*
[35] Reforma.com, 24 de agosto de 2012.

efectivos de esa corporación participaron en la emboscada contra el vehículo de la embajada estadounidense en el que presuntamente viajaban dos agentes de la DEA que buscaban a Héctor Beltrán Leyva, *El H*, escoltados por el capitán de la Marina mexicana.

La noche de los hechos la embajada de Estados Unidos acusó sin cortapisas que se había tratado de una "emboscada", dando por hecho se trató de una agresión premeditada. El capitán de la Marina declaró a las autoridades que era impensable una confusión y que nunca los particulares ni la Policía Federal les marcaron el alto. De ahí en adelante toda la información se manejó de manera muy hermética y la tensión entre México y Estados Unidos fue creciendo.

Los servidores públicos del gobierno estadounidense fueron sacados de México a las pocas horas de haber cumplido con sus protocolos de seguridad. De acuerdo con fuentes consultadas en ese país, en Washington se encendió un foco de alerta máxima.

Una versión *light* de los hechos es que los dos pasajeros que iban a bordo de la camioneta eran supuestos instructores de tiro que iban a impartir un curso a la Marina mexicana. Una versión más compleja, de fuentes vinculadas con la embajada de Estados Unidos, señala que no eran dos sino cuatro los funcionarios del gobierno estadounidense los que viajaban en la camioneta: presuntamente dos eran miembros de la CIA y los otros dos eran funcionarios del área de inteligencia del Pentágono, amo y señor de Washington, el ala dura del gobierno de Estados Unidos que suele optar por las medidas radicales.

El protocolo de la policía más rudimentaria en México obliga a que los elementos que acuden en auxilio de un operativo lo hagan previa orden superior. Antes de disparar deben pedir autorización para hacerlo al centro de mando e informan acerca de las características y las placas del vehículo sujeto a persecución.

Al revelar las placas diplomáticas desde el centro de mando, en este caso el búnker de la Policía Federal en Iztapalapa, la información se procesa en los bancos de datos. García Luna presume la eficacia de la llamada Plataforma México, que se encuentra en ese centro de mando, el corazón de inteligencia de la SSP federal donde supuestamente se tienen registros de criminales, huellas dactilares, información detallada de los policías —comenzando por los propios— y registro de vehículos y placas. La Plataforma México, irónicamente fue financiada con recursos del gobierno de Estados Unidos a través del Plan Mérida.

Del centro de mando de Iztapalapa debió salir la orden para disparar luego de corroborar que las placas diplomáticas eran auténticas y estaban asignadas a vehículos de la embajada de Estados Unidos. No hay posibilidad de error.

Doce policías federales fueron detenidos horas después por haber participado en la balacera, aunque no fueron los únicos que actuaron en esa agresión. Sus abogados alegaron que sólo obedecieron a un llamado de apoyo emitido por otros policías federales, cuya identidad y paradero se desconoce, y sostienen que dispararon en medio de la confusión. Los otros responsables siguen prófugos.

Ninguna de las versiones proporcionada por las partes a través de filtraciones de la Secretaría de Marina, de la Secretaría de la Defensa Nacional, de la SSP y de Los Pinos coincide con la otra, excepto en que ocurrió el ataque contra el automóvil diplomático. Hay quienes afirman que eran funcionarios de la CIA y quienes aseguran que se trataba de militares retirados. La filtración de los nombres de dos de esos funcionarios no corrió por cuenta del gobierno de Estados Unidos sino del gobierno mexicano, lo cual Washington considera un segundo ataque a los intereses estadounidense, igual de grave que el primero.

Cuando el gobierno de México filtró su identidad, aunque no fuesen sus nombres reales, se pusieron en riesgo todas las demás operaciones en el mundo en las que pudieron haber participado con esa identidad. Quienes saben del tema aseguran que el gobierno de Estados Unidos se verá obligado a borrar cualquier huella que hayan dejado sus agentes. Los hombres de la CIA y de inteligencia del Pentágono cuidan sus identidades como su propia vida; revelarla es una forma de eliminarlos, y el gobierno de Calderón así lo hizo.

Por su parte, la comisionada de la Policía Federal, Maribel Cervantes; Luis Cárdenas Palomino, coordinador de seguridad regional, y Facundo Rosas Rosas, ex comisionado de la Policía Federal, quien termina el sexenio de Calderón como subsecretario de Prevención, Vinculación y Derechos Humanos de la SSP federal, permanecieron callados ante este escándalo, con la cabeza metida en un agujero.

En el seno del gobierno de Calderón el ambiente era de guerra. Luego de las absurdas excusas planteadas por García Luna, el secretario de Marina, Mariano Sáynez, le reprochó que ni siquiera fuera capaz de controlar a su propia gente. No importaba lo que inventara el secretario de Seguridad Pública, Sáynez había visto con sus propios ojos, gracias a los videos captados por su personal, lo que el titular de la SSP no podía cambiar con palabras.

Pasaron 10 días hasta que Cárdenas Palomino dijo "esta boca es mía" e inventó la historia de la desaparición de un funcionario del Instituto Nacional de Antropología e Historia, Salvador Vidal, por esas inmediaciones, y que los agentes de la Policía Federal —que investigaba si se trataba de un secuestro, bajo las órdenes de Armando Espinosa de Benito y Maribel Cervantes— "confundieron" al vehículo donde viajaban los funcionarios de la embajada. El guión que inventaron era tan malo y sus historias tan gastadas, que resultó inverosímil… por lo menos para el gobierno de Estados Unidos.

El supuesto secuestro no ocurrió al mismo tiempo que el atentado contra los gringos y el vehículo en que viajaban los diplomáticos estadounidenses no tenía ninguna de las características del que utilizaban los presuntos secuestradores. El pretexto sólo enardeció más los ánimos de los norteamericanos.

Por su parte, fuentes vinculadas a la embajada de Estados Unidos reportan que existe una investigación exhaustiva en el seno de la sede diplomática que no concluirá sólo porque los mandos de la SSP dejen sus cargos. Les queda claro que fue un asunto perfectamente premeditado. Entienden que para llevarlo a cabo debió ocurrir una traición interna. En 2008 descubrieron que García Luna había recomendado al *marshall* de la embajada a José Alberto Pérez Guerrero, quien terminó filtrando información a los Beltrán Leyva, cuando trabajaba con el cártel de Sinaloa y que luego se convirtió en el testigo protegido *Felipe*, quien denunció que Velarde, el ex secretario particular de García Luna, también trabajaba para la organización criminal.

Los norteamericanos investigan si alguien de adentro proporcionó la hora, el lugar y el propósito del viaje de los funcionarios estadounidenses y las características del vehículo en que viajaban para convertirlos en el blanco de la cacería de la Policía Federal. Más allá de lo anterior, a principios de octubre de 2012, en una acción por demás cuestionable, la Secretaría de Relaciones Exteriores (SRE) dio a conocer que la información acerca de las funciones que realizaban los agentes agredidos quedaría resguardada por 12 años.

La impunidad de Genaro García Luna debía tener un límite, pero Felipe Calderón no quiso o no pudo acotarlo a lo largo de sus seis años de gobierno. El secretario de Seguridad Pública será recordado como uno de los policías más corruptos de la historia de México, por encima del tristemente célebre Arturo *El Negro* Durazo Moreno, jefe de la policía capitalina durante el sexenio de José López Portillo, cuyo único mérito fue ser compadre del presidente.

García Luna inició el sexenio con una policía federal de 5000 elementos y lo termina con poco más de 36000, según la propia información gubernamental. El escándalo y la corrupción fueron el sello de su actuación dondequiera que los policías federales fueron enviados, en el marco de sus operativos antinarcóticos. Su misión era combatir la delincuencia organizada y terminaron convertidos en la delincuencia organizada.

En la víspera del fin del sexenio de Felipe Calderón, Genaro García Luna ha perdido el sueño. La tranquilidad se evaporó de su ser como agua bajo el sol. Las chicas de El Búnker (Lizeth, Blanca y Maribel) han comenzado a perder la sonrisa de sus rostros y rumian lo que presienten será una desgracia inminente para su jefe y, en consecuencia, para ellas. Las ratas ya comenzaron a abandonar el barco y García Luna comienza a sentir el principio del fin; después de todo tal vez la estancia que planea en Miami, Florida, no sea tan placentera como espera.

PGR PROCURADURIA GENERAL DE LA REPUBLICA
Agencia Federal de Investigacion

REPORTE INDIVIDUAL DE INCIDENCIAS

GARCIA LUNA GENARO

RFC: GALG680710   EDAD: 40 AÑOS 4 MES(ES) 2 DIA(S)   MASCULINO

FECHA NAC: 10/07/1968   LUGAR: CARGO:

CATEGORIA: JEFE DE UNIDAD   ANTIGÜEDAD: 7 AÑOS 10 MES(ES) 26 DIA(S)

PLACA:
FECHA DE INGRESO: 18/12/2000

CLAVE PRESUPUESTAL: CFJB001
ADSCRIPCION ACTUAL: COORDINACION GENERAL DE LA A.F.I.
SUBSEDE:
FECHA DE ADSCRIPCION: 02/11/2001

TELEFONO:
DOMICILIO:

DOMICILIO:

INFORMACION DE GARCIA LUNA GENARO

Fecha   No. Docto/Oficio   F. Inicial   F. Final   Dias   Descripción

Total de   : 1

Genaro García Luna, titular de la SSP.

PGR PROCURADURIA GENERAL DE LA REPUBLICA
Agencia Federal de Investigacion

BAJA

REPORTE INDIVIDUAL DE INCIDENCIAS

CARDENAS PALOMINO LUIS

RFC: CAPL690425   EDAD: 39 AÑOS 6 MES(ES) 19 DIA(S)
FECHA NAC: 25/04/1969   LUGAR:

PLACA:
FECHA DE INGRESO: 01/01/2001   CATEGORIA: DIRECTOR GENERAL   MASCULINO

CLAVE PRESUPUESTAL: CFKB001   CARGO:
ADSCRIPCION ACTUAL: ANTIGÜEDAD: 7 AÑOS 10 MES(ES) 13 DIA(S)
SUBSEDE:
FECHA DE ADSCRIPCION: 02/11/2001

BAJA EL 28 DE Febrero DE 2007 /

DOMICILIO:
DIRECTOR GENERAL
CARGO   TELEFONO:
ANTIGUEDAD: 6 AÑOS 1 MES(ES) 27 DIA(S)   DOMICILIO:
FECHA NAC: 25/04/1969 LUGAR:
EDAD 39 AÑOS 6 MES(ES) 19 DIA(S)
CREDENCIAL:
RENUNCIA

INFORMACION DE CARDENAS PALOMINO LUIS

BAJAS
Fecha   No. Docto/Oficio   F. Inicial   F. Final   Dias
26/02/2007   Descripción
   BAJA COMO DIRECTOR GENERAL. MOTIVO:RENUNCIA
Total de BAJAS   : 1   OBSERVA: RENUNCIAADSCRIPCION DE BAJA

COMISION
Fecha   No. Docto/Oficio   F. Inicial   F. Final   Dias
20/06/2006   AFI/0129/2006   21/06/2006   23/06/2006   3   Descripción
   TIPO DE COMISION CONFIDENCIAL
   DESTINO:ESTADO DE BAJA CALIFORNIA

Luis Cárdenas Palomino, coordinador de Seguridad Regional.
Señalado por presuntos vínculos con el narcotráfico.

Mario Arturo Velarde, ex secretario particular de Genaro García Luna.

Armando Espinosa de Benito. División de Investigación de la Policía Federal. Señalado por presuntos vínculos con el narcotráfico.

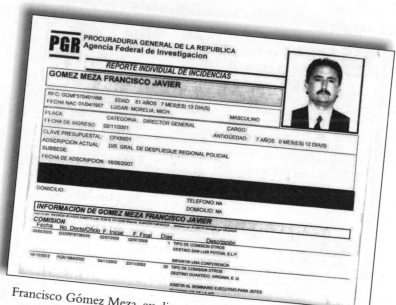

PGR PROCURADURIA GENERAL DE LA REPUBLICA
Agencia Federal de Investigacion

BAJA

REPORTE INDIVIDUAL DE INCIDENCIAS

ROSAS ROSAS FACUNDO

RFC: RORF540620   EDAD: 44 AÑOS 4 MES(ES) 28 DIA(S)   MASCULINO
FECHA NAC: 20/06/1964   LUGAR:
     CARGO: DIR. GRAL. ANALISIS TACTICO
CATEGORIA: DIRECTOR GENERAL   ANTIGUEDAD: 7 AÑOS 10 MES(ES) 17 DIA(S)
PLACA:
FECHA DE INGRESO: 01/01/2001
CLAVE PRESUPUESTAL: 120-CF51082-003
ADSCRIPCION ACTUAL:
SUBSEDE:
FECHA DE ADSCRIPCION: 02/11/2001

BAJA EL 28 DE Febrero DE 2007 /

     TELEFONO:
     DOMICILIO:

DOMICILIO:
DIRECTOR GENERAL
CARGO: DIR GRAL. ANALISIS TACTICO
ANTIGUEDAD 6 AÑOS 1 MES(ES) 27 DIA(S)
FECHA NAC: 20/06/1964 LUGAR:
EDAD 44 AÑOS 4 MES(ES) 28 DIA(S)
CREDENCIAL:
RENUNCIA

INFORMACION DE ROSAS ROSAS FACUNDO

BAJAS   Fecha   No. Docto/Oficio   F. Inicial   F. Final   Dias   Descripción
   BAJA COMO DIRECTOR GENERAL, MOTIVO:RENUNCIA
   OBSERVA: RENUNCIAADSCRIPCION DE BAJA.
28/02/2007

Total de BAJAS   : 1

COMISION   Fecha   No. Docto/Oficio   F. Inicial   F. Final   Dias   Descripción
20/02/2007   PFP/676/07   21/02/2007   22/02/2007   2   TIPO DE COMISION CONFIDENCIAL
   DESTINO TUXTLA GUTIERREZ, CHIAPAS

Facundo Rosas Rosas, subsecretario de
Prevención, Vinculación y Derechos Humanos.

PGR PROCURADURIA GENERAL DE LA REPUBLICA
Agencia Federal de Investigacion

REPORTE INDIVIDUAL DE INCIDENCIAS

GOMEZ MEZA FRANCISCO JAVIER

RFC: GOMF570401N96   EDAD: 51 AÑOS 7 MES(ES) 13 DIA(S)
FECHA NAC: 01/04/1957   LUGAR: MORELIA, MICH.
PLACA: MASCULINO
FECHA DE INGRESO: 02/11/2001   CATEGORIA: DIRECTOR GENERAL   CARGO:
CLAVE PRESUPUESTAL: CFKB001   ANTIGUEDAD: 7 AÑOS 0 MES(ES) 12 DIA(S)
ADSCRIPCION ACTUAL: DIR. GRAL. DE DESPLIEGUE REGIONAL POLICIAL
SUBSEDE:
FECHA DE ADSCRIPCION: 16/06/2007

DOMICILIO:
     TELEFONO: NA
     DOMICILIO: NA

INFORMACION DE GOMEZ MEZA FRANCISCO JAVIER

COMISION   Fecha   No. Docto/Oficio   F. Inicial   F. Final   Dias   Descripción
30/06/2005   DGDRP/07385/05   02/07/2005   02/07/2005   1   TIPO DE COMISION OTROS
   DESTINO SAN LUIS POTOSI, S.L.P.
18/10/2002   PGR/1964/2002   04/11/2002   23/11/2002   20   IMPARTIR UNA CONFERENCIA
   TIPO DE COMISION OTROS
   DESTINO QUANTICO, VIRGINIA, E. U.
   ASISTIR AL SEMINARIO EJECUTIVO PARA JEFES

Francisco Gómez Meza, ex director del penal de máxima
seguridad en Puente Grande, Jalisco. .

CAPÍTULO 6

Los mercenarios

Al filo de las seis de la mañana del 24 de noviembre de 2011 las cámaras de seguridad del ayuntamiento de Guadalajara captaron tres camionetas en caravana incorporándose a la avenida Lázaro Cárdenas, la principal vialidad de la ciudad más importante de Jalisco. En las primeras imágenes no parecía que ocurriera nada sospechoso. Esa vía es la que tiene más afluencia vehicular y es paso obligatorio para quienes vienen del aeropuerto o de la autopista México-Guadalajara para entrar a la llamada Perla Tapatía.

Los vehículos, los tres con placas del Estado de México, avanzaron sobre Lázaro Cárdenas y tomaron la glorieta conocida como Arcos del Milenio, una obra monumental del escultor Sebastián ubicada en el cruce con Mariano Otero. De pronto, una de las camionetas se detuvo intempestivamente en el borde de la glorieta y en fracción de segundos un sujeto salió corriendo del lado del conductor hacia otro vehículo que lo estaba esperando, el cual desapareció en la penumbra del amanecer. La misma maniobra la repitieron los otros dos choferes de la caravana de la muerte. Desde las cámaras de video era imposible registrar el macabro contenido de los vehículos.

A las siete de la mañana comenzó a reproducirse en los noticieros de radio y televisión la tremenda escena que estremeció a la opinión pública: los tres vehículos abandonados contenían pilas de cadáveres ejecutados. Nadie se atrevía a decir cuántos eran.

223

Se trataba de 26 cuerpos de 19 a 35 años de edad. Unos semidesnudos, amordazados y con una zeta marcada en el tórax, rúbrica del famoso grupo del crimen organizado; otros estaban totalmente desnudos y también amordazados. Algunos con signos de tortura y otros con señales de simple ejecución. Al principio se creyó que las víctimas, entre ellos un joven de 19 años de edad, habían sido asesinadas al azar.

El hecho no parecía tener un móvil lógico. La primera explicación que se aventuró fue que se trataba de una venganza de lo que había ocurrido el 20 de septiembre de 2011 en Veracruz, cuando presuntamente el cártel Nueva Generación arrojó frente a la Plaza las Américas 35 cadáveres —hombres y mujeres— con claros signos de tortura. Algunos estaban apilados en dos camionetas de redilas como si fueran reses recién salidas del matadero, y otros se hallaban tirados en el arroyo vehicular.

Algunas víctimas ejecutadas en Guadalajara habían sido reportadas por sus familiares como desaparecidas, quienes aseguraron que sus hijos eran inocentes y que no tenían nada que ver con el crimen organizado.

La Procuraduría General de Justicia de Jalisco logró identificar rápidamente a 19 de las víctimas. De esa circunstancia se derivaron algunos datos inquietantes que dejaban ver que la matanza no fue consecuencia de un simple arrebato de los sicarios, sin más propósito que generar terror, sino que en los hechos había un escalofriante método en el que ni la opinión pública ni los medios de información habían caído en cuenta: la mayoría de las personas asesinadas habitaba o trabajaba en el municipio de Zapopan. Dos de ellos, Saúl Emmanuel Mendoza Jasso, de 21 años de edad, y José Guadalupe Buenrostro Calzada, de 29, laboraba en la tienda Sam's Club y fueron "levantados" el 23 de noviembre cuando estaban formados en la fila de empleados esperando su turno para checar tarjeta.

Otros tres, Víctor Andrés Jaime Rivera, de 19 años; José Martínez Guzmán, de 23, y Juan Carlos Ámaton Ávila, de 23, vivían en la colonia Constitución. Los tres también fueron "levantados" el 23 de noviembre.

Otros dos jóvenes, cuyos cuerpos fueron encontrados en aquellas camionetas, Alejandro Robles Vidal y Édgar Ramón Chávez Martínez, de 22 y 21 años de edad, respectivamente, vivían en San Juan de Ocotán y desaparecieron el 21 de noviembre. Y dos víctimas más, Octavio Gutiérrez Rodríguez y Horacio Oceguera, de 36 y 31 años de edad, respectivamente, vivían en la colonia Santa Margarita.

Junto al *performance* de muerte los criminales dejaron un largo mensaje que, de inmediato, los funcionarios del gobierno retiraron, por políticas de la investigación. A media mañana del día de los hechos el diario *Impacto* de la Ciudad de México, cuyo director es Juan Bustillos, hizo público el mensaje íntegro en internet:

Estamos en Jalisco y no nos vamos, el pleito no es con la población civil. Es con *El Chapo* y *El Mayo* Zambada, que andan queriendo pelear y no defienden ni su tierra, igual que los de Jalisco con su nueva generación; es lo mismo que *El Chapo* y *El Mayo*, que son una bola de informantes del gobierno americano y no de nosotros. Lo dice el mismo Vicente Zambada, el hijo de Mario (Ismael) Zambada, que ellos son informantes de los gringos para toda la gente que trabaja con *El Chapo* y *El Mayo*, y los de Jalisco, que no controlan ni su tierra; les va pasar lo mismo que al *Flaco* Salgueiro y a todos los que han entregado *El Chapo* y *El Mayo*. Y los de Jalisco, quítense la venda de los ojos, ese cártel de Sinaloa es pura historia, igual que el de Jalisco, no controla ni su tierra. Les traemos un cochinero y no saben ni por dónde les está cayendo la voladora; así el gobernador de Jalisco y el de Sinaloa son íntimos amigos del *Mayo* Zambada. Por eso estaban bien tranquilos Jalisco y Sinaloa, y ahora con sus arreglos no saben ni qué hacer; miren, aquí les dejamos estos muertitos. Sí, los levantamos nosotros para que miren que sin la ayuda de ningún cabrón estamos metidos hasta la cocina; les estamos demostrando que sin el apoyo del Ejército Mexicano, la Marina, la PFP ni alguna otra autoridad federal ni estatal ésta es una prueba que estamos hasta la cocina.

Atentamente: Grupo Z, el cártel fuerte a nivel nacional, el único cártel no informante de los gringos. Este grupo existe, la lealtad, el honor, Grupo Z, siempre leal.

Los resultados de la investigación que realizó la Procuraduría General de Justicia de Jalisco son aterradores. El mismo día, de manera sigilosa se realizaron varias detenciones relacionadas con el crimen. La mayoría de los sospechosos eran jóvenes que no rebasaban los 25 años de edad. No había nada en particular que los distinguiera: ni tatuajes, ni su forma de vestir, ni siquiera eran drogadictos. Tenían la pinta de ser ciudadanos comunes y corrientes. Durante 72 horas estuvieron sujetos a un exhaustivo interrogatorio, durante el cual narraron una historia que rompió el paradigma de lo que hasta entonces había sido la actuación de los cárteles en México.

Las investigaciones descubrieron que los victimarios habían sido "contratados" por personas que aseguraron ser "zetas" y les entregaron una "lista" de las personas a las que debían buscar y ejecutar. Durante varias semanas —las autoridades del gobierno de Jalisco aseveran que fue durante un mes— los mercenarios se dedicaron a localizar a las personas de la lista en las redes sociales, en Facebook, en Twitter y uno a uno comenzaron a ubicarlos. Una vez que informaron a quienes los contrataron que ya tenían localizadas a las personas de la lista, recibieron la orden de "levantarlos". El "levantamiento" de las víctimas, entre las que se encontraban desde un mecánico, un panadero y un repartidor de pizzas hasta prófugos de la justicia, se realizó con precisión del 21 al 23 de noviembre de 2011.

A la pregunta de por qué habían asesinado precisamente a esas personas uno de los victimarios respondió: "La lista era la lista y no debía haber error". Como fueron mercenarios contratados, ellos no sabían ni les interesaba investigar los motivos de la ejecución. Asesinos a sueldo al fin y al cabo.

De acuerdo con la información obtenida, en el perfil de los detenidos no se registra su pertenencia a un cártel en específico.[1] Más bien se trata de un conjunto de *residuos*, por llamarlos de alguna manera, de una organización llamada La Resistencia, una de las células criminales que surgieron como consecuencia de la supuesta muerte de Ignacio Coronel Villarreal.

Según información oficial, La Resistencia es, a su vez, una mezcla de elementos del narcotraficante Óscar Nava Valencia, alias *El Lobo*, extraditado a Estados Unidos en enero de 2011, y de miembros que se separaron de La Familia Michoacana y del cártel del Golfo. Los autores materiales de la masacre de Guadalajara eran residuos de esas escisiones que ahora, sin jefe ni dueño, trabajaban de manera independiente contratándose al mejor postor.

Durante la investigación el gobierno de Jalisco cateó casas de los presuntos responsables, en las cuales hallaron armas de alto poder, lanzagranadas y Barrets, armas largas capaces de dar con el blanco a 100 metros de distancia.

Lo que ocurrió el 24 de noviembre de 2011 en la Perla Tapatía es una clara muestra de los grupos mercenarios que operan en México; delincuentes que formaron parte de alguno de los cárteles importantes del país, o sus células, pero que, ante el desmembramiento de dichas organizaciones, ahora conformaron sus propios grupos de gran peligrosidad, que no obedecen a nadie y que no tienen una estructura ni reglas ni jerarquías; que son terriblemente violentos y de una eficacia impresionante.

[1] La autora tuvo acceso a una fuente de información del gobierno de Jalisco para sustentar este dicho.

ASESINOS AL MEJOR POSTOR

A principios de 2011 un prestigioso general retirado fue a visitar a unos viejos amigos en Iguala, Guerrero. Cuando los vio notó que estaban preocupados. En la colonia residencial donde vivían se había apostado, cuando menos en dos casas del fraccionamiento, un grupo criminal. Su presencia encendió focos de alerta. Por supuesto, por la falta de seguridad que prevalecía en la unidad residencial, previeron que pronto ese grupo podría acosarlos con secuestros y extorsiones.

El general sugirió solicitar el auxilio del ejército destacamentado en la capital de Guerrero, pero sus amigos le dijeron que eso no era posible porque sabían que en esa zona los militares apoyaban a ese grupo criminal. A los pocos meses el susodicho general regresó a Iguala a visitar a sus amistades y los encontró muy tranquilos.

—A esa gente ya la sacamos de aquí —le dijeron.

—¿Pidieron ayuda a la zona militar? —preguntó el general.

—No, les pagamos a unas personas para que los eliminaran —respondieron los amigos, ante el asombro del militar.

Por otra parte, en 2010 una dama de edad madura y de gran solvencia económica, vecina de Interlomas, en el municipio de Huixquilucan, Estado de México, recibió una propuesta tentadora. Hacía no mucho tiempo se había separado de su esposo y comenzó un tortuoso divorcio. Su marido se negaba a darle la parte que le correspondía, como parte del régimen de bienes mancomunados mediante el cual habían contraído matrimonio hacía varias décadas.[2]

---

[2] La autora obtuvo el testimonio de viva voz de la protagonista de los hechos.

Un día, un sujeto la buscó y le dijo que él podía resolver su problema: le sugirió asesinar a su cónyuge. Si le daba más de ocho tiros y arrojaba su cadáver por ahí, todo el mundo pensaría que había sido una ejecución del crimen organizado y automáticamente las autoridades no iban a investigar el hecho y ella podía quedarse con todos los bienes y el dinero de la pugna conyugal. El "favor" lo haría a cambio de un pago. La señora no aceptó el trato y siguió peleando por la vía legal la división de bienes. Estaba escandalizada por aquella experiencia. "¿A cuántas personas más les habrán ofrecido esas soluciones?", dijo. ¿A cuántas más?, me pregunto yo constantemente.

De las secuelas del mal gobierno de Felipe Calderón ésta, sin duda, es la peor de todas y la que atenta con más flagrancia contra la tranquilidad de la ciudadanía. Los grupos de mercenarios están ahí y si un día trabajan para alguien que se dice "zeta", entrega una lista y paga, igualmente pueden trabajar para particulares, políticos o empresarios.

¿Cuántos son?, ¿cómo identificarlos?, ¿dónde operan?, ¿a cuántas personas han asesinado? Es imprescindible que el nuevo gobierno que inicia sus funciones el 1° de diciembre de 2012 responda estas preguntas para combatir a esos mercenarios, los cuales fueron engendrados por el caos criminal que hereda Felipe Calderón y su equipo.

Tres guerras en México

El calderonismo deja a México como un llano en llamas donde la guerra del narco se libra en tres niveles diferentes y en los cuales la principal víctima es la población civil, que a falta de ley y orden ha quedado a merced de quienes libran esas batallas.

En esa guerra las instituciones del Estado mexicano, responsables de la seguridad y la justicia a nivel municipal, estatal y federal, terminaron coludidas con uno u otro cártel, convirtiéndose en parte del problema y no de la solución.

De acuerdo con la información recabada para esta investigación, cada uno de esos niveles de guerra acaba con el país de distintas maneras. Todas dolorosas. Hasta ahora nadie sabe cuál ha sido la batalla más mortífera. Lo que sí se puede describir y desmenuzar es cómo funciona ese orden del caos criminal en el que está inmersa la nación.

En el nivel superior se libra la batalla de los grandes cárteles de la droga: de Sinaloa, del Golfo, de los Beltrán Leyva-Zetas-Juárez, de La Familia Michoacana y de Los Caballeros Templarios, los cuales se disputan ferozmente el territorio mexicano que les sirve para garantizar el tránsito de la droga en el país y hacia Estados Unidos. Estos grupos tienen contactos en Colombia, Perú y Bolivia —los principales centros de producción de la cocaína— para llevar a cabo las grandes compras del polvo blanco y traficarlo a Estados Unidos, a México y al mundo entero.

Así, los cárteles mexicanos ya han extendido sus tentáculos de corrupción y muerte a Centroamérica y Sudamérica. Cuentan con una fuerte presencia en Venezuela y en Ecuador —en Quito y Guayaquil—, por ser puntos de embarque estratégicos para el envío de la droga a nuestro país, a la Unión Americana y a Europa.

Además de disputarse el control territorial para el almacenamiento, el paso y el cruce de la droga, los cárteles también lo disputan por las plazas donde se produce mariguana y amapola, y donde se han asentado los laboratorios de las drogas sintéticas. Y buscan también el control del narcomenudeo.

Asimismo, intentan hacerse del control de otra serie de negocios criminales por dinero, pero sobre todo por poder. No permiten que otras organizaciones ajenas a sus grupos se hagan cargo de la pornografía, la prostitución, la piratería y el tráfico de personas, porque son negocios tan redituables que pueden hacer crecer a grupos criminales que luego querrán incursionar en el negocio de las drogas y disputarles el poder.

La guerra entre los cárteles es violenta e inestable. Un día los aliados se vuelven rabiosos enemigos. Para sobrevivir, las grandes organizaciones que se han debilitado por la batalla tendenciosa del gobierno federal, que favorece al cártel de Sinaloa, van *switcheando* con un grupo y luego con otro.

Pese a la inestabilidad, en esa guerra existe una cadena de mando en la cual aún prevalece una jerarquía, un capo que da órdenes para hacer o dejar de hacer. El capo piensa en el negocio y por muy pocos escrúpulos que posea, no quiere que las cosas se desborden hasta provocar un caos que se vuelva contraproducente para su negocio.

Irónicamente, el único consenso que existe entre esos cárteles, que quieren ver muertos a sus enemigos, es que la guerra ya se salió de control y que es necesario volver al orden antes de que la anarquía afecte sus ilícitos intereses.

En este nivel de guerra combaten el Ejército Mexicano, la Marina, la Secretaría de Seguridad Pública (SSP), la Policía Federal y el gobierno de Estados Unidos. Unos se coluden con otros y combaten a los demás por pura consigna. En algunas instituciones, como la SSP federal, cada vez es más difícil distinguir quiénes son miembros del cártel y quiénes los servidores públicos.

Además de esta guerra a gran escala, existe una guerra en segundo plano, más violenta y sanguinaria, que atenta de manera más directa contra la población civil. El desencadenamiento de este nivel de guerra y sus consecuencias jamás fueron previstos por el gobierno federal: la guerra de las células criminales surgidas como consecuencia de la detención o el asesinato de los narcotraficantes que pertenecían a un cártel: la guerra de las huestes de segundo y tercer nivel de los grandes capos.

LAS CÉLULAS INDEPENDIZADAS

El gobierno de Felipe Calderón se dedicó a golpear sistemáticamente y con cierta eficacia inmediata a los enemigos de Joaquín *El Chapo* Guzmán. Durante los dos primeros años concentró sus baterías contra el cártel del Golfo, Los Zetas, La Familia Michoacana y el cártel de Tijuana, este último ya muy debilitado. Mientras existió La Federación —creada por *El Chapo* en 2001—, todos sus integrantes fueron intocables: Guzmán Loera; Ismael *El Mayo* Zambada García; Juan José Esparragoza Moreno, alias *El Azul*; Ignacio Coronel Villarreal; Vicente Carrillo Fuentes, del cártel de Juárez; los Valencia, y los hermanos Arturo, Alfredo y Héctor Beltrán Leyva. De parte del gobierno calderonista no hubo operativos que irrumpieran en sus estados: Sinaloa, Chihuahua, Guerrero y Morelos, entre otros. El fuego se concentró en otra parte: Tijuana, Michoacán, Tamaulipas y Veracruz.

En enero de 2008 *El Chapo*, *El Mayo*, *El Azul* e Ignacio Coronel rompieron con los Beltrán Leyva a raíz de la detención de Alfredo Beltrán Leyva, alias *El Mochomo* —por una traición del *Chapo*—. Entonces Arturo Beltrán Leyva se alió con el cártel de Juárez, con Los Zetas y con los Valencia. Y fue sólo a partir de ese momento que el gobierno de Felipe Calderón inició una batalla campal contra ellos. Arturo fue ejecutado el 16 de diciembre de 2009 en una de las torres del conjunto residencial Altitude, en Cuernavaca, Morelos, por lo cual la organización sufrió un fuerte cisma con consecuencias que el presidente de la República jamás calculó, pues su estrategia se basaba en brindar protección al *Chapo* y no supo qué hacer con las células escindidas como consecuencia de la detención o el abatimiento de algunos capos mayores.

A raíz del comienzo de la guerra entre *El Chapo* Guzmán y su primo Arturo Beltrán Leyva —una batalla de titanes—, muchos operadores clave de los hermanos Beltrán Leyva fueron detenidos:

Óscar Valencia, alias *El Lobo* (octubre de 2009) —primero aliado de Los Zetas y luego de los Beltrán Leyva—; Gerardo Álvarez, alias *El Indio* (abril de 2010); Édgar Valdez Villarreal, alias *La Barbie* (agosto de 2010); Sergio Villarreal, alias *El Grande* (octubre de 2010); el colombiano Mauricio Poveda, alias *El Conejo*, proveedor de La Federación y posteriormente de los Beltrán Leyva (noviembre de 2011); José Jorge Balderas, alias *El JJ* (enero de 2011), e Ismael Coronel Sicairos, alias *El Judío* (enero de 2011), entre muchos otros.

Sin capacidad ni inteligencia, el gobierno de Felipe Calderón jamás calculó que cada uno de aquellos operadores importantes tenía a sus órdenes subgrupos criminales, los cuales controlaban las plazas de los cárteles de manera cotidiana. Estos subgrupos o células están conformados por sicarios, halcones, distribuidores de droga y narcomenudistas; por redes de taxistas, bandas de robacoches y secuestradores. El capo, integrante del cártel, les proporcionaba todo: dinero, droga, armas, vehículos robados e incluso protección federal. El jefe de la célula debía reclutar a su gente y encargarse de corromper a las autoridades municipales y estatales.

Al quedarse sin líder —por la captura o el abatimiento de su jefe—, esos subgrupos se volvieron criminales "emprendedores" e "independientes". Y como la mayoría de los gobiernos municipales, estatales y el federal son incapaces de ejercer la autoridad y hacer respetar la ley de manera generalizada en el país, estas células criminales se volvieron muy poderosas en los territorios que ocupaban. Cada célula independizada comenzó a asumir el territorio que le quedó —municipios, colonias y calles— y creó su propia organización delictiva.

Dichos subgrupos, escindidos del cártel, por sí mismos no tienen la capacidad de establecer contactos para comprar cocaína a los vendedores a gran escala en Sudamérica, ni cuentan con la infraestructura ni la logística para movilizar grandes cantidades de droga a Estados Unidos, de manera que se dedican al narcomenudeo, a robar la droga de los cárteles, al secuestro, a la extorsión y a diversos delitos patrimoniales contra la ciudadanía sin que las autoridades hagan nada para salvaguardar la seguridad de la población.

Se trata de una maquinaria criminal perfectamente organizada y aceitada, dispersa en todo el territorio nacional. Los empleados de segundo y tercer nivel, muchos de los cuales comenzaron como halcones, narcomenudistas o sicarios, aprendieron el *know how* a la sombra de los grandes cárteles y ahora ejercen su poder con extrema violencia, sin más regla que la de exprimir a la sociedad y mantener el control de sus municipios, colonias o calles al precio que sea.

Un ejemplo de ese "método del caos" es la estructura criminal del cártel de los hermanos Beltrán Leyva en el Estado de México, cuyo auge tuvo lugar cuando Enrique Peña Nieto fue gobernador de la entidad.

EL MÉTODO DEL CAOS

En 2007 *Lucero* —testigo protegido de la PGR— era sólo un "vendedor independiente" de cocaína que trabajaba en Salamanca, Guanajuato. Comenzó buscando a quien le vendiera el polvo blanco para seguir en su negocio de narcomenudeo y terminó trabajando para la plana mayor de los Beltrán Leyva.

Ese año comenzó a "escasear" la cocaína en Salamanca y *Lucero* no quería perder a su clientela, así que la novia de su hermano, Rosa Gamiño, lo puso en contacto con un nuevo proveedor conocido como *Raulillo*, quien trabajaba en Huixquilucan, Estado de México.[3]

---

[3] Declaración ministerial de *Lucero*, 21 de septiembre de 2010.

Después del primer contacto telefónico con *Raulillo* transcurrieron 10 días para que se le abrieran las puertas del infierno disfrazado de paraíso.

Narra *Lucero*:

Recibí una llamada de *Raulillo* como a las cinco y media de la mañana, diciéndome que estaba en la caseta de cobro de la autopista Salamanca, Irapuato, y que ahí me esperaba para ir a México, para presentarme a las personas que me iban a vender la cocaína; por lo que nos dirigimos a Huixquilucan, Estado de México, a un conjunto habitacional llamado Los Yaquis, sobre la avenida Cuajimalpa, a espaldas de Interlomas y por el rumbo del Hospital Los Ángeles, llegando a un departamento donde había cuatro personas armadas. Y ahí empezó a llamar por radio a su papá, para que me atendiera. Esto fue desde las nueve de la mañana, pero después le habló por radio y le dijo que iba a mandar a *Yeyo* para que hablara conmigo. Y como a eso de las cinco de la tarde llegó una persona que se identificó como *El Yanqui*, quien traía un kilo de cocaína como muestra. Le hicimos las pruebas pertinentes, que consisten en la prueba del agua, y otra prueba con cloro y la tercera prueba con agua y bicarbonato de sodio, para sacar la base o piedra, por lo que checamos el precio, diciéndome que el kilo costaba 13 500 dólares; por lo que le entregué la cantidad de 67 500 dólares, para que me vendiera cinco kilos, por lo que mandó a traer cuatro kilos más...

Los Yaquis es un conjunto de departamentos que forma parte de la zona residencial de Interlomas, la cual, durante la última década, ha sido centro de operaciones de los Beltrán Leyva gracias a la impunidad con la que se conducen en la zona y a la protección proporcionada por algunos mandos de la policía municipal y estatal.

El Yanqui le dio a *Lucero* un número de teléfono y uno de radio Nextel para que se comunicara directamente con él y ya no a través de *Raulillo*. *Lucero* comenzó a ir dos veces por semana a Huixquilucan para comprar más cocaína, pues su mercado de clientes en Salamanca se iba extendiendo progresivamente. Era un narcomenudista exitoso. *Lucero* continúa:

> A la tercera o cuarta compra [*El Yanqui*] me preguntó dónde me movía o dónde estaba vendiendo, contestándole que en el estado de Guanajuato, diciéndome él que me afiliara a alguna oficina, refiriéndose a algún cártel, porque si me agarraban de independiente me podían matar o en el mejor de los casos dejarme como narcomenudista.

El Yanqui trabajaba para los Beltrán Leyva y podía presentarlo si quería integrarse a esa organización, por lo cual acordaron que *Lucero* debía asistir a una reunión para que uno de los tres jefes (Arturo Beltrán Leyva, Gerardo Álvarez o Édgar Valdez Villarreal) le diera el visto bueno para apuntalar unas de las plazas que *El Yanqui* ocupaba.

La presentación de *Lucero* en la sociedad criminal ocurrió un lunes:

> *El Yanqui* me habló por radio y me dijo que él estaba en Centroamérica, pero que me iba a recoger el papá del *Raulillo*, por lo que me dirigí al conjunto habitacional de Los Yaquis. Y ahí llegó Raúl Villa Ortega, alias *El R* o *Romeo*, pasándome un radio Unefon para que yo pudiera hablar con *El Yanqui*, quien me dijo que él no me iba a poder atender pero que *El R* o *Romeo* lo iba a hacer y que yo no desconfiara. Nos fuimos con Raúl o *El R* a una tienda Seven Eleven, que se encuentra en Interlomas, en una camioneta Explorer blindada en la que *El R* traía armas largas y varios cargadores. Ahí almorzamos en el Seven Eleven y me dijo que el señor del cártel nos iba a recibir como a eso de las tres o cuatro de la tarde...

Para desgracia de *Lucero* los narcotraficantes no son tan formales. "El señor del cártel" estaba en Yucatán, por lo que el encuentro debió posponerse durante varios días.

Hasta el domingo al medio día me habló *El R*, vía Nextel, y me comunicó con Gerardo Álvarez Vázquez, alias *El Inge*, y éste, con un trato amable, me dijo que no me pudo recibir pero que me esperaba el martes a las cuatro de la tarde, para tratar lo de la plaza; por lo que el martes me dirigí a Huixquilucan. Hablé por radio con *El R*; me estacioné en la tienda Seven Eleven, tal como lo pidió, adonde llegaron unas personas a recogerme en un vehículo Astra gris y me llevaron a una oficina ubicada en Paseo de la Herradura.

La base de los Beltrán Leyva en el Estado de México estaba ubicada en el corazón de la zona residencial donde viven empresarios, ejecutivos de empresas trasnacionales y familias de abolengo. Era una casa muy grande donde había aproximadamente 10 personas armadas. Para sorpresa de *Lucero*, a los cinco o 10 minutos de haber llegado a ese lugar, arribó *El R* acompañado de Antonio Ramírez, alias *El Chapatláhuac*, comandante operativo de Huixquilucan —quien tenía más de 17 años laborando como policía en el municipio—, para tratar un asunto relacionado con unas personas que el cártel mantenía detenidas en la casa.

En octubre de 2008, *El R* y el comandante Ramírez fueron arrestados, acusados de *levantar* y ejecutar a 24 personas en un paraje de La Marquesa, uno de los primeros hechos violentos registrados en el Estado de México durante el gobierno de Enrique Peña Nieto. *El R* fue liberado en junio de 2010 por un juez federal de Guadalajara, porque la PGR integró mal la averiguación previa y las pruebas en su contra.[4]

[4] *La Crónica*, 11 de junio de 2010.

En otra ocasión, *Lucero* acudió a la residencia de Huixquilu-can, donde iba a llevarse a cabo un cónclave importante, al cual asistieron diferentes personajes, entre los que destacaban Gerardo Álvarez, alias *El Inge* o *El Indio*, acompañado por su escolta, un colombiano al que le decían *El Timbiriche*, y Édgar Valdez Villa-rreal, alias *La Barbie*, acompañado por su escolta y amigo José Jorge Balderas, alias *El Batman* o *El JJ*, quien cayó en desgracia el 18 de enero de 2011, no por su carrera de narcotraficante sino por haber disparado, el 25 de enero de 2010, al famoso futbolista del Club América, Salvador Cabañas, en el Bar Bar de la Ciudad de México. La reunión se llevó a cabo en la sala de la residencia:

> Después de un rato me mandó a llamar *El Indio*, preguntándome qué se me ofrecía, y le platiqué lo que *El Yanqui* me había propuesto, por lo que *El Indio* me dijo cómo iba a trabajar: que él me iba a dar 10 kilos de cocaína, armas para la gente que tenía en la plaza así como vehículos; que lo que necesitaba era tener de 10 a 15 gentes por municipio, para protección de la plaza y de la gente que nos ayu-dara a vender y a distribuir; que él me iba arreglar con todas las au-toridades federales, y que yo me tenía que ocupar de las locales, es decir, de la policía estatal y la municipal. Y me explicó junto con *El R* cómo debía alinear a todos lo vendedores y a las autoridades para poder controlar la plaza, y lo único que me pedía era exterminar a los integrantes de La Familia Michoacana.

El Indio le explicó a *Lucero* que la organización a la que pertene-cía quería entrar a Guanajuato para sacar a La Familia Michoacana, "manifestándome que su interés no era enriquecerse conmigo, ya que su negocio era en Estados Unidos, y que el lucro que obte-nían con nosotros por la venta de cocaína era únicamente para pa-gar nómina de las autoridades". *Lucero* le dijo al *Indio* que no tenía dinero para pagar los kilos de cocaína. *El Indio*, hombre de negocios al fin y al cabo, le respondió que no había ningún problema por eso, que pagara después. Como signo de amistad, el capo le dijo a *Lucero* que cuando le entregara los 10 kilos de cocaína le iba a regalar 20 kilos más para que se "alivianara".

Después de la negociación, *El Indio* fue con *Lucero* a la sala y lo presentó con *La Barbie*. Ocho días después, el aprendiz de narcotraficante de grandes ligas acudió a otra reunión para recoger las armas, los vehículos y la droga. A esa tertulia acudieron otros criminales: *El Toro*, encargado de la plaza de Tapachula, Chiapas; *El Gato*, encargado de la plaza de Huixquilucan, así como *El JJ*, quien además de ser escolta de *La Barbie* era encargado de las plazas de Tecamachalco y Cuajimalpa. Por su parte, *El Tigre Toño* se hacía cargo de la plaza de Satélite, en Naucalpan; *El Hongo* también trabajaba en Naucalpan; Gustavo, alias *El Gus*, era el encargado de la plaza de Tlalnepantla, y *El Camarón*, de las plazas de Cuautitlán y Atizapán.

La Barbie habló en privado con *Lucero* para darle una instrucción: matar a un sujeto al que apodaban *El Chino 60*, a quien *La Barbie* había enviado a abrir plaza en Guanajuato y había terminado trabajando para La Familia Michoacana. *La Barbie* estaba dolido por esa traición porque cuando todos aún integraban La Federación él abogó por *El Chino 60* para que *El Chapo* no lo matara cuando lo acusaron de haber robado a la organización. *La Barbie* también le dio unos consejos de logística a *Lucero* para evitar que grupos ajenos invadieran la plaza.

Me aconsejó que dos veces por semana asignara de tres a cuatro colonias a cada halcón para que las recorriera a pie o en bicicleta, tomando nota de todas las casas o lotes bardeados que estuvieran desocupados o en renta; cambiando de sección o zona a los halcones cada vez que se hacía este recorrido. Y los fines de semana se cotejaba la información, para saber cuáles casas habían sido ocupadas y poner una estaca si la casa estaba rentada; es decir, un halcón fijo durante medio día para saber qué tipo de personas y qué tipo de vehículo entraba a la casa; igualmente, en cada entrada de los municipios poner un aparente de taller mecánico o una vulcanizadora para checar la entrada de vehículos con gente sospechosa y armada, o convoyes militares o policiacos, reclutar mujeres de halcones o de inteligencia en bares y centros nocturnos para recabar información de grupos contrarios, además del apoyo que nos podía dar la policía, tránsito o los taxistas, ya que por consejo de él también me acerqué a los sitios establecidos de taxis para que nos informaran por medio de taxistas que andan en ruta cualquier movimiento sospechoso de camionetas y gentes armadas, y cuando vieran gente con esas características nos avisaran y ya le habláramos a la policía para efecto de que ellos los pararan e investigaran quiénes eran.

Cuando ellos nos informaban que sí eran sospechosos, les decíamos a los policías que no se metieran en problemas, pero que les pusieran cola para que después nosotros los levantáramos, les sacáramos la información y los matáramos. Cuando eran chapulines o vendedores independientes los dejábamos ir con la consigna de que ahora iban a trabajar para nosotros, o que ya no trabajaran, porque a la próxima vez los íbamos a matar.

Ese día *El Indio* entregó a *Lucero* 20 armas largas y 10 kilos de cocaína, y *La Barbie* le prestó una Toyota Siena 2006, color arena, que tenía un "clavo electrónico" en el toldo, es decir, un compartimento para ocultar las armas y las drogas, que se activaba con el motor en marcha y con el aire acondicionado en la función para desempañar el cristal; entonces se abría el cenicero y se apretaba un botón oculto en él, que levantaba el toldo hacia fuera.

Le recomendaron que cuidara mucho aquella camioneta "ya que es la que utilizaba [*La Barbie*] para traer cocaína desde la frontera con Guatemala, es decir, desde Chiapas o Chetumal". Así *Lucero* se incorporó a la organización y se hizo cargo de los municipios de Salamanca, Valle de Santiago, Villagrán, Cortázar, Irapuato, Yuridia, Celaya, Juventino Rosas y Uriangato, todos de Guanajuato. Como Los Zetas y el cártel del Golfo tenían pacto con los Beltrán Leyva, éstos se hacían cargo del resto del estado. La consigna era "exterminar a la gente de La Familia Michoacana y a la gente del *Chapo*".

Como parte de la célula del cártel de los hermanos Beltrán Leyva, *Lucero* estaba obligado a acudir por lo menos dos veces al mes a las juntas de la organización, durante las cuales se abordaban asuntos importantes, como la ocurrida en junio de 2008.

Las operaciones descritas por *Lucero* son las mismas que realizan las células de todos los cárteles. Ésa es su ingeniería criminal en cada territorio que invaden. Por eso son tan eficaces y letales cuando están a la sombra del cártel, pero más cuando se independizan.

Tras la captura de *La Barbie*, *El Indio* y *El JJ*, la estructura de los Beltrán Leyva en el Estado de México, al igual que en el resto del país, se atomizó. Lo mismo ocurrió cuando los capos de Los Zetas, del cártel de Juárez y del cártel del Golfo fueron detenidos. Por eso comenzaron a surgir subagrupaciones criminales como La Corona, La Resistencia, La Mano con Ojos, el cártel Independiente de Acapulco, Los Rojos, Los M, el cártel Nueva Generación de Jalisco, Los Aztecas, Los Mexicas, Los Torcidos, etcétera.

Cuando el gobierno de Felipe Calderón presume la detención de los jefes de células como La Mano con Ojos y los presenta como grandes capos sólo alardea, pues se trata únicamente de jefecillos de pequeñas células criminales escindidas de los grandes cárteles. Cuando cae el jefe de una subagrupación ya hay tres más en espera de sustituirlo, fraccionando de ese modo la célula en tres grupos más pequeños, lo cual esparce la criminalidad a todo el país como una gran epidemia.

Como afirmé al principio de este capítulo, de todo el atroz legado de Felipe Calderón ésa es la peor parte y la más destructiva. Como se demostró en el caso de Guadalajara, las células delictivas del crimen organizado se subdividen progresivamente y crean sus propias estructuras para sobrevivir. Los *residuos* que no encuentran colocación en otros grupos forman comandos de mercenarios con los restos de otras células y diversifican el negocio del crimen, abriendo una nueva vertiente: la de los homicidios por encargo.

LA FALSA CRUZADA DE CALDERÓN

Hasta el último minuto de su sexenio Felipe Calderón hablará de su guerra contra el narcotráfico como la gran cruzada de un hombre honesto contra el mal. Lo hará así no porque crea que sea verdad, sino porque esa farsa es la única que le queda por representar el resto de su vida para intentar evadir el descrédito que le corresponde en la historia.

De todas las simulaciones y de todas las traiciones del primer mandatario panista a la sociedad mexicana, la peor de todas es su "guerra" contra el narcotráfico, que dejó muerte, desolación y caos.

Felipe Calderón hizo una guerra de sombras, una guerra que perdió desde el principio porque de los enemigos se ocupó de atacar a unos y de proteger a otros. Desde un principio su gobierno se abocó a "negociar" con el narcotráfico, no a luchar contra él. Por iniciativa o por inercia de Vicente Fox, desde el principio el gobierno calderonista compró la idea de que era mejor negociar y quedarse con una sola organización criminal, La Federación, liderada por el cártel de Sinaloa, bajo la batuta del poderoso e intocable *Chapo* Guzmán y del *Mayo* Zambada.

La preferencia del gobierno federal por La Federación, y después de la ruptura con los Beltrán Leyva y el cártel de Juárez, sólo por el cártel de Sinaloa, provocó el enardecimiento de los otros cárteles, que con el poder que acumularon durante décadas de protección de los gobiernos del PRI, poseen una gran capacidad de fuego y grandes recursos para propiciar la corrupción. El uso del Ejército, de la Marina y de la SSP federal para exterminar a los enemigos del *Chapo* provocó que los cárteles que defienden sus territorios actúen con mayor ímpetu generando una espiral de violencia y muerte sin fin.

La protección del gobierno de Felipe Calderón al cártel de Sinaloa se evidencia gracias a decenas de declaraciones ministeriales de testigos protegidos en ese sentido ante la PGR, institución que, por ser parte del gobierno, no investiga a profundidad la presunta protección al *Chapo* Guzmán.[5]

En 2010, en mi libro *Los señores del narco*, revelé documentos internos de la SSP federal fechados en 2007, que señalan la "estrategia" del gobierno federal en torno al combate de los cárteles de la droga. Aunque el cártel de Sinaloa, cabeza de La Federación, era con mucho la organización de tráfico de drogas más poderosa de México y Estados Unidos, para el gobierno federal la captura de sus líderes tenía un nivel de prioridad 2 o 3. Pero los líderes del cártel del Golfo (incluido su brazo armado, Los Zetas) tenían prioridad 1, pese a que en términos de territorio y tráfico de drogas eran menos poderosos que La Federación y que el cártel de Sinaloa.

Pero si las declaraciones ministeriales y el hecho de que Guzmán Loera se encuentre en libertad no fueran suficientes, existen cifras de la PGR que dan fe de esa protección antes y después de la

---

[5] La autora tiene en su poder decenas de declaraciones ministeriales de integrantes de todos los cárteles de la droga que hablan acerca de la protección que el gobierno federal proporciona a Joaquín Guzmán Loera y a sus socios.

ruptura de La Federación. Mientras los hermanos Beltrán Leyva y Carrillo Fuentes fueron socios del *Chapo*, eran intocables. Cuando rompieron con el cártel de Sinaloa, el gobierno federal enfocó sus baterías contra los más acérrimos enemigos de Guzmán Loera: sus antiguos socios.

De los 1 359 presuntos narcotraficantes o "lavadores" de dinero detenidos desde diciembre de 2006 hasta febrero de 2010, sólo 121 eran del cártel de Sinaloa; de Los Zetas y La Compañía, 411; del cártel del Golfo, 217; de Los Beltrán Leyva, 238; de La Familia Michoacana, 153; del cártel de Tijuana, 205, y del cártel de Juárez, 80 (las detenciones de los integrantes de este cártel se suman a las de los hermanos Beltrán Leyva, dado que son socios).[6]

De los 238 integrantes del cártel de los Beltrán Leyva capturados, 191, es decir, 80%, fueron encarcelados o asesinados después de enero de 2008, cuando Arturo Beltrán Leyva rompió con *El Chapo* Guzmán, como lo documento en *Los señores del narco*.

Las consecuencias de esa guerra entre cárteles, de la que el gobierno de Felipe Calderón fue juez y parte, arrojan más de 95 632 personas asesinadas en México de 2007 a 2011, según cifras oficiales del Instituto Nacional de Estadística y Geografía (INEGI), más cerca de 30 000 que probablemente se acumularán en 2012.

De manera ofensiva, la última campaña de propaganda que pretende enaltecer la fallida figura de Felipe Calderón afirma que durante su gobierno se dieron pasos certeros hacia la consecución de la paz y la seguridad. Sin embargo, las cifras indican todo lo contrario.

---

[6] Información obtenida a través de la Ley Federal de Transparencia y Acceso a la Información Pública por la periodista Nancy Flores.

Año	Asesinatos
2007	8 867
2008	14 006
2009	19 803
2010	25 757
2011	27 199
Total	95 632

El INEGI precisa que las cifras anteriores se derivan de la información proporcionada por los registros administrativos de 4 723 oficialías del Registro Civil y 1 096 agencias del Ministerio Público que mensualmente aportan datos sobre defunciones accidentales y violentas. Estas cifras sólo se refieren a muertes violentas, es decir, a homicidios.

De acuerdo con recuentos de los medios de comunicación —a falta de cifras proporcionadas por el gobierno federal—, 60 000 de esas ejecuciones ocurrieron en el marco de la guerra entre los narcotraficantes. Una buena parte de esas víctimas son inocentes: niños, jóvenes, mujeres y hombres, que nunca regresaron a sus hogares inmolados por una bala perdida o por ejecuciones intencionadas de los cárteles de la droga así como de los gobiernos municipales, estatales y el federal.

A esa escandalosa cifra habría que añadir los miles de desaparecidos: la Comisión Nacional de los Derechos Humanos (CNDH) ha documentado más de 5 000 casos de personas en esta situación durante el sexenio calderonista.

El Movimiento por la Paz con Justicia y Dignidad, encabezado por Javier Sicilia, reporta más de 20 000 desaparecidos y más de 250 000 desplazados de sus hogares y de sus centros de trabajo, víctimas de la fallida guerra contra el narcotráfico emprendida por Felipe Calderón. Es una "hecatombe", editorializó *Le Monde*, el prestigiado diario francés, refiriéndose en agosto de 2012 a la crisis de inseguridad que provocó el gobierno del primer mandatario de México:

> Más allá del número de muertos estrictamente ligados con la lucha contra el narcotráfico, se van desarrollando auténticas industrias de secuestro, extorsión de fondos, prostitución, tráfico de personas y órganos. El mapa de los homicidios demuestra que estos crímenes no se limitan a las regiones en las cuales los cárteles están muy bien implantados, sino que tienden a diseminarse por todo el territorio nacional.
>
> Semejante espiral de barbarie, provocada por la guerra contra el narcotráfico y los arreglos de cuentas entre cárteles, no deja títere con cabeza y golpea inclusive a decenas de periodistas a quienes se busca callar o a decenas de alcaldes víctimas de chantaje o corrupción. Tanta violencia parece haber echado por la borda todos los tabúes sobre el respeto a la persona.[7]

Dolor, soledad, rabia, indefensión, devastación y un profundo sentimiento de que no hay un mañana, es lo que se respira en gran parte del territorio de México tras el desastroso paso de Felipe Calderón por la presidencia de la República.

La "hecatombe" tiene territorio y rostro. Se puede llamar Nuevo Laredo, Tamaulipas. Llegar ahí es arribar a un rincón del infierno donde nunca se sabe cuántos segundos durará el cese al fuego entre los grupos criminales que se disputan el territorio. La población ya perdió la cuenta del número de coches bomba que estallan al mes frente a los bares y los centros nocturnos en disputa, sin que

[7] *Le Monde*, 23 de agosto de 2012.

las autoridades ni los medios de comunicación informen sobre el asunto.

Los pobladores describen su vida cotidiana como una trágica costumbre. El ejército realiza patrullajes a plena luz del día o por la noche, supuestamente para proporcionar seguridad a la población. Pese a las armas largas que llevan consigo y a las unidades blindadas con que realizan sus rondas, siempre son seguidos por otros autos en los que viajan los halcones, quienes vigilan los movimientos de la milicia. Aunque los soldados se percatan de que son seguidos no hacen nada al respecto, porque saben perfectamente que Los Zetas y el cártel del Golfo tienen control total de cada hoja que mueve el viento en Nuevo Laredo, y ante la mínima sospecha de la presencia de *Los Chapos*, como ahora suele llamarse a la gente del cártel de Sinaloa, arman el zafarrancho.

Un joven universitario que lucha por ganarse la vida trabajando para una empresa que transporta vegetales congelados de un lado a otro de la frontera describe con detalle cómo los narcotraficantes bloquean las calles para que no pase el ejército y llevan a cabo sus ajustes de cuentas. Asimismo narra las largas balaceras que obligan a la gente —en sus casas, en la calle o en sus negocios— a guarecerse mientras se apagan las ráfagas de las armas largas. Y hace énfasis en el tiempo que deben esperar —dos horas— para volver a sus actividades.

La "hecatombe" también puede llamarse San Fernando, Tamaulipas. Un vecino de este municipio, lugar que en 2011 saltó a la fama por haber sido escenario de la brutal ejecución de 72 migrantes, describe en una desgarradora carta las condiciones de un pueblo convertido en cementerio.[8] En toda la comunidad hay fosas clandestinas con uno o con decenas de cuerpos. La gente no dice dónde están las fosas porque ha sido amenazada por los cri-

---

[8] Esta carta fue entregada a la autora por un habitante de San Fernando.

minales que llegaron a invadir la comunidad y que ahora son sus vecinos. La carretera es una vía de humillación y muerte, pues de los camiones, muchas veces repletos de migrantes de Centro y Sudamérica, son obligados a bajar hombres y mujeres. Las mujeres son violadas tumultuariamente, y los hombres golpeados o asesinados. Todos pagan el derecho de piso para vivir el terror. Les roban sus pertenencias y el escaso dinero que llevan consigo. No importa la presencia de los militares. Como en Nuevo Laredo, no sirven para nada.

Asimismo, la "hecatombe" puede hallarse en la región de los Tuxtlas, Veracruz. Hace cuatro años un periodista de una radiodifusora local denunció que una vecina del lugar, en la plaza principal de un poblado, fue estafada en el juego "¿Dónde está la bolita?", mediante el cual le quitaron 500 pesos. La mujer protestó porque el gobierno municipal no hacía nada para impedir que los estafadores trabajaran con toda libertad en la plaza. Pareció un comentario inofensivo; sin embargo, el periodista fue capturado y salvajemente golpeado por un grupo de sujetos que se presentaron como zetas. Le advirtieron que no se debía meter en los asuntos de los demás. Le perdonaron la vida a cambio de que trabajara para ellos. Su tarea consistía en atender su teléfono y acudir a los operativos militares cada vez que ellos se lo ordenaran. Pensó que no tenía opción y que cualquier intento que hiciera por huir del lugar con su familia les costaría la vida. Así vivió dos años atado al teléfono y al terror.

Un día, el jefe del grupo criminal lo llamó para preguntarle el nombre de una muchacha, hija de un empresario. Él dijo que no lo sabía. Inmediatamente llamó a aquel empresario para decirle que debía irse del lugar con su familia, pues temía que le hicieran daño a su hija. El empresario alcanzó a huir, pero el periodista fue capturado y golpeado de nuevo. Entonces el jefe de aquel grupo delictivo le preguntó si había sido él quien dio aviso a la familia

248

del empresario para que huyeran y le puso una pistola en la sien. Hincado, el periodista de la radiodifusora confesó que sí, porque aquel empresario era un hombre que lo había ayudado toda su vida y por gratitud y lealtad no pudo dejar de advertirle que se fuera. El sujeto le quitó la pistola de la sien, lo dejó ir y nunca más le volvió a llamar por teléfono. No obstante, el miedo rige la vida del periodista y de su familia.

El resultado de la guerra contra el narcotráfico emprendida por Felipe Calderón es palpable: en México ha crecido el consumo de drogas; se duplicó el uso de la cocaína y aumentó 50% el de la mariguana.[9] Por si fuera poco, se incrementó la producción de la mariguana y la amapola y se redujo la destrucción de esos plantíos.[10] Además, hay menos incautación de cocaína no obstante que nuestro país sigue siendo el principal centro del continente donde se produce y cruza el tráfico de drogas ilícitas.[11] Por no hablar de que la producción de drogas sintéticas en México creció, en cinco años, 1 200%, ya que representa un negocio muy jugoso para los cárteles del narcotráfico.[12]

El otro saldo negro de la guerra de Calderón es la ostensible penetración del crimen organizado en las instituciones de seguridad y justicia del país: el ejército, la Marina, la SSP, la PGR y el Poder Judicial. Ni una sola de esas instituciones se ha librado del escándalo. ¿Cómo replantear una nueva estrategia contra el narcotráfico si los instrumentos que quedaron al final de este nefasto sexenio ya no sirven? ¿De qué puede asirse el Estado si no quedan instituciones sólidas que ejecuten sus acciones?

[9] José Ángel Córdova, secretario de Salud, *El Universal*, 13 de marzo de 2011.

[10] Sexto informe de gobierno de Felipe Calderón, 1° de septiembre de 2012.

[11] Informe 2011 de la Junta Internacional de Fiscalización de Estupefacientes de la ONU.

[12] Marisela Morales, titular de la PGR, *La Jornada*, 21 de febrero de 2012; DEA, CNN, 23 de agosto de 2012.

No obstante los datos de este desastre, Calderón sigue enajenado. El domingo 23 de septiembre de 2012 dos aviones caza F-5 de la Fuerza Aérea Mexicana hicieron una "escolta de honor" al avión presidencial donde viajaba el mandatario mexicano rumbo a Estados Unidos en su última gira de trabajo. Ajeno a la desgracia que sembró en todo el país, a bordo del TP01, el presidente de la República, visiblemente conmovido, según las crónicas periodísticas del día siguiente, sobrevoló, con absoluta indiferencia, el México incendiado, el México en llamas.

LA TERRIBLE SEÑORA WALLACE

Felipe Calderón nunca tuvo la destreza para elegir correctamente a sus aliados. Tampoco para fabricarlos. Ante la falta de respaldo ciudadano a su guerra contra el narcotráfico, con una mentalidad mucho más calculadora de lo que se creía, el presidente de la República comenzó a engendrar a un personaje que le sirvió de comparsa incondicional, que saboteó diversos movimientos sociales y que lo defendió a capa y espada a él y a Genaro García Luna: Isabel Miranda de Wallace.

Las tácticas instrumentadas por Calderón para someter las manifestaciones de inconformidad de la sociedad civil también implicaron un funesto legado. Y quien mejor encarnó esa operación fue la señora Miranda de Wallace. Calderón y García Luna la cobijaron y la solaparon. Bajo su protección esta mujer violó los derechos humanos de muchas personas y manipuló a la PGR y a la justicia para fabricar el caso de la desaparición de su hijo Hugo Alberto Wallace. Como contraprestación de la patente de corso que le cedieron para cometer esos abusos a través de su asociación Alto al Secuestro, Miranda de Wallace se convirtió —bajo el membrete de integrante de la sociedad civil— en rabiosa defensora de todos los actos emprendidos por el mandatario mexicano en materia de seguridad pública y justicia.

Para fortalecer su figura "ciudadana" y con el objetivo de que la defensa que hacía del gobierno tuviera más peso, el 15 de diciembre de 2010 Felipe Calderón le otorgó el Premio Nacional de Derechos Humanos. A cambio, el presidente la utilizó para sus propios fines y ella siempre estuvo presta a realizar el trabajo sucio que desde el gobierno hubiera sido ineficaz operar: atacar a Florence Cassez, por ejemplo, pese a que a todas luces es inocente, para defender a Genaro García Luna y a su equipo, autores de la detención de la ciudadana francesa, en diciembre de 2005, en un ruin montaje televisivo y judicial.

Isabel Miranda también ayudó a neutralizar diversos movimientos ciudadanos críticos de la gestión de Felipe Calderón, como la marcha ciudadana encabezada por el empresario Alejandro Martí, en agosto de 2008, que utilizó como consigna la frase: "Si no pueden, ¡renuncien!", luego del homicidio y secuestro de su hijo Fernando. Esta mujer aprendió a influir en Martí para que mesurara sus opiniones y sus críticas contra el gobierno federal.

Es bien sabido que el empresario se queja en privado, casi en un murmullo, de las amenazas de las que es objeto por parte de Genaro García Luna, cuya Policía Federal participó en el secuestro y el asesinato del joven Martí. Aunque ha querido hacerlo, Alejandro Martí no ha podido participar en otras movilizaciones ciudadanas bajo el argumento de que "si García Luna se entera, me mata". Así, lo que en 2008 pudo ser un movimiento ciudadano que detuviera la escalada de violencia y la corrupción fue totalmente paralizado por la ex candidata a la jefatura de gobierno del Distrito Federal.

Lo mismo intentó hacer Isabel Miranda de Wallace con el Movimiento por la Paz con Justicia y Dignidad que organizó el poeta Javier Sicilia a partir del homicidio de su hijo Juan Francisco Sicilia, en marzo de 2011, en Morelos. Sin invitación de por medio, Miranda de Wallace se presentó en la marcha realizada en mayo de 2011 que partió de la Paloma de la Paz, en Cuernavaca, Morelos, con el objetivo de arribar a la Ciudad Universitaria, en la capital del país. Con su habitual protagonismo intentó adueñarse del movimiento, pero fracasó. Identificándose como integrante de la Marcha por la Paz, declaró a los medios de comunicación: "El gobierno podrá tener negligencias, ineptitudes, pero no es el asesino".[13]

Intentó influir en Javier Sicilia y en los organizadores de ese movimiento pero tampoco lo logró, así que, recurriendo a su "credibilidad" de "madre luchadora", se volvió crítica del movimiento. En los momentos más álgidos de la crítica que Sicilia enderezó contra la guerra de Felipe Calderón contra el narcotráfico, Miranda de Wallace fue la defensora número uno de la política de muerte y corrupción del presidente de la República y de la Policía Federal comandada por Genaro García Luna.

Entonces comenzó a descalificar el movimiento de Sicilia acusándolo de que había sido cooptado por algunos "políticos".[14] Durante el segundo diálogo llevado a cabo entre el Movimiento por la Paz con Justicia y Dignidad y el primer mandatario del país, en octubre de 2011, el gobierno federal designó a Miranda de Wallace como defensora "ciudadana" del presidente de la República. Sus acciones rindieron frutos y días después fue impuesta por Felipe Calderón como candidata del PAN a la jefatura de gobierno del Distrito Federal, aun contra la voluntad del propio partido político, causando con ello una fractura en su seno. Como Mariana Gómez del Campo, sobrina de la esposa de Calderón, es la dirigente local del PAN, el presidente no enfrentó resistencia para imponer su

[13] *El Economista*, 8 de mayo de 2011.
[14] CNN en Español, 20 de junio de 2011.

voluntad. Calderón también impuso a su sobrino Andrés Sánchez Miranda como candidato plurinominal a la Asamblea Legislativa del Distrito Federal —quien a la postre sí fue elegido diputado local—, arrebatándole el puesto ya comprometido al panista Federico Döring, quien se quejó amargamente, como también lo hizo José Luis Luege Tamargo: "Quienes participamos como aspirantes a la candidatura a jefe de Gobierno por el PAN, fuimos atropellados en nuestros derechos como miembros del partido", señaló Luege en una carta dirigida al Consejo Nacional del PAN en agosto de 2012.

El director de la Comisión Nacional del Agua narró cómo en el Comité Ejecutivo Nacional (CEN) del partido blanquiazul se llevaron a cabo una serie de reuniones para acordar las reglas de la campaña interna por la candidatura al gobierno de la capital, la cual se iba a definir por un proceso de votación muy semejante al que se sujetó Josefina Vázquez Mota, la candidata de Acción Nacional a la presidencia.

En un discurso que envió a la Comisión de Evaluación del PAN, Luege expresó su disgusto así:

En enero, cuando debía publicarse la convocatoria, sin antecedentes ni noticias al respecto, nos fue comunicada uno a uno, por parte del presidente del CEN, la decisión tomada en el "SISTEMA PAN" y que sería avalada por el CEN, donde se designaba a la señora Isabel Miranda de Wallace como candidata del PAN a la jefatura de Gobierno del Distrito Federal.

Una decisión autoritaria e irresponsable, que anuló la democracia interna del partido.

Pero lo más grave fue que la decisión se tomó con base en una ENCUESTA que presentó la Secretaría de Gobernación.

Afirmo ante este consejo, que quienes tomaron esta decisión son responsables del DESASTRE del PAN en el Distrito Federal, que nos llevó tener a la votación más baja de la historia y a un lejano tercer lugar.

ENTREGARON LA PLAZA y provocaron la pérdida de más de UN MILLÓN de votos.

Detrás del rostro de esa mujer que, a raíz de la presunta desaparición de su hijo, Hugo Alberto Wallace, se presenta ante la opinión pública como luchadora por la justicia y los derechos humanos, se esconde una oscura historia.

Algunas voces de la opinión pública la llaman *La Madre Coraje* y en varias organizaciones de la sociedad civil que defienden a las víctimas de la delincuencia la conocen como *La Terrible Señora Wallace*, por su cercanía con el gobierno, su prepotencia y su oportunismo.

Algunos movimientos de la sociedad sufren daños irreversibles por el acercamiento a sus estructuras de personas que se han convertido en falsas figuras de representación ciudadana. Lo anterior hace necesario develar las entrañas del polémico y dudoso caso de la desaparición de Hugo Alberto Wallace. El expediente judicial 35/2006/II que registra la desaparición y el supuesto homicidio del hijo de Isabel Miranda arroja información que contradice de fondo la versión que ella ha propagado.

Éstos son los secretos y las contradicciones del expediente Wallace.

Según la versión de la ex candidata del PAN al gobierno del Distrito Federal, Hugo Alberto fue secuestrado el 11 de julio de 2005 por César Freyre Morales, Jacobo Tagle Dobin, Brenda Quevedo Cruz, Juana Hilda González Lomelí y los hermanos Tony y Alberto Castillo Cruz. César y Jacobo eran amigos de parranda de Hugo Alberto. Supuestamente la noche de ese día éste fue asesinado y descuartizado con una sierra eléctrica, en un diminuto departamento ubicado en Perugino número 6, en la colonia Extremadura Insurgentes.

De acuerdo con esta versión, antes de ser secuestrado y asesinado, Hugo Alberto "fue un empresario exitoso, apasionado por el motociclismo y el futbol americano, y miembro de una familia unida y amorosa".

Supuestamente, el 12 de julio de 2005 Miranda de Wallace trató de comunicarse con su hijo. Al no encontrarlo, comenzó a buscarlo con la ayuda de su familia, hasta que el chofer recordó el lugar al que había ido a recoger a Juana Hilda González Lomelí, alias *Claudia*. Al llegar a aquel lugar, recorrieron al azar las calles cercanas hasta dar con la camioneta de Hugo. La señora afirma que después recibió el sobre que contenía un comunicado de los secuestradores en el que le pedían el rescate y una fotografía de su hijo desnudo, con los ojos vendados.

Miranda de Wallace se adjudica la captura de cinco de las seis personas que asegura fueron responsables del secuestro y la muerte de Hugo Alberto. El 9 de enero de 2006 fue detenida Juana Hilda González, quien en febrero de ese mismo año confesó su participación en los hechos y aportó los nombres de sus cómplices, es decir, de todas las personas que ya había señalado la señora Isabel Miranda. Poco después fue aprehendido César Freyre Morales.

Luego de una campaña apoyada en anuncios espectaculares en diversas avenidas de la Ciudad de México, en marzo de 2006 fueron detenidos los hermanos Castillo Cruz en el Distrito Federal. Por su parte, Brenda Quevedo Cruz fue detenida en Estados Unidos el 28 de noviembre de 2007 y extraditada a México. Finalmente, en diciembre de 2010 fue aprehendido Jacobo Tagle Dobin en el Estado de México. No obstante, la versión de Isabel Miranda de Wallace acerca de los hechos está plagada de contradicciones y falsedades, según se desprende del propio expediente judicial.

Hugo Alberto Wallace tenía antecedentes penales. La tarde del 29 de julio de 2001 arribó al Aeropuerto Internacional de la Ciudad de México, en el vuelo 971 de la línea Mexicana de Aviación, procedente de San Francisco, California.[15] Hizo su declaración aduanal en la que manifestó traer ropa, accesorios personales y partes de motocicletas. Pagó los impuestos que correspondían a su declaración, pero cuando se realizó el reconocimiento aduanero, se determinó que el pago de los impuestos se había efectuado incorrectamente, pues el valor de la mercancía era mayor a la franquicia a la que tenía derecho. Por esa razón se le abrió el expediente criminal 196/2001, iniciado en el juzgado séptimo de distrito en materia penal, y fue fichado por la PGR por considerarse un delito federal.[16]

El 21 de octubre de ese mismo año se giró una orden de reaprehensión en su contra, la cual le fue comunicada a través del oficio 5525.[17] Durante varios meses Hugo Alberto evadió la acción de la justicia, según confesó él mismo a sus conocidos.

La Agencia Federal de Investigaciones (AFI), cuyo titular era Genaro García Luna, tenía en su sistema único de información criminal la orden de reaprehensión contra el hijo de Isabel Miranda porque en sentencia definitiva "se declaró que era penalmente responsable de la comisión del delito de contrabando" y se le condenaba a tres meses de prisión. La AFI nunca hizo efectiva esa sentencia.

El 3 de junio de 2004 el juez decimotercero de distrito de Procesos Penales Federales en el Distrito Federal canceló la orden de reaprehensión que había librado contra Hugo Alberto Wallace, "en

[15] Expediente de extradición de Brenda Quevedo Cruz, 1:08-MC-00085, consultado por la autora en las oficinas de la Corte de Chicago, Illinois.

[16] Carta del 10 de octubre de 2008, firmada por el doctor Juan Manuel Lechuga Soler, funcionario de la Procuraduría General de Justicia del Distrito Federal.

[17] Documento del 3 de junio de 2004, firmado por Antonio Martínez Portillo, funcionario del Décimo Tercer Juzgado de Distrito de Procesos Penales Federales.

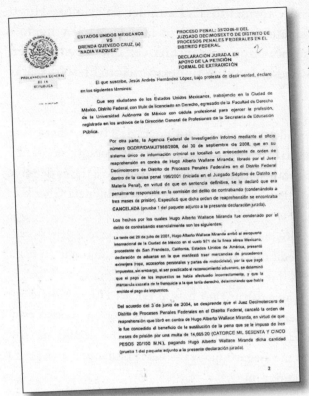

Información oficial de antecedentes penales de Hugo Alberto Wallace.

virtud de que le fue concedido el beneficio de la sustitución de pena que se le impuso de tres meses de prisión por una multa de 14665.20 pesos, la cual fue pagada con la factura de depósito número S320946 a favor del Banco del Ahorro Nacional y Servicios Financieros".[18]

Vanessa Bárcenas Díaz, quien fue novia de Hugo Alberto en 2004, hizo una reveladora declaración ministerial el 15 de noviembre de 2005 ante la Procuraduría General de Justicia del Distrito Federal (PGJDF):"Al principio nuestra relación fue normal, con sus enojos y reconciliaciones normales, pero posteriormente nuestra

[18] *Idem.*

257

relación se volvió muy tormentosa". La mujer describió a Hugo Alberto como un sujeto acostumbrado a la vida "fácil y ligera"; decidió terminar su noviazgo y la última vez que lo vio fue en abril de 2005, unos meses antes de su desaparición. En su declaración, expone:

> Quiero dejar asentado que cuando fui novia de Hugo Alberto, me comentó que alguna vez sufrió un intento de secuestro; sin darme más detalles, me recomendó que me cuidara porque a través de mí le podían hacer daño. Por esa razón se compró la camioneta Cherokee blindada.
>
> También me dijo que una ocasión lo buscaron para detenerlo, supuestamente por dedicarse al narcotráfico, pero él adujo que en realidad era por la ropa que le enviaban, no sabía de dónde, y porque las personas que se la mandaban algo habían hecho. Hugo Alberto me comentó que eso era como narcotráfico y que por ese motivo estuvo huyendo por varios estados del país. No me dio detalles ni yo se los pregunté, pero me aseguró que ya se había retirado de todo eso y que lo había hecho por mí.

Esta información de Vanessa Bárcenas resulta fundamental para abrir nuevas líneas de investigación sobre la desaparición del hijo de Isabel Miranda de Wallace.

De acuerdo con declaraciones ministeriales de la causa penal 35/2006/II, Hugo Alberto tenía una relación muy conflictiva con su madre. Casi no se veían, lo cual contrasta con la historia de amor entre madre e hijo que cuenta Miranda de Wallace, quien asegura que todos los días su hijo la visitaba y le pedía la bendición.

La señora Isabel Miranda asegura que por azar encontró la camioneta de su hijo y que supo que estuvo secuestrado en Perugino número 6 porque un vecino, a quien jamás identificó por nombre y quien nunca se presentó a testificar, le dijo que había visto cómo bajaban a un sujeto del vehículo, y porque supuestamente un niño del edificio le contó que durante la noche había escuchado disparos y visto cómo bajaban por las escaleras a una persona herida. Con base en esos datos escuetos, en cuestión de horas armó el caso de su hijo sin ninguna prueba.

El niño se llama Érik Figueroa. En su declaración ministerial afirmó que el 11 de julio no durmió en el departamento de su madre, sino en la casa de su abuela, y que cuando el día 12 en el pasillo unas personas —Isabel Miranda y su hermano Roberto— le preguntaron sobre una mujer, él dijo que no la conocía.

Ahora sé por parte de mi madre —afirma el niño en su declaración— que esas personas dicen que yo dije que escuché balazos en el edificio donde está el departamento de mi madre, a lo que quiero decir que yo no escuché nada de balazos el día martes 12 de julio en ese edificio, y un día antes yo no sé nada de lo que haya ocurrido ya que yo no fui al departamento de mi madre y no dormí ahí.

Cuando testificó, Roberto Miranda aseguró que el menor había dicho que los disparos los oyó en el departamento 4, porque César, un judicial, había encontrado a su esposa con otro hombre, y que dos personas del sexo masculino bajaban a un muchacho que estaba herido.

Ninguna de las dos versiones anteriores corresponde a la supuesta declaración de Juana Hilda, quien bajo amenazas declaró que habían descuartizado a Hugo Alberto con una sierra eléctrica en el baño de su departamento, la madrugada del 12 de julio, después de lo cual lo metieron en bolsas de basura.

La señora Miranda de Wallace afirma que 33 días después del secuestro de su hijo recibió una carta de los plagiarios en la que le pedían el rescate. Pero el 13 de julio de 2005 su esposo, José Enrique del Socorro Wallace Díaz, declaró todo lo contrario. Presentó una denuncia por privación ilegal de la libertad en la modalidad de secuestro (FBJ/BJ-1/T3/01635/05-07), porque su esposa le informó que Hugo Alberto no había llegado a su domicilio ni había ido a trabajar. El 22 de julio, el señor Wallace fue a declarar que no tenían noticias de su hijo y que nadie les había llamado ni comunicado ni enviado mensaje alguno solicitando un rescate. "Quiero decir que posiblemente lo que le ocurrió a mi hijo fue una desaparición, ya que no puedo decir que se trate de un secuestro", declaró ante las autoridades. El 23 de septiembre de ese mismo año el señor Wallace pidió que ya no se investigaran los hechos motivo de la averiguación previa y que ya no se molestara a su familia.[19]

Durante varios años la defensa de los presuntos culpables ha solicitado la comparecencia de José Enrique del Socorro Wallace Díaz, pero hasta la fecha no se ha presentado a declarar. El 9 de noviembre de 2006 la señora Miranda de Wallace aseguró que ya no convivía con él, pues se habían separado a raíz de lo que le ocurrió a Hugo Alberto y no sabía dónde se encontraba. Sin embargo, durante su campaña por el gobierno de la Ciudad de México, la señora asistió a diversos actos públicos acompañada por José Enrique del Socorro, a quien presentaba como su esposo.

Por otra parte, Juana Hilda fue detenida en enero de 2006, y el 8 de febrero del mismo año la PGR solicitó a Genaro García Luna el traslado de la presunta culpable, que se encontraba bajo arraigo en el Centro de Arraigos, en la colonia Doctores. Horas después, Juana Hilda fue llevada a las oficinas de la Subprocuraduría de Investigación Especializada en Delincuencia Organizada, sin la presencia de su abogado, donde permaneció más de 12 horas. De acuerdo con documentos oficiales de la AFI, fue devuelta hasta las

[19] Expediente ubicado en la Corte de Distrito Norte de Illinois, a cuyo contenido tuvo acceso la autora.

5:45 de la mañana siguiente al Centro de Arraigo con lesiones y golpes.[20]

El 26 de febrero la abogada de oficio de Juana Hilda solicitó al agente del Ministerio Público responsable de la indagatoria, Braulio Robles Zúñiga, que se considerara nula la declaración de Juana Hilda del 8 de febrero porque ésta había sido retirada del Centro de Arraigo de manera ilegal. Según la defensora de oficio, quienes tomaron su declaración la amenazaron con llevarla con la policía del Distrito Federal, donde sería torturada. "Ante el temor de lo que podría ocurrirle a su integridad física y a la de su familia decidió declarar en los términos en que las autoridades se lo pidieron —afirmó la defensora—. Y aunque declaró todo lo que le exigieron, siguió teniendo miedo de lo que le pasara tanto a ella como a su hermano y a su hija." La abogada de oficio de Juana Hilda también aseveró que, de acuerdo con la ley, la declaración obtenida a través de coacción o violencia física o moral no tiene ninguna validez legal. Por si hubiera sido poco, en el trayecto de regreso al Centro de Arraigo, el vehículo de la AFI chocó violentamente y Juana Hilda resultó herida. La defensora de la presunta culpable también exigió que se anulara el careo "ilegal" al que fue sometida Juana Hilda con Isabel Miranda de Wallace el 21 de febrero de 2006, ya que su representada no lo solicitó y por ley sólo se puede realizar a petición de ésta; asimismo alegó que el careo no se llevó a cabo ante un juez, por lo cual también carece de valor legal. Después de dicho careo, Isabel Miranda de Wallace salió a decir públicamente que Juana Hilda ya había confesado su crimen y que le había pedido perdón.

La ex candidata del PAN al gobierno del Distrito Federal afirma que su hijo fue desmembrado con una sierra eléctrica la noche

---

[20] Escrito de la licenciada Ámbar Treviño, abogada de César Freyre. Causa penal 35/2006/II.

del 11 y la mañana del 12 de julio de 2005 en Perugino 6. No obstante, cuatro vecinos del edificio declararon haber estado en su departamento durante ese lapso de tiempo y no haber escuchado ni visto nada raro, mucho menos el sonido de una sierra eléctrica.

Vanessa Figueroa declaró el 15 de julio no haber escuchado ni visto nada raro la noche del 11 de julio y agregó que, incluso, se quedó platicando en el umbral de su puerta con un vecino, de nombre Noel, hasta las cinco de la mañana del 12 de julio. Por su parte, Raúl Carvallo Thome declaró el 3 de agosto de 2005 que estuvo en su casa convaleciente toda la noche del 11 de julio y los días posteriores y nunca escuchó ni vio nada extraño. Lo mismo declaró Karla Fabiola Sánchez Cadena, vecina del departamento 1, ubicado en la planta baja del edificio; dijo haber estado en su casa la madrugada del 12 de julio de 2005 y no escuchó ningún ruido extraño; agregó que en el edificio hay un tragaluz que propicia que todo lo que ocurre en el edificio pueda escucharse: "Se oye hasta cuando dejan caer una moneda, y si el vecino tiene encendida la televisión puede escucharse el programa que está viendo". Si esa madrugada el cuerpo de Hugo Alberto hubiera sido cercenado con una sierra eléctrica todo el edificio lo hubiera oído.

Miranda de Wallace afirma que su hijo fue descuartizado y tirado en algún lugar en bolsas de basura y que por eso no encuentran su cadáver. Por exigencia de Isabel Miranda, el 15 de julio de 2005 la PGJDF ingresó en el departamento donde presuntamente ocurrió el homicidio, pero no encontraron ningún rastro de sangre ni la prueba más mínima. Juana Hilda dejó el departamento entre el 12 y el 13 de julio. A dos semanas de los hechos la AFI visitó el departamento y lo dejó abierto, según declaró la administradora del edificio, Jacqueline Galván.

El lugar nunca fue protegido ni asegurado como escena del crimen, como lo exige la ley para considerarlo como prueba válida, y la administradora lo rentó en octubre de 2005 a un sujeto llamado Rodrigo de Alba Martínez, quien nunca lo ocupó. Nuevamente por exigencia de la señora Miranda de Wallace, la PGR, que atrajo el caso, realizó un cateo al departamento a principios de febrero de 2006 pero estaba vacío, sin indicios de haber sido ocupado otra vez. Sólo entonces supuestamente encontraron una gota de sangre de Hugo Alberto en el sardinel del baño, donde se supone fue descuartizado, así como una licencia de conducir vencida. Cuando el personal de la PGR hizo el peritaje determinó que, efectivamente, la sangre correspondía a un familiar de la señora Miranda de Wallace, pero era de una mujer, y no de un hombre.[21] Cabe señalar que, además de Hugo Alberto, la señora tiene una hija.

Dado que los resultados del peritaje ponían en riesgo la veracidad del caso, el 10 de julio de 2006 los peritos Rosa María Sánchez Moreno y Yanet Rogel Montes fueron citadas a declarar para "ampliar" su informe. Rogel Montes lo ratificó pero aclaró que hubo un error y que en vez de poner XY puso XX. Sin embargo, no es posible que un perito cometa un error de esa envergadura cuando en ese tipo de informes la diferencia entre una X y una Y es absoluta y definitoria.

Ante la duda, la abogada de la defensa, Ámbar Treviño, solicitó que se volviera a realizar la prueba a la muestra hallada en el sardinel del baño, pero le respondieron que ya no quedaba nada de esa única prueba, por lo que ahora es jurídicamente imposible saber si esa sangre realmente pertenecía a Hugo Alberto Wallace, a su hermana o a otro familiar.

Desde el 11 de julio de 2005, Miranda de Wallace ha tratado por todos los medios de dar por muerto a su hijo, pero hay pruebas y testimonios de que está vivo. El 1° de noviembre de ese año, cuatro meses después de que su madre lo dio por muerto, de su teléfono celular —que extrañamente nunca fue cancelado—

---

[21] La autora tiene en su poder el dictamen pericial del análisis de sangre.

Hugo Alberto llamó al teléfono 5554563024 y dejó un peculiar mensaje: "Qué onda, mira ando hasta la madre güey, ya sé que te fallé pero me vale verga, que, aquí puto, qué onda güey, mírame aquí pistiando güey, me vale verga, sabes qué güey, sabes quién me jugó". Cuatro personas relacionadas con Hugo Alberto Wallace aseguraron ante la PGR que era su voz: Vanessa Bárcenas Díaz (15 de noviembre de 2005), Carlos Colorado Martínez (14 de noviembre de 2005), Rodolfo Munguía (18 de noviembre de 2005) e Isabel Neri Lujano (14 de noviembre de 2005).[22] Además de esta prueba, de que Hugo Alberto no fue asesinado en julio de 2005, José Luis Moya y Laura Diridia (sic) Domínguez pidieron ante la PGJDF, en mayo de 2006, que se investigara si Hugo Alberto estaba vivo o muerto, ya que contaban con elementos firmes para pensar que no había sido asesinado. Moya ratificó su petición el 7 de febrero de 2007 luego de que Isabel Miranda de Wallace lo acusara públicamente de chantaje. Por su parte, Moya declaró ante la Subprocuraduría de Investigación Especializada en Delincuencia Organizada que no había chantajeado a la madre de Hugo Alberto y que, por el contrario —como su pareja Laura había sido amiga personal de Hugo Alberto—, pedía que los ayudaran a buscarlo. Insistió en su sospecha de que Hugo Alberto podía estar vivo ya que, al parecer, Laura recibía llamadas telefónicas de él; pidió que se investigaran los teléfonos de ésta, a los cuales supuestamente la llamaba Hugo Alberto, e incluso habló de la posibilidad de que ambos se hubieran reunido días después de la fecha en que se supone fue asesinado.[23] La madre de la víctima, en lugar de exigir que se indagaran otras líneas de investigación para localizar a su hijo, se empeñó en la idea de que estaba muerto.

[22] Testimonios ministeriales de las cuatro personas que afirman que efectivamente aquélla es la voz de Hugo Alberto.

[23] Declaración ministerial de José Luis Moya, 7 de febrero de 2007, de la cual tiene copia la autora.

Después de que supuestamente murió, Hugo Alberto Wallace utilizó su tarjeta Santander, núm. 5470150010679077, la cual no fue cancelada por su madre pese a que se supone que había sido secuestrado y asesinado. El 20 de julio de 2005 con esa tarjeta bancaria se liquidó una cuenta de 3 500 pesos en el restaurante Los Arcos. Durante días esa tarjeta fue utilizada en otros lugares. Con ella se realizaron compras en la tienda departamental Liverpool de Perisur y en TDA Gotcha. Llama la atención que la madre de Hugo Alberto no pusiera el mismo empeño en investigar quién estaba usando la tarjeta bancaria de su hijo, que el que ponía al acusar a los supuestos responsables de su homicidio. Contrariamente a las suposiciones de la señora Miranda de Wallace para incriminar a personas sin ningún elemento pericial de prueba, ésas son pruebas claras y verificables.

Todos los detenidos acusados del supuesto asesinato de Hugo Alberto han denunciado ante la CNDH torturas, amenazas y violación de sus derechos humanos; incluso han hecho acusaciones en el sentido de que en esas sesiones ha estado presente la señora Miranda de Wallace.

El caso más dramático es el de Brenda Quevedo Cruz, quien se vio involucrada en este escándalo sólo por haber sido novia de Jacobo Tagle, amigo de Hugo Alberto. Brenda siempre ha alegado su inocencia. De acuerdo con el expediente del caso no existe ni una sola prueba pericial que la incrimine; sólo declaraciones obtenidas por medio de la tortura. El automóvil en el que supuestamente transportó las bolsas de plástico con los restos de Hugo Alberto fue vendido antes de la fecha del presunto secuestro, y tan no está involucrado el vehículo en el caso, que su propietario lo sigue circulando.

El 13 de octubre de 2010, recién llegada a las Islas Marías, durante horas Brenda fue brutalmente golpeada, torturada y abusada sexualmente por cinco o seis sujetos encapuchados en una pequeña cabaña a la que había sido conducida en contra de su voluntad por las custodias del penal femenil, Verónica Chávez Rojas y Eneyda Pérez, y por el comandante Javier Jiménez Santa Ana. Durante la agresión la querían obligar a declararse culpable y a repetir exactamente la declaración que Juana Hilda había hecho bajo presión.

Los encapuchados le dijeron que iban de parte de Isabel Miranda de Wallace y le advirtieron que tenían el poder para matar a su madre y a su hermano si no confesaba. Aun en medio del terror, Brenda no aceptó la culpa de lo que no hizo y, al contrario, ha dirigido numerosas quejas ante la CNDH por los abusos de los que ha sido objeto. Y su familia espera justicia.

Ante las graves contradicciones y los abusos que consigna el expediente, es necesario investigar a fondo, aunque quien desee indagar sobre los detalles del caso de Hugo Alberto seguramente será amenazado o maltratado para que no se atreva a hacerlo. Me consta que es así porque yo misma lo viví.

El 24 de febrero de 2012 asistí al Juzgado Decimosexto de Distrito de Procesos Penales Federales en el Distrito Federal, a una audiencia pública en la que se llevaría a cabo una ampliación de la declaración en contra de Brenda Quevedo Cruz y de Jacobo Tagle.

Cuando llegué me pidieron mi nombre y el motivo por el que me encontraba allí. Les respondí que iba a acompañar a la señora Enriqueta Cruz, la madre de Brenda. Estuve en la audiencia hasta que Roberto Miranda, hermano de la ex candidata del PAN al gobierno del Distrito Federal, le ordenó al ministerio público de la Subprocuraduría de Investigación Especializada en Delincuencia Organizada, Osvaldo Jiménez Juárez, que me sacaran de la sala porque era periodista. Alegué que las audiencias públicas no están restringidas para nadie, según la Constitución y el Código Federal de Procedimientos Penales. Al negarme a salir, Jiménez Juárez,

266

adiestrado por Roberto Miranda, me amenazó con levantar cargos en mi contra. Roberto Miranda también le ordenó al secretario del juzgado, en funciones de juez, Porfirio Huitrón, que me sacara. Y como volví a negarme porque violaba mis derechos se sentó al lado del escribiente para dictar cargos en mi contra. Exigí que se me informara bajo qué argumento legal debía abandonar la sala pero nunca me dieron una explicación convincente. Por órdenes del hermano de la señora Miranda de Wallace, el secretario del juzgado pidió el uso de la fuerza pública para retirarme del juzgado, por lo cual interpuse una queja ante la CNDH.

La cerrazón de la señora Wallace y su hermano, además del temor de que haya testigos en las audiencias del caso, sólo levanta más sospechas. Durante muchos años he escuchado a periodistas y a líderes sociales expresar su preocupación por los abusos y la prepotencia de la señora Miranda de Wallace. No hay peor engaño y mayor perjuicio a la sociedad que el que hace alguien que en público se presenta como defensora de los derechos humanos y la justicia, pero en privado hace todo lo contrario.

Felipe Calderón afianzó el poder de Isabel Miranda de Wallace para su beneficio inmediato, pero el daño que esta mujer ha causado a la sociedad y a los movimientos ciudadanos auténticos es de largo plazo.

El traficante de armas

"Estamos en guerra", fue el argumento predilecto de Felipe Calderón para justificar los abusos, las violaciones a los derechos humanos por parte del ejército y de la Marina, y la corruptela de los funcionarios de la SSP federal.

Un funcionario de su equipo de gobierno le llevó en 2011 pruebas irrefutables de la colusión de Genaro García Luna y su equipo con el cártel de Sinaloa. Sin embargo, sin inmutarse, el presidente de la República le dio una palmada al funcionario que le informaba de esos hechos y le dijo: "Estamos en guerra, hay que dejarlo actuar".

Hasta el final, García Luna y su equipo no han sido soldados en esa guerra contra el mal, sino actores del conflicto. Las revelaciones de fin de sexenio de sus cómplices y de sus víctimas comienzan a ponerlos nerviosos, sobre todo al secretario de Seguridad Pública y al coordinador de Seguridad Regional, Luis Cárdenas Palomino.

A principios de 2011 comenzó a gestarse lo que será uno de los mayores escándalos protagonizado por esos dos personajes. En abril de ese mismo año fue detenido Gabriel Ábrego Vargas, propietario de la armería El Venado, ubicada en Tlalnepantla. Le aseguraron 97 armas de diferentes calibres y tamaños, 100 cargadores, 31 cajas de cartuchos útiles, nueve bolsas con 313 cartuchos útiles y 1 997 estopines. Todo un arsenal que estaba al servicio del grupo criminal conocido como La Resistencia, a través de Manuel Méndez Méndez, alias *El Keroseno*, a quien se le vincula con el intento de atentado con explosivos en contra del secretario de Seguridad Pública del municipio de Tonalá, Jalisco, en septiembre de 2010. Pese al espectacular anuncio de su detención, Ábrego Vargas fue consignado ante un juez sólo por los delitos de acopio de armas de fuego y posesión de cartuchos para armas de fuego, ambos de uso exclusivo de las Fuerzas Armadas, y no por delincuencia organizada. Parecía que aun en prisión la suerte le sonreía.

Ábrego Vargas no estaba solo en el negocio. En la averiguación previa PGR/SIEDO/UEIORPIFAM/148/2011, la PGR señala que la red de tráfico de armas y explosivos para abastecer a La Resistencia, que opera en Jalisco, también estaba conformada por Gabriel Ábrego García, alias *El Venadito*, hijo de Ábrego Vargas; el capitán César Abel Batres Ortiz, y el general brigadier José Luis

Ramón Velasco Guillén, quien se desempeñaba como director general del Registro Federal de Armas de Fuego de la Secretaría de la Defensa Nacional. Los dos militares también ya se encuentran detenidos.

Pero *El Venadito* no era un traficante de armas cualquiera, pues combinaba esa actividad con la de proveedor y registrador de armas de los mandos de la SSP federal: Genaro García Luna y Luis Cárdenas Palomino, e impartía cursos en la PGR recomendado por los mandos policiacos.

Ábrego García fue detenido en febrero de 2012 y mantenido en el Centro de Arraigo de la PGR ubicado en la colonia Doctores de la Ciudad de México. Durante los 70 días que estuvo en ese sitio narró a los agentes de la Procuraduría y a sus compañeros de arraigo que era muy amigo de García Luna y de Cárdenas Palomino y que trabajaba directamente con este último. Aseguró que tanto el secretario de Seguridad Pública federal como el coordinador de Seguridad Regional le pedían que él registrara ante la Defensa Nacional algunas armas con cachas de oro y plata, adornadas con diversas piedras preciosas —que presuntamente habían sustraído durante los operativos contra el narcotráfico—, entre otro tipo de armamento, y que también proporcionaba servicio de mantenimiento de dicho armamento en la armería que se supone abastecía a La Resistencia.

Lo que cuenta *El Venadito* no sólo son historias sin fundamento: a través de una investigación se pudo comprobar que Gabriel Ábrego García comenzó a trabajar en la SSP federal desde 2006.[24] Su primer trabajo fue como instructor de armamento en el Instituto de Formación de la Policía Federal. Y a partir del 16 de no-

---

[24] La autora tiene en su poder los documentos que acreditan los cargos de Gabriel Ábrego García en la SSP y en la Policía Federal, así como los contratos con la PGR.

viembre de 2009 sus amigos lo ingresaron a la Coordinación de Seguridad Regional de la corporación con el grado de suboficial.

Cuando Cárdenas Palomino fue nombrado titular de esa coordinación, en febrero de 2010, llamó al *Venadito* para que trabajara con él directamente en su oficina. Ábrego García portaba una *charola* de policía federal pero oficialmente ocupaba el puesto de "mensajero", según información de la Policía Federal; se encargaba de la entrega de la documentación de la oficina de Enlace Administrativo de Cárdenas Palomino, hasta el día en que fue detenido, lo cual le dio tiempo y oportunidad para combinar su actividad de tráfico de armas con el crimen organizado, con la venta de armas a los jefes de la SSP federal.[25]

Asimismo, la Policía Federal informó que *El Venadito* sí realizó sus exámenes de control de confianza en 2009 pero no especificó si los aprobó. Al final, este hombre terminó por coludirse con la delincuencia, o al revés: porque estaba coludido con la delincuencia pudo entrar en la Policía Federal, como pareciera ser la regla y no la excepción.[26]

Gracias a sus buenas relaciones con los mandos de la SSP, mientras laboraba en esa dependencia desde 2009 Ábrego García obtuvo dos contratos de la PGR. Ambos por adjudicación directa, asignados por la Dirección de Adquisiciones. El primero es el PGR/AD/CN/SIMP/004/2009, asignado para "cursos de capacitación para servidores públicos". El contrato tuvo vigencia de abril a diciembre de 2009. Durante la mayor parte de ese tiempo Ábrego García se desempeñó como instructor en la SSP. El segundo contrato es el PGR/AD/CN/SIMP/006/2012, asignado para "servicio de impartición de capacitación", el cual tiene vigencia del 1° de enero al

---

[25] Información obtenida por la autora a través de la Ley Federal de Transparencia y Acceso a la Información Pública.
[26] *Idem.*

30 de diciembre de 2012. Qué más podía pedir un traficante de armas sino estar en el seno de las dependencias clave para ejecutar de manera impune los delitos que le imputa la propia PGR.

A principios de julio de 2012 Gabriel Ábrego García fue puesto en libertad por la PGR con un brazalete electrónico mientras se recababan más pruebas en su contra. Y el 21 de julio la Policía Federal tuvo que cumplir la orden de reaprehensión girada en su contra "por los delitos de delincuencia organizada, tráfico y acopio de armas de fuego y posesión de cartuchos de uso exclusivo del ejército, la Armada y Fuerza Aérea, así como por la propiedad de más de dos armas de fuego sin el permiso correspondiente". La captura se presumió con bombo y platillo. Lo que nunca se dijo es que *El Venadito* trabajaba en la SSP y era amigo de García Luna y Cárdenas Palomino. Actualmente está recluido en la cárcel de máxima seguridad de Occidente, en Puente Grande, Jalisco, y sus jefes saben bien que si no logran su pronta liberación, *El Venadito* terminará implicándolos en el problema.

En el ocaso del gobierno de Felipe Calderón, Genaro García Luna y Luis Cárdenas Palomino han comenzado a distanciarse luego de 12 años de haber mantenido fuertes lazos de complicidad. La tensión entre ambos personajes crece e intentan desesperadamente, cada quien por su lado, hallar protección en el nuevo gobierno que encabezará Enrique Peña Nieto.

El negocio de la guerra

La guerra contra el narcotráfico de Calderón fue un negocio no sólo por los sobornos provenientes de los cárteles de la droga y de diversos grupos criminales que recibieron funcionarios del gobierno federal, sino también por los que recibieron de los proveedores del equipo para la guerra. El presupuesto más jugoso de todo el sexenio en esa materia fue otorgado a la SSP y a su Policía Federal. Cada año creció el número de efectivos y cada año se multiplicó el presupuesto para esas instituciones policiacas. Para Genaro García Luna y sus cómplices, los seis años de desgracia que ha vivido el país representaron un buen negocio, aunque a unos meses de que termine el gobierno calderonista ese hecho comience a ser la razón de las disputas con sus compañeros más allegados.

Las más feroces críticas de Cárdenas Palomino son las discípulas de Genaro García Luna: Lizeth Parra, subsecretaria de Planeación y Protección Institucional de la SSP federal; Maribel Cervantes, comisionada de la Policía Federal, y Blanca Medina, secretaria privada de García Luna, las cuales integran el ya citado Búnker. Previendo el principio del fin, afirman que todos comienzan a darle la espalda a su jefe: "Las ratas son las primeras en abandonar el barco", dicen en público y en privado, haciendo alusión a Cárdenas Palomino, entre otros.

Fuentes de la SSP federal aseguran que el distanciamiento entre García Luna y *El Pollo* Palomino se debe a una disputa por dinero; particularmente, por las comisiones de uno de los principales proveedores de la SSP federal: Obses de México, cuyo director general es Gustavo Cárdenas Moreno. La empresa fue creada el 18 de mayo de 2007, apenas García Luna fue nombrado titular de la SSP, con un capital de tan sólo 50 000 pesos. El dueño del 99% de las acciones es Gustavo Cárdenas Moreno, y el del 1% restante, Gustavo Mejía Blanco. Funcionarios de la SSP afirman que Cárdenas Moreno es familiar de Cárdenas Palomino.

La empresa se dedica a la comercialización de equipos y tecnología en materia de seguridad para los sectores privado y público. Todo un negocio en medio del caos. Es más, mientras haya más caos, es mejor el negocio. Pese a que no tenía ningún antecedente o experiencia demostrable, en agosto de ese mismo año la SSP le concedió el número de autorización RA-335-03-11/07/08/103/VII para prestar servicios de seguridad privada en dos o más entidades federativas, con vigencia hasta el 5 de septiembre de 2012.[27]

Obses se convirtió en uno de los principales proveedores de la Policía Federal de la SSP y de los gobiernos de los estados. De 2007 a marzo de 2012 la Policía Federal le pagó por lo menos 587.3 millones de pesos en contratos adjudicados de manera directa, es decir, sin que mediara licitación.[28] Le compró desde chalecos y chamarras antibalas y placas balísticas, hasta esposas para pies y manos, gogles tácticos, uniformes, guantes y portafusiles.

Además la SSP "recomendó" a la empresa como proveedor de los estados de la República. Debe resaltarse que si los gobiernos de las entidades federativas querían recurrir a los recursos federales del Fondo de Aportaciones para la Seguridad Pública de los Estados y el Distrito Federal, operado por el Sistema Nacional de Seguridad Pública, el cual cuenta con cientos de millones de pesos, forzosamente tenían que adquirir el equipo que necesitaban con los proveedores que avalaba la SSP. Por supuesto, Obses de México encabezaba la lista. Gracias a esa imposición de la SSP, Obses de México también ha obtenido millonarios contratos en la PGJDF y en los gobiernos de Coahuila, Zacatecas, Oaxaca, Nuevo León, Puebla, Guerrero, Quintana Roo, Tamaulipas, Tlaxcala y Veracruz.

No deja de ser irónico que todo ese gasto en equipo no se haya reflejado en una policía mejor, ni en la SSP federal ni en las secretarías de seguridad pública de los gobiernos estatales. Al contrario, muchos de esos utensilios de seguridad terminaron al servicio de

---

[27] Información obtenida del portal http://siesp.ssp.gob.mx/Transparencia/wConsultasGeneral.aspx, con información actualizada hasta agosto de 2012.

[28] Información obtenida a través de Compranet y del Portal de Obligaciones de Transparencia del Gobierno Federal. La cifra podría ser mucho mayor, ya que ni la SSP ni la Policía Federal hicieron públicos todos los contratos.

los narcotraficantes, quienes ya ni siquiera tenían que invertir en tecnología ni en equipamiento porque han tenido a su servicio a policías corruptos que, abusando de su cargo, de su placa y del armamento que les proporcionó el Estado con cargo al erario, trabajan para ellos.

Un claro ejemplo de ese aserto son los policías federales que participaron en el intento de homicidio contra funcionarios del gobierno de Estados Unidos el 24 de agosto de 2012, o los 53 policías detenidos de Veracruz y Guerrero en septiembre de 2012 por sus presuntos nexos con el crimen organizado.

En 2010 en Obses de México hubo un cambio radical de accionistas. Cuando la empresa ya era un negocio boyante, Cárdenas Moreno vendió 60 de las 99 acciones que tenía a José Luis Ramírez Becerril, y 39 a Norma Angélica Ruiz García. Los nuevos dueños de la empresa, que había facturado para entonces más de 300 millones de pesos tan sólo a la SSP, no eran grandes expertos en seguridad y equipo. Extrañamente se trata de personas de muy bajos recursos que viven en colonias populares. En el acta notariada quedó registrado que Ramírez Becerril, quien desde entonces es dueño de 61 de las 100 acciones de Obses de México, vive en la calle Cecilio Romero, en la colonia Jardín Balbuena de la delegación Venustiano Carranza, y Ruiz García, propietaria de las 39 acciones restantes, reside en el Callejón 16 de Septiembre de la colonia San Rafael Chamapa, segunda sección, en Naucalpan, Estado de México.[29] Es decir que los nuevos "dueños" de Obses de México tienen todas las características de prestanombres.

El aval de ese cambio de accionistas fue José Luis Marmolejo García, quien fue agente del Ministerio Público en la Unidad Especializada contra Lavado de Dinero de la PGR, de 2001 a 2003,

---

[29] La autora tiene copia del acta constitutiva y de las escrituras de Obses de México.

cuando Genaro García Luna era titular de la AFI y Cárdenas Palomino trabajaba con él. De 2003 a 2005 fue fiscal de la Unidad Especializada en Investigación de Operaciones con Recursos de Procedencia Ilícita, dependiente de la Subprocuraduría de Investigación Especializada en Delincuencia Organizada. Y de 2007 a 2008 fue coordinador general de esta subprocuraduría. Súbitamente, renunció a su carrera en julio de 2008 en medio de las investigaciones de la llamada Operación Limpieza por medio de la cual se descubrió la penetración de La Federación y el cártel de los Beltrán Leyva en la PGR, en particular en la susodicha subprocuraduría.

Pese al cambio radical de socios, como si estuvieran urgidos de pertrechar de recursos a Obses de México antes de que termine el sexenio, la Policía Federal de la SSP le adjudicó de manera directa, en marzo de 2012, un contrato por 166 millones de pesos para proveer de uniformes tácticos a la saliente administración de la SSP.[30]

A la fecha, en la página oficial de Obses de México, Gustavo Cárdenas Moreno aparece como responsable de la empresa y Ramírez Becerril como apoderado legal.

LA IMPUNIDAD NEGOCIADA

Desde finales del 2011, la lujosa residencia marcada con el número 1 de la calle Olmos, en el Condominio del Bosque de la delegación Tlalpan, donde vive el ex presidente Carlos Salinas de Gortari, comenzó a ser visitada por un personaje de reputación similar: Genaro García Luna, aún secretario de Seguridad Pública federal, quien pretende negociar con el ex mandatario inmunidad y trabajo para el próximo sexenio.

[30] Información obtenida por la autora en el Portal de Obligaciones de Transparencia del gobierno federal.

La magnífica propiedad que se convirtió en silencioso testigo de los encuentros Salinas-García Luna se extiende en un amplio terreno arbolado. Consta de dos construcciones principales, una inmensa biblioteca en la que Salinas suele recibir a sus visitas para fraguar sus planes y sus pactos, y la residencia donde habita.

Aunque públicamente Salinas de Gortari y Enrique Peña Nieto afirman una y otra vez que sólo tienen una buena relación de amistad pero que el ex presidente no opera ni tendrá influencia en el próximo gobierno, al parecer las cosas no son así.

De acuerdo con información recabada durante varias semanas, confirmada por diversos funcionarios de la SSP, la Policía Federal y personajes cercanos a Salinas de Gortari, durante varias ocasiones en los últimos meses el ex mandatario se ha reunido con el controvertido jefe policiaco, cuyo paso por la SSP ha dejado una estela de escándalos de ineficacia, enriquecimiento inexplicable y corrupción.

Los encuentros se han llevado a cabo a pesar de que existe el antecedente del homicidio de Enrique Salinas de Gortari, ocurrido en diciembre de 2004 en el municipio de Huixquilucan, Estado de México, cuando el entonces procurador general de justicia del Estado de México, Alfonso Navarrete Prida —hoy integrante del equipo de transición de Peña Nieto—, acusó a funcionarios y agentes de la AFI, que entonces encabezaba García Luna, de haber participado en el chantaje y posterior asesinato del hermano del ex presidente. Entre los señalados por el procurador estatal se encontraban subordinados directos de Luis Cárdenas Palomino, otrora director de Investigación Policial, y su suegro Juan Marcos Castillejos Escobar, a la postre ejecutado en la colonia Condesa del Distrito Federal, en julio de 2008.

De ese episodio parece no haber resquemores. Al final el pragmatismo se ha impuesto. Carlos Salinas requería información, y Genaro García Luna, inmunidad. Además, estos personajes comparten un amigo en común: el abogado Alonso Aguilar Zinser, experto en la defensa de funcionarios públicos acusados de corrupción.

El litigante fue abogado defensor de Raúl Salinas de Gortari cuando éste fue acusado de participar en el homicidio de José Francisco Ruiz Massieu, motivo por el cual lo condenaron a 27 años de prisión. Sin embargo, gracias a la defensa de Aguilar Zinser, el hermano del ex presidente de México obtuvo un amparo a su favor y hoy está libre.

Aguilar Zinser también defendió al jefe del Departamento del Distrito Federal, Óscar Espinosa Villarreal, cuando fue acusado de peculado por 420 millones de pesos. Asimismo, encabezó la defensa legal del gobernador de Puebla, Mario Marín, mejor conocido como *El Góber Precioso*, contra la demanda interpuesta por la periodista Lydia Cacho.

Entre sus clientes más recientes se halla el candidato del PRD a la gubernatura de Quintana Roo, Gregorio Sánchez Martínez, señalado por sus vínculos con la delincuencia organizada.

Por su parte, Genaro García Luna ha de estar consciente de su oscuro pasado y antes de que se presente una acusación formal en su contra quiere contar con un abogado con esa trayectoria. El propio Aguilar Zinser ha comentado en algunas fiestas sociales que él es el abogado del polémico secretario de Seguridad Pública federal aunque aparentemente no quiere que esa información transcienda a la opinión pública.

En sus reuniones con Genaro García Luna, Carlos Salinas, experto en el manejo de la información, siempre juega el papel del poder tras Enrique Peña Nieto. Gracias a esa circunstancia obtuvo información de inteligencia de la SSP y monitoreó si el gobierno federal pensaba judicializar la elección presidencial realizando alguna acusación de trascendencia contra el candidato presidencial del PRI o contra algún otro miembro de su equipo.

García Luna, creyendo que hablaba con el hombre del poder tras el trono, compartió sin reserva con él mucha información. Incluso algunas personas de su equipo, como Ramón Pequeño, jefe de la División Antidrogas de la Policía Federal, también desfilaron por la residencia de Camino a Santa Teresa para llevar la información que requería el ex presidente. El interés del titular de la SSP era conseguir inmunidad durante el siguiente sexenio, aunque éste no fuera encabezado por un panista.

Como consecuencia de esos encuentros, Genaro García Luna llegó a decir a sus allegados que él iba a repetir en el cargo si Enrique Peña Nieto ganaba la elección presidencial. Parecía muy seguro y tranquilo por eso. Así estaban las cosas hasta que el 4 de septiembre le vaciaron en la cabeza un balde de agua fría: ese día, el presidente electo Enrique Peña Nieto presentó a los integrantes de su equipo de transición y nombró como coordinador de Seguridad a Roberto Campa, ex candidato presidencial por el Partido Nueva Alianza en 2006 y secretario ejecutivo del Sistema Nacional de Seguridad Pública, que entonces dependía de la SSP federal.

Las desavenencias entre él y García Luna siempre fueron públicas. El 2 de septiembre de 2008 la SSP emitió un boletín de prensa en el que informaba que Campa había renunciado al Sistema Nacional de Seguridad Pública. Días después, una carta publicada por el periódico *Reforma* reveló que Roberto Campa no había renunciado y que el boletín de la SSP había sido una argucia de García Luna para deshacerse de él, dado que aquél no podía manipular el Sistema Nacional de Seguridad Pública mientras formara parte de éste el prestigiado político.

La carta estaba dirigida al presidente Felipe Calderón:

Ante diversas versiones, me veo obligado a dirigirme a usted para aclarar que el lunes 1° de septiembre no presenté mi renuncia al cargo

278

de secretario ejecutivo del Sistema Nacional de Seguridad Pública. Esa información es falsa.

No obstante, dada la importancia de la noticia y pensando siempre en el mejor interés de la República y en la adecuada marcha del gobierno que usted preside, estoy haciendo llegar al presidente del Consejo Nacional mi "renuncia irrevocable" con fecha 1° de septiembre.

El manejo de los hechos y lo sucedido hasta el día de hoy solamente revelan lo que permanentemente ocurrió [dijo, refiriéndose a la serie de diferencias y obstáculos que García Luna y su equipo le pusieron a lo largo de su desempeño como secretario ejecutivo del Sistema Nacional de Seguridad Pública].

Deseo reiterarle que hasta el día de hoy no tuve ningún otro proyecto personal que no fuera servir al mejor desempeño de mi cargo; jamás, ni ahora ni nunca, servirme del cargo.

Desde entonces el secretario de Seguridad Pública inició una campaña de desprestigio contra el ex candidato presidencial a través de personeros y columnistas a modo. Nada le resultó.

Al enterarse del nombramiento de Roberto Campa como coordinador de Seguridad del equipo de transición peñista, García Luna, muy molesto, fue a ver a Carlos Salinas de Gortari y se quejó con él del engaño del que se sentía objeto.[31]

Salinas intentó tranquilizarlo. Le dijo que nada, en los nombramientos que había hecho Enrique Peña Nieto, estaba definido y que tuviera paciencia. No obstante, en el equipo de Peña Nieto afirman que Salinas de Gortari no tiene ninguna influencia sobre el presidente electo y que el ex mandatario sólo se hace pasar como un personaje muy cercano al peñismo para obtener infor-

---

[31] Algunos funcionarios de la ssp federal confirmaron lo que se dijo durante esa reunión.

mación de las personas y, por otro lado, se mete al equipo de Peña Nieto utilizando esa misma información.

"Salinas está haciendo promesas que no va a cumplir. Lo que hace lo realiza a espaldas del presidente electo", afirma uno de los integrantes del equipo de Peña Nieto que ha participado en el *cuarto de guerra* desde la precampaña presidencial priísta.

Si valen aquí los dichos populares, ni Salinas ni García Luna debieran sentirse sorprendidos por el juego de engaños. Ambos han sabido jugarlo bien durante muchos años. El tiempo dirá si la alianza entre ambos perdura o uno de ellos termina por engañar más al otro.

Desde luego, esa situación tiene en trance a Genaro García Luna. Si no se puede quedar en México como secretario de Seguridad Pública, aplicará el plan B: huir a Miami, Florida.

DE XOCHIMILCO A MIAMI BEACH

Hace apenas cinco años, el secretario de Seguridad Pública federal vivía con su familia en Cedros número 120, en la colonia Paseos del Sur de la delegación Xochimilco, una zona de clase media que colinda con algunos barrios populares.

Al término del sexenio calderonista, si Carlos Salinas no consigue que Peña Nieto lo recontrate como titular de la SSP para los próximos seis años, se mudará a Miami Beach, la zona más excitante de Florida, llena de sol, playas, tiendas, restaurantes, bares y glamour… mucho glamour. El lugar también es famoso por ser la guarida de políticos, de funcionarios públicos corruptos de todo el continente, de personajes de la farándula y de narcotraficantes en desgracia, como el colombiano Andrés López, ex integrante del cártel del Norte del Valle que ahora utiliza su experiencia en el mundo del crimen para escribir novelas.

Después de una oscura trayectoria a la cabeza de la que será recordada como la policía más corrupta de todos los tiempos, el titular de la SSP piensa en un placentero retiro con sol, arena y mar. Quizá el jefe policiaco vio muchas veces Miami Vice o cree que sus contactos de la DEA puedan ayudarlo a encontrar un puesto importante en alguna de las compañías de seguridad que abundan en esa zona de Florida.

Desde marzo de 2011, a través de su esposa Linda Cristina Pereyra, creó la empresa Restaurants & Beverage Operador Los Cedros LLC, la cual fue inscrita en la División de Corporaciones del Departamento de Estado de Florida. En el acta constitutiva aparece Linda Cristina como única responsable de la empresa. Y en los reportes anuales de 2012, además, aparece el nombre de Carlos F. Barrera, como responsable externo, quien a su vez está ligado a muchas otras empresas de Miami, como Best Friends Midtown Corp. y Best Friends Since 1880.

De acuerdo con registros oficiales, las oficinas de la compañía que está a nombre de la esposa de Genaro García Luna se encuentran en 1666 79 St., en Causeway, North Bay Village. Esta isla se localiza en una de las zonas más privilegiadas de Miami Beach, en Biscayne Bay, donde abundan las residencias y los condominios de lujo frente al mar. Se halla a pocos minutos de Miami Beach o Miami Downtown, las dos principales áreas en el sur de Florida para restaurantes y centros comerciales.

Restaurants & Beverage Operador Los Cedros LLC registró otra dirección para recibir notificaciones: 5600 SW 135 TH AVE #202-A, la misma dirección del representante legal.

El secretario de Seguridad Pública mexicano pretende que esta nueva compañía sea una especie de sucursal del Café Los Cedros que estableció en la calle Cedros número 1, en Paseos del Sur de la delegación Xochimilco, a unos pasos de donde vivía.

Genaro García Luna también posee una sucursal del mismo Café Los Cedros a una cuadra de la Torre Altitude, en Cuernavaca, Morelos, donde vivía y operaba el narcotraficante Arturo Bel-trán Leyva.

La decoración del restaurante es semejante a la de un Vips, pero su bar es otra cosa: resalta por una decoración sobrecargada y ex-travagante que desentona con el resto del local. En el lugar se pue-den encontrar sillones en forma de manos gigantes, o forradas con negro terciopelo y piedras brillantes que hacen el capitoneado. Tam-bién son ostensibles los baúles negros y las mesas transparentes.

Fuera de eso, esta sucursal también se utilizó para otro tipo de actividades que nada tenían que ver con la restaurantera. En fe-brero de 2010 comenzó a reclutar "poligrafistas", "investigadores especializados en estudios socioeconómicos", para que realizaran visitas domiciliarias, levantamiento de información y elaboración de reportes, así como psicólogos evaluadores con "conocimien-tos y experiencia en el manejo de tests psicométricos para realizar evaluaciones integrales, entrevistas y dictámenes psicológicos". Es obvio que esos perfiles corresponden más a una empresa de segu-ridad que a un restaurante.

Desde el final del ciclo escolar 2011-2012, la esposa y los dos hijos de Genaro García Luna dejaron su lujosa residencia en Mon-te Funiar número 21, en Jardines en la Montaña, de la delegación Tlalpan, construida en 2009, y se mudaron a Miami Beach, a una residencia de su propiedad, según presumió uno de los hijos del titular de la SSP a sus compañeros del Colegio Olinca donde es-tudiaba.

Fuentes diplomáticas aseguran que el titular de la SSP preten-de vender sus bienes en México, que no son pocos, pues, si no encuentra acomodo en el equipo de gobierno de Enrique Peña Nieto, alcanzará a su familia en Miami, cargando sobre sus hom-bros una bomba de tiempo.

Fuentes cercanas a la SSP señalan que existen cuando menos tres narcotraficantes que le guardan un exaltado rencor, dos de los cuales se encuentran en prisión y uno sigue libre: Édgar Valdez Villarreal, alias *La Barbie*; Gerardo Álvarez, alias *El Indio*, y Héctor Beltrán Leyva, alias *El H*. Los dos primeros arguyen haber tenido una estrecha relación de amistad y de "negocios" con García Luna, pero cuando se escindió La Federación el secretario de la SSP les dio la espalda luego de haberles aceptado mucho dinero. Por su parte, *El H* también se queja de que García Luna le dio la espalda por servir a La Federación.

Además de políticos corruptos y cubanos anticastristas, Miami es la sede preferida de los negocios de seguridad que ofrecen servicios de consultoría y capacitación. Los ex agentes o ex directivos de la DEA tienen predilección por dedicarse a estas materias.

Por su parte, Luis Cárdenas Palomino tiene más confianza en su futuro. Algunos afirman que pretende seguir haciendo negocios a costa de la inseguridad a través de la empresa Obses y que confía en que la impunidad ya le fue asegurada gracias a que su cuñado, Humberto Castillejos, hermano de la ex esposa del coordinador de Seguridad Regional, fue llamado al equipo de transición de Enrique Peña Nieto como asesor jurídico, al igual que su amigo y familiar político Alfredo Castillo, ex procurador del Estado de México, a quien Peña Nieto nombró coordinador de Justicia durante la transición.

Su jefe, amigo y cómplice, Felipe Calderón, piensa seguir la misma estrategia, sólo que su huida la hará a una ciudad académica: Cambridge. Mientras encuentra la manera de convertir al PAN en su refugio, su reino y el vehículo de su regreso, prepara una cómoda estancia en Estados Unidos, por lo menos de un año, mientras las aguas se calman.

La prestigiada Universidad de Harvard, en Cambridge, Massachusetts, le ha creado un diplomado *ex profeso* para que comparta sus "conocimientos" sobre economía, materia en la que el presidente de la República nunca ha sido muy versado. Además, está realizando algunos cabildeos para que el Instituto Tecnológico de Massachusetts (también ubicado en Cambridge), una de las principales instituciones dedicadas a la docencia y a la investigación, especialmente en ciencia, ingeniería y economía, le dé cabida.

De ese modo, Felipe Calderón buscará dar un paso similar al que dio Ernesto Zedillo, quien gracias a la inmunidad que le proporciona el gobierno de México y que respalda el de Estados Unidos, lleva una vida académica de relativo éxito.

Pese al desastre que deja en México, Calderón gozará de su pensión vitalicia y de los servicios de la guardia presidencial que asigna el Estado mexicano a los ex mandatarios. Desde allende las fronteras se hará presente en México para impulsar la candidatura presidencial de su esposa Margarita Zavala, si es que logran rescatar su matrimonio.

A donde quiera que vayan, los acompañará el descrédito. Cualquiera que sea su futuro —sometidos a juicio por la Corte Internacional de La Haya, ante la que fueron demandados por crímenes de guerra y de lesa humanidad, y enjuiciados en México por un Peña Nieto que busca y necesita legitimidad, o condenados por nuestra inexorable memoria—, la sociedad mexicana no podrá olvidar la hecatombe que provocaron en nuestro país.

Felipe Calderón siempre será recordado como el presidente que incendió México, el que dejó tras su paso tierra quemada, vidas sacrificadas sin razón, sueños rotos, comunidades vacías y poderosos narcotraficantes.

Para él y para los integrantes de su equipo responsables del desastre, ni perdón ni olvido.

Índice onomástico

México en llamas: el legado de Calderón, de Anabel Hernández
se terminó de imprimir en mayo 2013 en
Drokerz Impresiones de México, S.A. de C.V.
Venado Nº 104, Col. Los Olivos, C.P. 13210,
México, D. F.